京都府山岳総覧

滝・溪谷

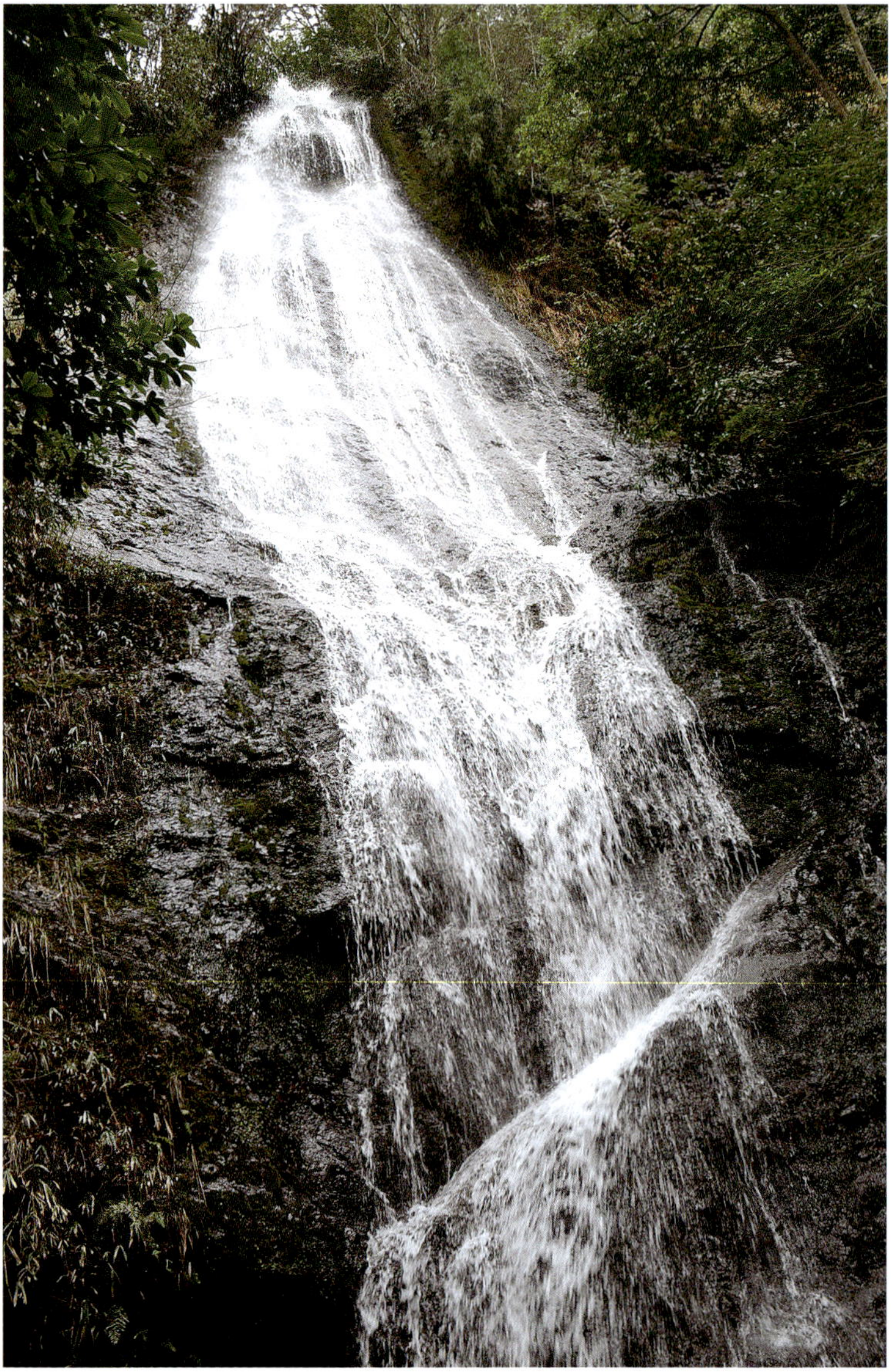

◀琴滝（丹波南部）

上／今福の滝（丹後）
下／味土野の大滝（丹後）

上／金引の滝（丹後）
下／霧降の滝（丹後）

▲刑部滝（丹波南部）

▼芦生　櫃倉谷（丹波南部）

▲八丁川（丹波南部）

▼滝又の滝（丹波南部）

眺望

▲半国山から望む雲海の亀岡盆地と愛宕山（遠景右）の山稜（丹波南部）

▼此代からの犬ヶ岬（丹後）

徳楽山からの日本海（丹後）▶

◀ホサビ山から見る北集落
（丹波南部）

大文字山の火床からの京都市街▶
（山城北部）

▲賀茂（加茂）大橋からの比叡山と北山の山並み（山城北部）

▲音羽山からの京都市街（山城北部）

▲笠置山山麓の木津川
（山城南部）

巨樹

◀花脊（大悲山）の三本杉（山城北部）

▲芦生のアシウスギ（丹波南部）

▼岩間山のカツラ（山城南部）

▼高山の京都府最大ブナ（丹後）

◀サルメンエビネ（丹波南部）

▲ヤマシャクヤク（山城北部）

▲クリンソウ（山城北部）

▼カタクリ（山城北部）

▼アケボノソウ（丹波南部）

▲ショウキラン（丹波南部）

▼アシウテンナンショウ（丹波南部）

▼タツナミソウ（丹波南部）

湿原

◀冬の八丁平（丹波南部）

▲大フケ湿原（丹後）

▲野田畑湿原（山城南部）

大見の湿原（山城北部）▶

峠

▲薬師峠（山城北部）

▼ソトバ峠（丹波南部）

▲味土野峠（丹後）

▲祖父谷峠（丹波南部・山城北部）

▲ダンノ峠（丹波南部）

▲オグロ坂（山城北部）

▼茶香峠（丹波南部・山城北部）

▲笠置山（笠置寺）の磨崖仏（山城南部）

▼ 布目川の甌穴《おうけつ》（山城南部）

▼鷲峰山の胎内くぐり（山城南部）

京都府山岳総覧

◎京都府３３９山案内

京都府の山の魅力

内田　嘉弘

京都府には標高一〇〇〇m以上の山はなく、九七一・三mの皆子山が最高峰です。

京都市街から北山を眺めると、愛宕山と比叡山の間に山並みが幾重にも北へと広がり、丹波、丹後に繋がっています。南丹市美山町の由良川源流一帯から広がる山域は深い谷が刻まれており、平坦な山頂はあまりありません。これらは侵食により低く削られた小突起伏面が隆起し、再び侵食が始まったためで、標高は低いのですが壮年期の山地です。地質は京都北山一帯の地層を「秩父古生層」と呼んでいましたが、現在では古生代の地層と考えられ「丹波帯」と呼ばれています。丹波帯の芹生や芦見谷などでは、海底火山から噴出した「枕状溶岩」を見ることができます。

京都府の気象は北部の日本海側と南部の京都盆地とでは大いに異なり、京都盆地の夏は風が弱くて蒸し暑く、冬は底冷えがします。北部の日本海側では、夏は南部と気温の差はあまりないのですが、冬季は積雪が多く、北部の山に向かう時は、南部に雪がなくても雪の多さを見込んで入山してください。その中間の丹波南部・山城北部の京都北山は「南部が雨の時にも降り、北部が雨のときにも降る」といわれていますので、心得て登ってください。晩秋から初冬にかけては「北山時雨」に出合うこともあるでしょう。

この京都府の山々を、丹後、丹波北部、丹波南部、山城北部、山城南部と、北から順に紹介しています。

丹後では、丹後半島から丹波の国境の大江山を中心として、磯砂山、高竜寺ヶ岳、依遅ヶ尾山、由良ヶ岳など、日本海を望む山が多くあります。

丹波北部は福知山市から綾部市にかけての山々で、地元の人々に愛されている三岳山、弥仙山、龍ヶ城、烏ヶ岳、姫神山、鹿倉山がお勧めです。

丹波南部は南丹市から亀岡市までの広範囲の山域です。とくに由良川源流の芦生京大研究林周辺は原生林に覆われていて、山頂からの展望は良くありませんが、奥深い樹林の山旅が楽しめます。この一帯ではアシウスギの大木に出合う楽しみもあります。また、由良川源流の枝谷には多くの滝があり、沢登りも楽しめます。カラオ谷からオークラノ尾、小野子東谷、刑部谷、ゲロク谷から小野村割岳、中ノツボ谷が『わっさかわっさか沢歩き記録集』[近畿編]（同人・わっさかわっさか沢歩き編）（ナカニシヤ出版）に紹介されています。また、洞谷川の支流・吉谷もお勧めです。ほかにも京都府標高第六位のブナノキ峠、第七位の傘峠、三国峠、品谷山、白尾山、八ヶ峰、頭巾山、長老ヶ岳、和知富士、三峠山、牛松山、半国山、胎金寺山、烏ヶ岳、鴻応山などがあります。

山城北部は、京都市北区、左京区、右京区から長岡京市、大山崎町と広範囲で、京都北山の中心的な山々です。最高峰の皆子山、第二位峰床山、第三位三国岳、第四位鎌倉山、第五位地蔵山、第八位小野村割岳、第九位天狗峠、第一〇位桑谷山と、ベストテンの内、八山も含まれています。また金毘羅山は岩登りのゲレンデがあり、伏見の稲荷山は京都一周トレイルのスタート地点です。この山域の峠では、祖父谷峠、石仏峠、魚谷峠、縁坂峠、茶呑峠、芹生峠など、昔は、村と村、京への山越えの生活道でした。これらの峠と山と結ぶ登山を楽しむことができます。

山城南部は京都市山科区から宇治市、笠置町に続く山域です。山科区にある音羽山は東海自然歩道が登山道となっていて人気があり、千頭岳や高塚山・醍醐へと縦走が楽しめます。宇治市、宇治田原町、和束町は宇治茶の産地で緑の縞模様の茶畑が山腹まであって、その景色を眼下に眺めながら山々を辿る開放的なコースです。山城南部の盟主・鷲峰山やその周辺の山々を登る時、茶の香りが心を癒してくれます。また、京田辺市には『今昔物語』に出てくる甘南備山、笠置町には元弘の変で有名な笠置山があります。

本書にはこの他にも多くの魅力ある山々を紹介していますので、ぜひ足を運んでいただきたいものです。

京都府山岳総覧　目次

丹波南部107山……83

山城南部38山……207

コラム

京都の山の巨人たち

監修／内田嘉弘・竹内康之

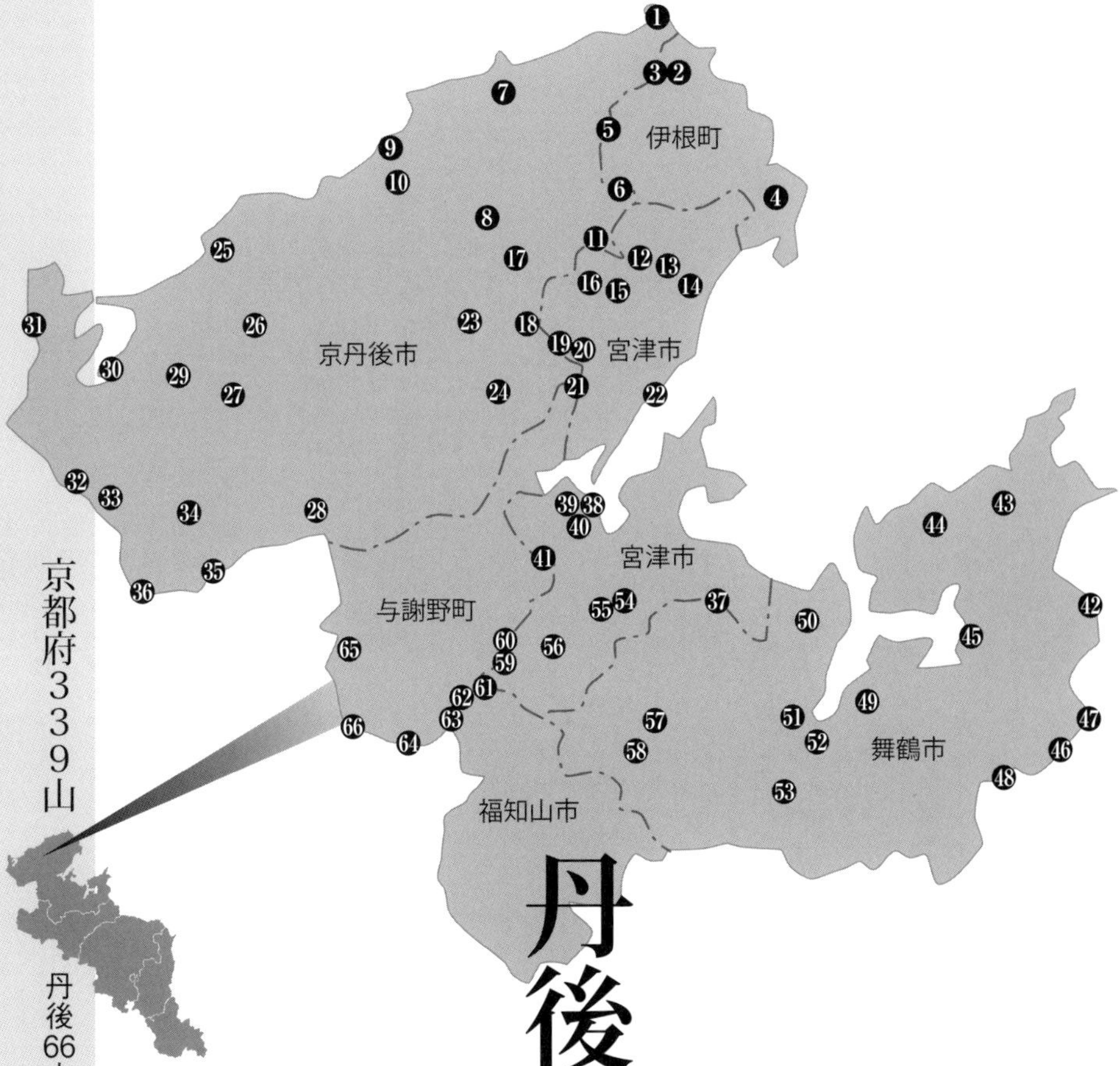

丹後66山

1 経ヶ岬
2 船津山
3 権現山
4 蝙蝠岳
5 笠山
6 太鼓山
7 依遅ヶ尾山
8 小金山
9 徳楽山
10 尾坂山
11 金時山
12 角突山
13 笹ヶ尾山
14 千石山
15 汐霧山
16 嶽山
17 金剛童子山
18 高尾山
19 高山
20 柳平
21 鼓ヶ岳
22 妙見山
23 小原山
24 木積山
25 高天山
26 西山
27 久次岳
28 磯砂山
29 女布権現山
30 兜山
31 大山
32 高尾山
33 得良山
34 青地岳
35 高竜寺ヶ岳
36 法沢山
37 由良ケ岳
38 滝上山
39 妙見山
40 題目山
41 権現山
42 青葉山
43 空山
44 多禰寺山
45 愛宕山
46 養老山
47 三国岳
48 ５２５・７ｍ峰
49 五老岳
50 槇山
51 建部山
52 愛宕山
53 千石山
54 赤岩山
55 杉山
56 普甲山
57 砥石岳
58 湯舟山
59 大笠山
60 ５７２・９ｍ峰
61 鍋塚
62 鳩ヶ峰
63 大江山・千丈ヶ嶽
64 赤石ヶ岳
65 権現山
66 江笠山

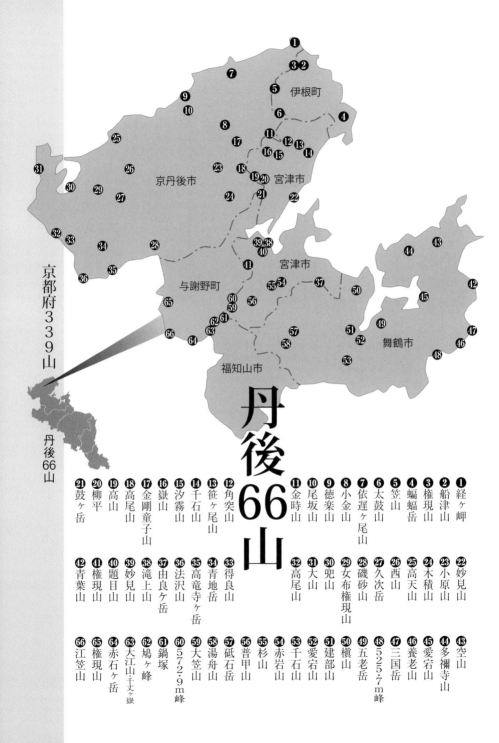

❶経ヶ岬　きょうがみさき　標高二〇一m

昭和六一年公開の映画「新・喜びも悲しみも幾年月」で一躍全国に名を轟かせた経ヶ岬灯台のある岬である。「丹後天橋立大江山国定公園」「山陰海岸ジオパーク」に指定され、風光明媚なことはもちろん学術的にも貴重な存在である。日本に六灯台しかない第一等灯台の一つで、安山岩からなる柱状節理の発達した海食崖が見られる。人を寄せ付けない断崖絶壁となったその地形は、地上最速の動物といわれる「ハヤブサ」の格好の棲息地となり、関西一円からマニアが集まる。岬沖は暖流と寒流がぶつかる好漁場として知られ、「間人《たいざ》ガニ」が有名だ。岬は「経ヶ岬園地」として整備されて遊歩道がめぐらされている。

登路　経ヶ岬バス停駐車場から近畿自然歩道にそって岬の西側を一km行くと「右」旧灯台道と「左」岬の突端に分かれるので左をとる。しばらく樹林帯を歩き、樹林帯から抜け出ると東屋が建っている。踏み跡はこの辺りまでで、右手前方が近畿最北端の岩場となり、灯台建設時に柱状節理を切り取った跡が一帯にひろがっている。波が荒い時は岩場に出るのは注意しなければならない。天候に恵まれれば白山も見ることができる。

東屋の南側から階段があり、一〇〇m程高度を稼ぐと山頂と灯台の分岐に出る。灯台は間近だ。あとは遊歩道を進むと山頂に着く。頂上からは西側の依遅ヶ尾山、丹後松島をはじめとする海岸美が展望できる。

地図　五万図「網野」二・五万図「丹後中浜」

❷船津山　ふなつやま　標高五四八m

丹後縦貫林道の弥栄町スイス村から丹後町碇《いかり》牧場にかけて見える船津山は、権現山と並びその端正な三角錐の姿を見せ登高意欲をかきたてる。登山の対象にあまり考えられていなかったが、登山道は森林作業道が頂上まで伸びているので季節を考えて登れば簡単に登れる。山頂は眼下に海、好天なら白山を望む恵まれた環境にある。

登路　伊根町の国道178号長延口《ちょうえんぐち》から、河来見《かわくるみ》に向かう町道を峠まで車を走らせると登り口に着く。峠から最初は南東に伸びる森林作業道を登って行く。作業道は何年も使用されていないので藪漕ぎとなり、春先や雪のない初冬が適期となる。頂上までは木々の間から見え隠れする海の景色を楽しみながら登り、作業道が終わると頂上はすぐそこだ。

地図　五万図「網野」二・五万図「丹後平」

❸権現山 ごんげんやま　標高六〇〇・九m

別称　熊野山

権現山と名のつく山は多い。この権現山は丹後半島の東北部に位置する伊根町の山間部にある。熊野権現を祀る山で、山岳宗教の聖地であった。また山の麓は筒川《つつかわ》地域と呼ばれていて、その名をとった筒川牛の放牧場でもあった。伊根町誌によると、安土桃山時代の慶長年間に、筒川地域で牛市が開かれたとの記録があり、筒川牛は強健で資質の優れた役牛との評価が高かった。戦後は、農耕機具の発展にともない役牛としての畜産は衰退した。登り口の河来見の南方・野村集落から北方に富士山型の権現山の山容を見る。

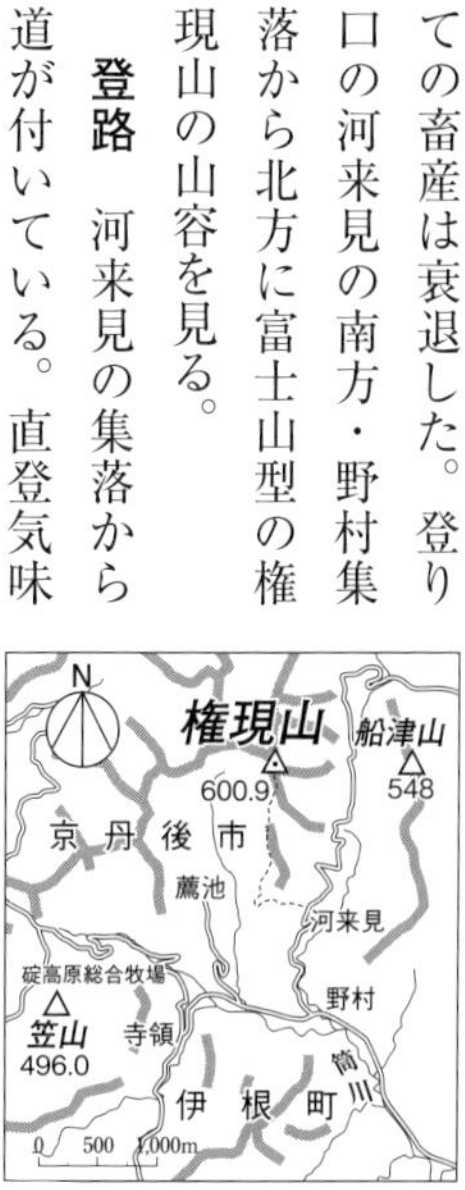

登路　河来見の集落から道が付いている。直登気味の山道であるが、近年、藪に覆われていて通行は困難である。二等三角点のある山頂は広い笹原で、西方と南方の展望が良く、依遅ヶ尾山や碇高原総合牧場、太鼓山の風車などが望める（所要時間一時間三〇分）。

地図　五万図「網野」二・五万図「丹後平」

❹蝙蝠岳 こうもりだけ　標高三一一・四m

丹後半島の山の特徴といえばかなり内陸部でも青い海が見えること、そして天候に恵まれれば白山が見えることだろう。その最前線となるのが半島の東端にある蝙蝠岳で、太平洋戦争中はその日本海を見渡す好位置から、見張り台がおかれた。頂上に立つと日本海、若狭湾、冠島、沓島《くつじま》が眼前に大きくひろがり地球が丸く感じられる。東を見れば青葉山、由良ヶ岳、西には太鼓山、登る途中で依遅ヶ尾山、伊根権現山、船津山が見える。三角点は一〇〇m程下った左側コブの分かりにくい場所にある。

登路　登山道は一本しかなく、伊根町六万部《ろくまんぶ》の温泉付き分譲住宅の間を上がって溜池まで行く。溜池手前を右に巻けば数台止められる駐車場がある。溜池の左の林道入り口に案内看板があり、蝙蝠岳までは三km、一時間。林道は一本道なのでわかりやすく、登山道に入るところに「頂上まで三〇〇m」の看板がある。あとは植林帯の中に登山道が展望台まで続く。

地図　五万図「冠島」　二・五万図「丹後平田」

❺笠山　かさやま　標高四九六・〇m

京都府畜産技術センター碇高原牧場の一角にある山（敷地外）で、京都府では珍しい牧場というロケーションのなかにある。頂上からは太鼓山、金剛童子山、依遅ヶ尾山、権現山が望め、丹後松島、日本海も眼下に見わたせる。登山というより家族でハイキングといった感じの山である。

登路　牧場横の丹後半島縦貫林道から伊根町寺領《じりょう》に通じる道路を、しばらく上がるとすぐ大きな広場（駐車可）に出て、ここから登り始める。舗装道路を登って樹林帯を出ると牧草地に出る。左手に小山が見え頂上の展望台（使用禁止）の東屋が見える。あとはひと登りである。

地図　五万図「網野」　二・五万図「丹後平」

❻太鼓山　たいこやま　標高六八三・二m

京丹後市の三角点では高竜寺ヶ岳に次ぐ高さである。山頂近くが風力発電の基地のため、至る所でプロペラ柱が望まれるので即座に太鼓山だと見分けられる。積雪量が多く、まだ鹿害が少ないため山野草の種類が非常に多い。丹後縦貫林道を利用すれば登山口から二十分ほどで登れるが、すばらしい須川渓流コースを歩いていただきたい。

登路　近畿自然歩道に指定された旧住山街道が太鼓山直下のスイス村まで通じているが、時期によっては草刈りがされておらず、藪漕ぎになることがある。須川集落の奥から広い道が東へ延びていて、須川の手掘りトンネルをくぐる。このトンネルは街道の安全通行のため、昭和一四年に掘られて奥の七集落の命綱となったが、三八豪雪を機に集落はすべて廃村となった。やがて府道終点出合方面との分岐に着くが、出合方向は橋が落ちている。ここで渓流の本流と別れて支流の方へ直進すると道は山道となる。右手に渓流を眺めながら高度を稼ぐと「熊谷《くまだに》一戸」と書いた標識がある。熊谷集落の跡である。小滝が続き、早春や秋の紅葉時にぜひ歩いてみたい美しい流れが続いている。さらに歩くと廃村住山集落の耕地跡に出合い、ひと登りでスイス村に着く。スイス村から丹後縦貫林道を世屋方面へ向かうと、太鼓山直下のレストハウスに出る。スキー場の中を登ると、一等三角点の山頂に着く。金剛童子山をはじめとする丹後の山々や、日本海が眺められる。

地図　五万図「網野」　二・五万図「丹後平」

金剛童子山頂から眺めた太鼓山

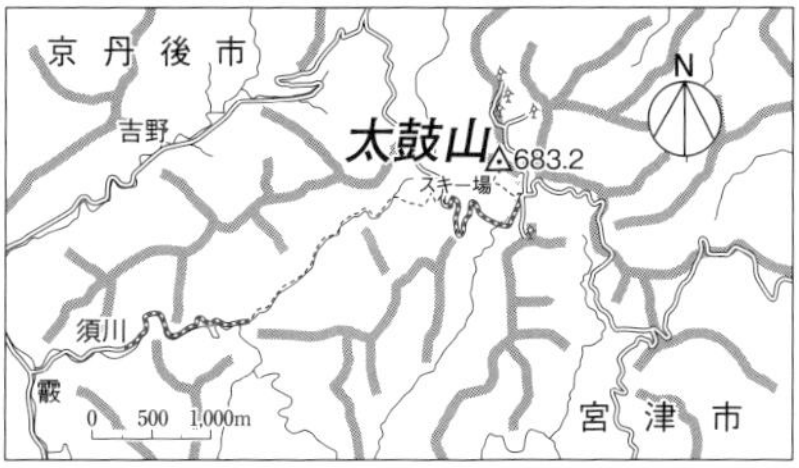

❼依遅ヶ尾山　いちがおさん　標高五四〇・二m

京丹後市丹後町の丹後半島最北端にあり、潮風のにおいが漂う山頂からは、丹後半島突端の経ヶ岬や眼下に丹後松島、犬ヶ岬など、美しいリアス式海岸美が堪能でき、箱庭のような間人《たいざ》の町が見渡せる。年に一〇回前後、雪の白山を見ることができ、金剛童子山をはじめとした丹後の山々の、三六〇度の大パノラマが広

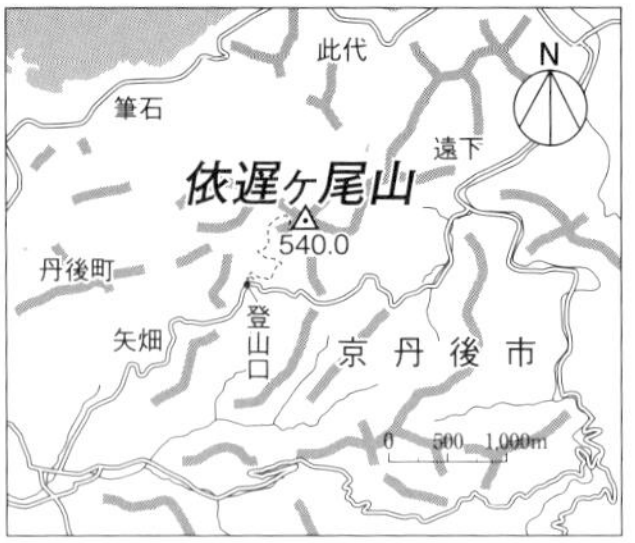

ふもとの丹後町豊栄地区から眺める依遅ヶ尾山

がっている。海と山を満喫し、四季折々に多種類の山野草を愛でることができる山として、最近遠方からの登山者も増えている。

登路　国道482号から吉永《よしなが》、矢畑《やばた》を通り登山口駐車場に着くが、トイレは無い。登山口は丹後町矢畑から遠下《おんげ》に抜ける市道の途中にあり、登山口から林道を一五分ほど歩くと地元の皆さんが作った茅葺の小屋がある。ここから登山道が始まり、随所に「あと〇〇m」の札があり道に迷うこともなく励まされる。樹林の中をよく整備されたジグザグの道を登るが、低山のわりには登りがいがある。樹林帯を過ぎると緩やかな尾根筋となり約一〇分ほどで頂上だ。山頂には小さな広場があり北を背に「役行者」の石像が祀られている。

地図　五万図「網野」　二・五万図「丹後平」

❽小金山　おがねさん・こがねさん　標高四一六m

別称　黄金山

登山コースは「舟木」「中山」「来見谷《くるみだに》」「野中二コース」の五コースある。登山口はすべて京丹後市弥栄町内で、頂上に小金山神社があり、頂上神社の祭礼が行なわれるため、登山道の整備も毎年各集落により行なわれている。この山は二つのピークがあり、舟木コース側のコブが黄金山《こがねさん》で、頂上を小金山《おがねさん》と呼ぶ。それにしても「金銀ざくざく」ロマンあふれる山名である。

山頂はよく整備され、大きな神社・祠があり、トイレも設けられている。丹後町、網野町、峰山町、久美浜町、弥栄町が展望でき、その昔漁師の目印になったといわれているように日本海もよく見わたせる。

登路　「舟木登山コース」を紹介する。国道482号京丹後市弥栄町黒部の奈具《なぐ》神社に駐車。奈具神社は日本で最も古い羽衣伝説に登場する神社で、すぐ先にも室町時代原型の「通堂《とおりどう》」という茅葺の小屋が建っている。舟木集落の最後の家を右に曲がり谷を本道にそって奥へ行くと植林帯になり道が分かれる。左をとると左手に小型石舞台古墳のような石室があり、その先のS字カーブのところからすぐ右側の斜面に登山道があり、案内板が立っている。溝の中を歩くような急登が続くが、やがて右側が開け金剛童子山が現れる。しばらく進むと左側が切れ込んだ「六〇崩し」といわれるところがあり、さらに高度を稼いでコルに出て南へ登れば黄金山頂だ。刈込まれた広場に役行者が祀ってある。コルへ引き返し北の頂上へ向かうと、頂上直下で東から野中・来見谷コースからの登山道と合流し、西へひと登りで小金山頂上だ。

地図　五万図「網野」　二・五万図「丹後平」

❾徳楽山　とくらさん　　標高二二〇m

別称　戸倉山　徳良山

京丹後市丹後町間人《たいざ》の日本海海岸間近に位置する。国道178号を丹後町間人から網野町に向かうと、長浜地区の海岸沿いに三角錐の徳楽山が見えてくる。三津、砂方、徳光の三地区の境界にあたり三津では徳楽山《とくらさん》、砂方では戸倉山《とくらさん》、徳光では徳良山《とくらさん》とそれぞれの表記名をもつ。頂上には徳楽神社、別名徳楽大権現さんが祀られている。参道は三地区からそれぞれあるが、徳光からのものは現在荒れている。崇神天皇の創建とされる神社も崩壊寸前となり平成一〇年秋に、神社新築、参道・周辺の整備と大工事を行った。二二〇mの山頂から三〇m程下った位置に、一九五・四mの三角点がある。

登路　登山口は国道178号網野町三津地区から西へ入る農道があり、そこに案内板が設置してある。八合目で砂方コースと合流し頂上で徳光コースと合流するが、徳光コースは現在不明瞭である。展望は八合目展望台と、砂方コース第一展望台がすばらしい。眼下に琴引浜をはじめ日本海が開け、離湖《はなれこ》、網野中心街、遠く城崎方面の岬、大江山連峰を展望することができる。

地図　五万図「網野」　二・五万図「網野」

⑩尾坂山《おさかやま》

標高二五八・二m

京丹後市の網野・丹後・弥栄町の境に位置する。山名は網野町尾坂地区の名前だと思われる。この尾坂集落は、昭和三四年の伊勢湾台風の土石流等により壊滅的打撃を受け、廃村の道を辿ることになった。丹後地方ではその他多くの集落が三八年豪雪により廃村の道を辿り二十余りの集落が消えてしまった。麓にあった黒部小学校の校歌にも登場した尾坂山であるが、その小学校も廃校になった。

登路　弥栄町国久地区からが登りやすい。集落の奥から林道を歩き分岐を左へとると、右手に急なまっすぐに登る道がある。この道を尾根まで直登して、尾根に着き、右へ行くと山頂だ。直登路の途中までは道があるが後は不明瞭である。頂上はちょっとした刈込みがしてあるが展望はない。

地図　五万図「網野」　二・五万図「網野」

⑪金時山《きんときやま》

別称　ヨシナミヶ嶽

標高六一六・六m

弥栄町野中から野間川を須川に向かって歩くと、南の谷間に立派な金時山が見える。『丹哥府志《たんかふし》』によればその昔「ヨシナミヶ嶽」と呼ばれていたようだが、今は野間地域の人は金時山と呼び、弥栄町史にも金時山と記載されている。『丹哥府志』には「よしなみヶ嶽といふ大山あり、山を七、八分登りて北に向かいたる處にすか谷という谷あり、此處一面に福寿草を生ず」。しかし今、この記述の場所を知っている人は須川地域に誰もいない。この須川地区からは登山道はないので、南の宮津市木子《きご》地区からのコースを紹介しよう。

登路　木子集落に入る手前左側の荒れ果てた国営農地の農道を、西の山側へ行くと北へ向かって林業作業道が走っている。軽トラ一台分の駐車スペースの箇所をすぎると、道は倒木と笹竹の藪漕ぎになる。林道そのものは幅があり道を間違うことはない。途中西側が開けたところがあり高尾山、金剛童子山、小金山、網野町の八丁浜が望まれる。

車両進入禁止の古い看板のあるところが登山口となる。頂上へは、やや北東方向へと尾根をめざして登る。尾根に出ると薄い踏み跡が東の山頂へ続いている。植林や雑木の間から太鼓山が見える。

地図　五万図「網野」「宮津」
二・五万図「丹後平」「日置」

⑫角突山　つのつきやま　標高六二九・一m

宮津市日ケ谷《ひがたに》地区からは立派な角突山が展望できる。登山道はないので読図を要する。

登路　丹後縦貫林道を利用し、登山口から一〇分ほどで頂上に到達するが展望はない。

地図　五万図「網野」「宮津」
二・五万図「丹後平」「日置」

⑬笹ヶ尾山　ささがおやま　標高三七一m

宮津市奥波見《おくはみ》・日ケ谷・外垣《とのがき》地区の境界線上に位置する。宮津湾の西方にあり、この山の南東約一・五km先には千石山がある。この山は名のごとく笹が多く、山頂は笹と樹木におおわれ展望は困難。

登路　奥波見地区を通過し、長通り峠から府道620号に入り、途中の府道峠から竹藪の尾根に取り付いて、藪漕ぎをしながら登る（三〇分）。

地図　五万図「宮津」「網野」「冠島」「丹後由良」
二・五万図「日置」「丹後平」「丹後平田」

⑭千石山　せんごくやま　標高三一二・五m

宮津市北部の長江地区に位置する。宮津湾の西方にあり、同名の山が隣接する舞鶴市にもあるが、こちらの千石山はその昔、山奥まで畑地として利用され、黍・豆の年間収穫高が千石にのぼるところからその名があると伝えられている。山頂は笹と樹木におおわれ展望は困難。

登路　長江からの登山道は荒廃しているので、宮津市奥波見地区（起点は関西電力柱の奥波見No.43）から一部舗装された農道・林道を利用し、途中から稜線伝いに藪漕ぎをしながら登る（約二時間）。

地図　五万図「宮津」「網野」「冠島」「丹後由良」
二・五万図「日置」「丹後平」「丹後平田」

⑮汐霧山《しおぎりやま》　標高六四七m

宮津市世屋高原から見る汐霧山はなかなかどっしりとした山であるが、登山道がなく、境界柱や先人のテープをたどって登ることになる。この山塊には三点の点標があり、三角点は丹後縦貫林道で隔てられた南東尾根の六一八・七m、地図に山名記載の独標六四七mは北尾根に、最高点は西尾根の独標六五七mとなる。尾根は雑木のなかで展望はないが、伐り開かれていれば日本海及び丹後半島の海岸美、さらには遠く白山まで展望できる。

登路　この三点を周回するコースを紹介する。丹後縦貫林道の汐霧山山頂から南東に延びる尾根のコルから、東側一〇mほどの尾根のコブに六一八・七mの四等三角点がある。そしてそのまま林道を北へ七〇〇m進んで北尾根に取り付き、植林帯と雑木帯の境を南へ登ると六四七mピークに着くが、目印となるようなものは何もない。さらに小さなアップダウンを繰り返して二八八境界柱で西へ右折、境界柱や先人のテープを頼りに最高点の独標六五七mへと登る。そのまま二八八境界柱まで引き返し南東尾根を林道まで下れば出発点に戻る。

地図　五万図「宮津」　二・五万図「日置」

⑯嶽山《だけやま》　標高六三七・五m

別称　岳山

宮津市上世屋の世屋高原家族旅行村の一角にある山である。家族で楽しく野外活動を行えるよう整備された遊歩道がつけられ、簡単に頂上に立てる。

南側の登山口の西側に開ける湿地帯が「京都の自然二〇〇選」に選定されている「大フケ湿原」で、宮津市上世屋から宮津市木子にかけ高層湿原を形成している。野間川と世屋川の分水嶺にあり、湧水が広く湿原を覆いミズゴケ、モウセンゴケ等が群落をなし、野生のランや珍しい山野草、さらにハッチョウトンボの生息地としても知られている。

登路　家族旅行村の入口駐車場の横に遊歩道入口から、二〇～三〇分で頂上に立つことができる。頂上には木組の展望台があり、三角点は五〇mほど北の盛り上がりの熊笹のなかに埋もれている。頂上からは日本海、由良ヶ岳、赤岩山、青葉山とすばらしい眺望が開けている。

地図　五万図「宮津」　二・五万図「日置」

⑰金剛童子山　こんごうどうじさん　標高六一三・六m

別称　行者山

京都府北部の丹後半島の中心部京丹後市弥栄町に位置し、町のシンボルとして地元の小・中学校の校歌にも歌われ、古くから住民に親しまれている山である。山頂からは北、東方面の太鼓山、高山、青葉山、白山などが展望できる。西へ五分下った展望台からは遮るものがなく、大展望が広がる。

山名は密教の護法童子からとった名前のようだ。開山は役小角《えんのおづぬ》といわれ、山頂の行者堂に安置されていた役小角の木像が、現在麓の洞養寺に祀られている。別名「行者山」といわれているように、修行僧の遺跡や伝説が各所に残っている。また女人禁制であったといわれ、不動明王、覗き岩、雨乞いがなされたという御手洗の池などがある。頂上付近には「行者もみじ」と呼ばれる葉数の多いもみじがみられる。行者堂は現在改修され頂上避難小屋として利用されている。麓の弥栄町味土野《みどの》地区は細川ガラシャの隠棲の地として知られ女城跡には石碑が建つ。登山口から府道を二〇〇mほど下ったところに京丹後市最大規模の味土野大滝がある。西側の麓になる等楽寺には、廃村「高原」から移築された高原観音堂がある。現在登山道沿いの石灯籠だけになっているが往時は、お参りする人が絶えなかった。

登路　〈登山道①〉（山頂まで約一・六km）

その昔修行僧が通った道で、京丹後市弥栄町味土野集落の橋を渡った所の駐車場に、登山道の看板がある。しばらく谷川の左岸を歩くが手作りの大きな橋が出てくる。橋を渡り右岸側を登って行くと、流れから離れブナ林が出てくる。やがてなだらかな登山道となり、右手の水田跡には水芭蕉が植えられているところがある。毎年四月になると花を咲かせる。ここから急登となり不動明王まで来ると頂上はすぐそこである。

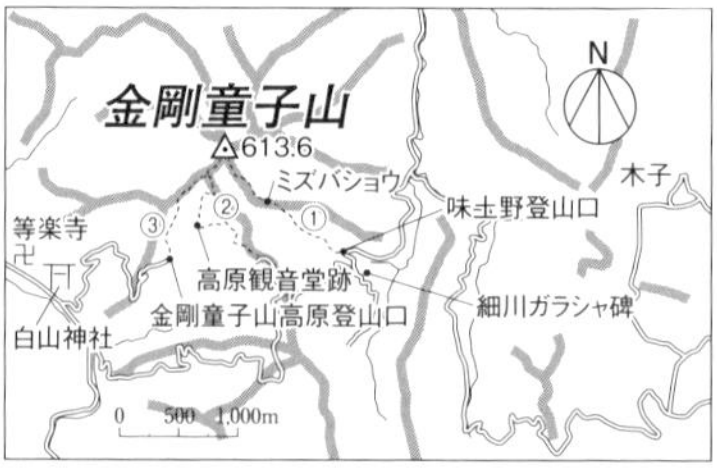

〈登山道②〉（山頂まで約二・二km）

市道味土野・等楽寺線の峠付近から林業の作業道を利用する。市道と作業道の分岐に登山道の看板がある。①との併用で周回コースとなる。

〈登山道③〉（山頂まで約四km）

京丹後市弥栄町等楽寺集落の市営バス等楽寺バス停付近を起点に（登山道看板あり）、廃村「高原」を経て展望台直前で②のコースと合流する。その昔弥栄平野にある各小学校の遠足コースであった。

地図　五万図「宮津」二・五万図「日置」

⑱高尾山《たかおさん》　標高六二〇・三m

別称　久住岳

高山の西側にあって尾根が大きく起伏した独立峰的な山容で、麓から目立っていてその名にふさわしい。山名は麓の内山に大宝年間創建の高尾山妙法寺があったことに因む。南西麓の久住《くすみ》とも縁が深く久住岳ともいう。京丹後市大宮町にあって、五十河《いかが》から内山集落手前で味土野への府道を進む。長らく放置されたままの車道はすっかり自然に還り、近畿自然歩道に指定されている。山腹を巻き沢を二つ横切って樹林の味土野峠に着く。ここが高尾山の登山口となる。

登路　味土野峠からの道はササに覆われていたが、二〇一五年一二月に登山道が整備され、峠から約三〇分で山頂に立てるようになった。

地図　五万図「宮津」二・五万図「日置」

⑲高山　たかやま　　標高七〇二m

宮津市上世屋と京丹後市大宮町の境にあって、地形図に表記はないものの地元では高山と呼び、丹後半島最高峰である。大宮町三重あたりからは西に高尾山、東に柳平や鼓ヶ岳を従えた雄大な山容が望め、麓の五十河からは山を覆う鬱蒼としたブナ林が印象的だ。中腹の内山集落跡からブナ林を抜けて山頂に至れば、北側が開けて味土野《みどの》の金剛童子山、木子のヨシナミヶ岳、その奥に太鼓山が姿を見せる。内山集落跡には登山や自然観察の拠点にふさわしいブナハウスが建てられ、山上一帯は府の丹後上世屋内山自然環境保全地域に指定され貴重なブナ林が守られている。森の中に整備された歩道がのび、手軽にこの山を楽しむことができる。山頂東南側には胴回りが四m近くあって、府下最大の太さという大ブナもある。

五十河には小野小町ゆかりの妙性寺があり、内山の大宝年間創建高尾山妙法寺の流れをくむ寺院と伝えられていて、高山という山名もこうした歴史に因む地名であると考えられる。

登路　京丹後市大宮町五十河入口にある小野小町公園から内山集落跡まで車道を歩き、ブナハウス内山から、駒倉峠を経て山頂、東谷ブナ林を経て山頂へそれぞれ整備された歩道があり、周遊することができる。また上世屋と駒倉集落跡を結ぶ車道の峠からの北尾根にも歩道が設けられている。大ブナは、山頂手前から東へ浅谷ブナ林に向かう道へ入ってすぐに分岐がある。

地図　五万図「宮津」二・五万図「日置」

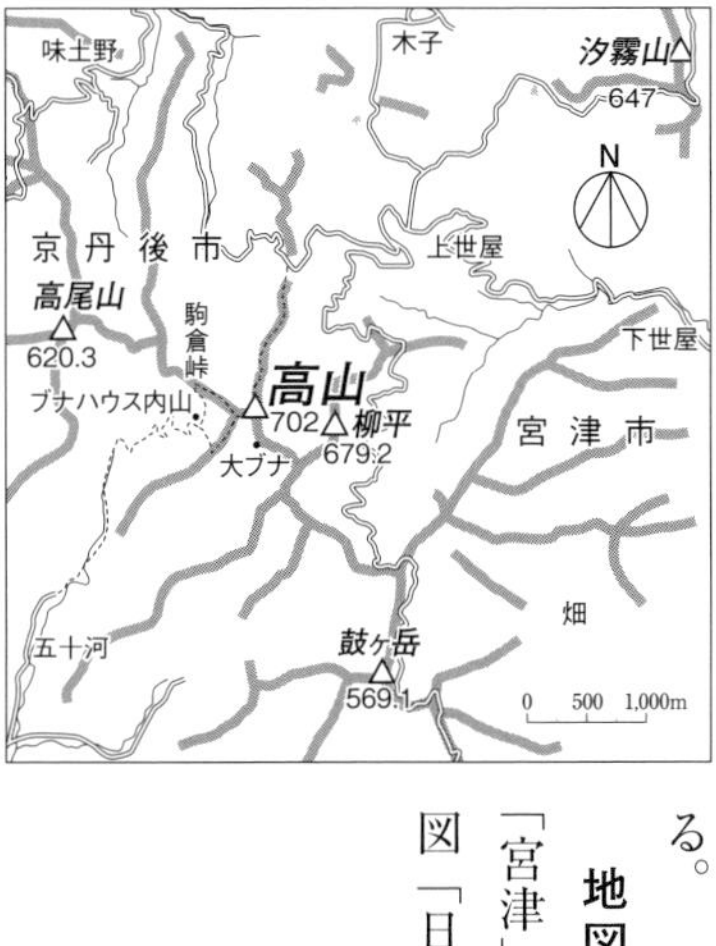

⑳柳平 やながなる・やなぎだいら　標高六七九・二m

高山から宮津市上世屋側へ派生する尾根にある三角点ピーク。府の丹後上世屋内山自然環境保全地域の一角にあり、高山山頂東南側の浅谷ブナ林への散策ルート入口が柳平登山口ということになる。

登路　大ブナに立ち寄り尾根道を進むと柳平分岐、ここから北東五〇〇mほどのところに柳平山頂はある。ブナ林が美しい尾根には、国有林の境界プレートが随所にあり、木立の間から東側に鼓ヶ岳の電波塔や宮津湾が見える。尾根が北に向きを変えるわずかな高みに三角点があって、柳平山頂につく。（内山ブナハウスから約一時間三〇分、高山から約五〇分）

地図　五万図「宮津」　二・五万図「日置」

㉑鼓ヶ岳 つづみがだけ　標高五六九・一m

成相寺《なりあいじ》本坂コースは近畿自然歩道に指定され、宮津市の有形文化財にも指定されている。昔は成相寺への参道で国宝「天橋立図」の雪舟も通ったといわれている。成相寺は西国三十三所第二十八番札所として知られ、七〇四年創建の重文も多数抱える古刹であり、弁天山展望台、笠松公園とともに是非立ち寄りたいものだ。

丹後半島縦貫林道大内線から望む鼓ヶ岳

登路　登山口は国道178号から一本北へ入り、入口に「成相寺本坂」の石碑が立っている。うっそうと荒れた山道を歩くと笠松公園からのバス道に出てそのまま登ると成相寺の山門に着き、舗装道を登って行くとパノラマ展望台に着く。広々とした展望台からは天橋立や宮津湾、青葉山、由良ヶ岳、大江山とすばらしい展望で、運がよければ白山を望むことができる。さらに登ってアンテナをやりすごしながら丹後縦貫林道に出ると、北側に登山道があり頂上はすぐそこだ。頂上からは展望は望めない。

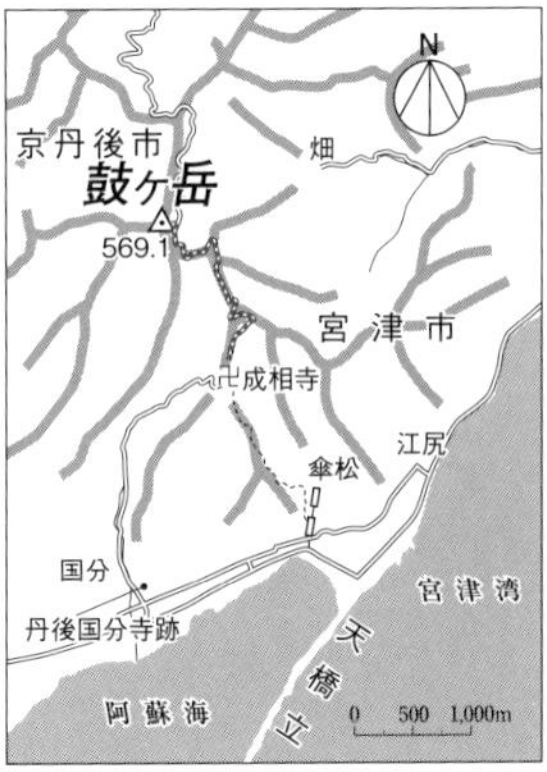

地図　五万図「宮津」二・五万図「日置」

㉒妙見山《みょうけんさん》　標高三〇m

別称　向山

『日本山名事典』によると、この妙見山が、京都府内で最も低い山として紹介されている。宮津湾を眺める国道178号の丹海バスのバス停日置《ひおき》から東北へ約一・五㎞、宮津湾の日置浜海岸の方向にこんもりした丘が見える。中世山城の跡といわれていて、宮津湾に沿った位置にあるところから、戦国時代には船舶の出入りを監視する砦の役割を果たしていたと推測される。また府中一色氏の重臣・杉左馬亮《さまのすけ》の居城があったとも伝えられる。山頂には妙見堂が建ち、その付近に室町時代中期の応永三四（一四二七）年十月の紀年銘が入った「阿弥陀一尊像板碑」などがある。

登路　登り口は、東側の鳥居から。石段をあがって間なしに山頂に着く（五分）。

地図　五万図「宮津」二・五万図「日置」

㉓小原山《おばらさん》　標高三七一・八m

京丹後市弥栄町の南端に位置する山で、以前は小学校の遠足等でも親しまれた山だ。弥栄町吉沢《よっさわ》集落から一㎞ほど登った小原集落手前に登山口があり、駐車場も整備されている。一㎞ほど登った興法寺は、真言宗の寺院で和銅元（七〇八）年遍然上人の開基と伝えられ、七堂伽藍を備えた丹後でも隆盛を極めた古刹であった。現在は京都府登録文化財指定の、天保元年に再建された本堂を僅かに残すのみである。本尊の聖観音菩薩は眼病患者の信仰が篤く、昭和の初期までは毎月一七日の縁日には多くの参拝者でにぎわった。周辺は公園として整備されてここからは展望が開けている。公園前を北に向かって整備された林道は弥栄町堀越へ続いており、その途中からも山頂へ登ることができる。

登路　登山口から一㎞ほど登ると小原山興法寺に着く。興法寺本堂右側（庫裏跡、地震計の横）の竹藪を登り、興法寺歴代住職の墓地を右に見ながら左に登って行く。しばらくは登山道の跡らしき窪みが確認できるが、途中から熊笹の中を尾根伝いに登るとなだらかな山頂に着く。興法寺から一㎞ほど約三〇分の登高である。

地図　五万図「宮津」　二・五万図「峰山」

㉔木積山　きづみやま　標高二六九・五ｍ

京丹後市大宮町周枳《すき》地区では、毎年四月同日に桜祭り・菜の花祭り・木積登山が行われており、山登りには小学生から高齢者まで参加する。周枳郷土史によると、木積山の外尾谷と栗ヶ尾とに挟まれた山鼻に城址があり、戦国時代の木積山城と思われる。また山上には薬師如来が祀られていたとされ、伽藍の跡として礎石十個が残っている。薬師如来像は、現在は大宮売神社（式内社）の東北にある堂に安置され、区民に「やくっさん」と親しみを込めて呼ばれて祀られている。木積山は標高の低い山であるが、歴史や伝説に彩られた山である。

登路　登山口は大宮町周枳集落の北東、水田の最奥部のため池のたもとに案内板が立つ。一本道を登ると城跡と山頂の分岐に着く。左が山頂だが道は荒れている。山頂の展望はなく雑木のなかに三等三角点がある。分岐の右の城跡まではよく踏まれている。

地図　五万図「宮津」
二・五万図「峰山」「四辻」「日置」「宮津」

㉕高天山《たかてんやま》　標高二八五・四m

京丹後市網野町中心部のすぐ西にあり、約一時間で登れる手ごろな山だ。山頂は広く、眼下に網野町市街と八丁浜海岸、遠く丹後町の海岸も一望でき、振り返ると久美浜湾が見えるという、すばらしい眺めが望める。登山口、頂上ともトイレはなく、駐車場は京都丹後鉄道網野駅（登山口まで九〇〇m）か、下岡公民館（連絡必要、登山口まで二〇〇m）に駐車。

登路　網野町下岡集落道沿いの登山口に案内標識がある。民家脇を歩き出すとすぐに幅広い林道となる。迷うことのない一本道。スギの植林や雑木等で展望がなく少し薄暗く感じるが、イワカガミなど四季折々の植物が目につく。やがて少し登りとなって別ルート（マムシ谷ルートで現在は通行できない）と合流し、なだらかな水平道になる。ここは日本海もよく見え休憩するのにいい場所である。さらに進むと鎖とロープのある急登となり、登りきったところが頂上だ。

地図　五万図「網野」「宮津」　二・五万図「網野」「峰山」

㉖西山《にしやま》　標高四〇七・八m

西山頂上にはテレビを始めとするアンテナ群が林立していて、京丹後市最大のアンテナ基地となっている。おかげで展望台としての値打ちがあり、頂上まで舗装道路がついていて、ハイキング・散策で訪れる人が多い。

登路　峰山町西山集落の奥から一本道の車道がついている。アンテナ基地に選定されるだけあって、上に行くほど展望がよくなってくる。網野、久美浜方面の展望に欠けるが、丹後、弥栄、大宮、峰山の展望が開け、依遅ヶ尾山、金剛童子山、磯砂山、久次岳と頂上からの展望は抜群である。

地図　五万図「宮津」　二・五万図「峰山」

㉗久次岳　ひさつぎだけ　標高五四一・四m

別称　咋石岳　真名井岳　真名井ヶ岳　円頓寺岳
石ヶ岳　後鳥羽岳

久次岳は多くの名前を持ち、その周辺は歴史と神秘のベールに包まれた神の山だ。山の東側峰山町では、「咋石岳《くいし》」「真名井岳」「真名井ヶ岳」、あるいは「丹後国風土記」に出てくる「比治山」の本家争いが隣の「磯砂山」との間であるらしい。西の久美浜町では「円頓寺岳《えんどんじ》」、「石ヶ岳」、後鳥羽上皇が隠岐の島に流されるとき立ち寄ったことから「後鳥羽岳」ともいう。
久次岳の麓には、日本の稲作の発生の地といわれ、籾を浸したといわれる「清水戸」、苗を育てたといわれる「月の輪田」があり、伊勢神宮外宮の祭神・豊受大神の一番元の社といわれる「比沼麻奈為《ひぬまない》神社」、重文のたくさんある古刹「円頓寺」等、山登り以外でも見どころがたくさんある。峰山町側は久次集落から中腹の「大石さん」という大岩までは行けるがその先は禁域の「降神の森」といわれる自然林となっている。

登路　久美浜町円頓寺から舗装路が東に延びている。林道を直進すると小広場に出るのでここに駐車。最初の分岐を左へとり、登って行き右手の尾根にのる。道らしきものはないが久美浜町と峰山町の、境界の伐採がしてあり歩きやすい。途中東側の久美浜、五箇谷、青葉山の展望が開ける箇所があるが、全体として樹林帯の中である。三等三角点の頂上も展望はない。

地図　五万図「宮津」「城崎」
二・五万図「久美浜」「須田」「峰山」「四辻」

㉘磯砂山　いさなごさん・いなごさん　標高六六〇・九m

別称　足占山　比治山　比沼山　伊佐山　白雲山
真名井山　鳶尾山

京丹後市の峰山町と大宮町の境に位置し、「比治山」「比沼山」「足占山」「伊佐山」「白雲山」「真名井山」「鳶尾山」と多彩な山名を持ち、地元の峰山高校歌にも歌われる伝説の山である。「羽衣伝説」は全国各地にあるようだが、その中でも年代的に最も古く格調高いのが磯砂山のものだ。頂上には「日本最古の羽衣伝説発生の地」のモニュメントが設置されている。

頂上は一等三角点で、前述のモニュメントのほかに双眼鏡付展望台、公園のように整備された山頂広場があり、高竜寺ヶ岳、依遅ヶ尾山、大江山、青葉山と丹後の山々、天橋立、小天橋、日本海と抜群の展望である。

登路　登山道は大宮町常吉、峰山町大成、峰山町茂地、峰山町大萱の四コースある。ここでは山道ばかりの大萱（御滝コース）から登るコースを紹介しよう。

ふもとの二箇から眺める磯砂山

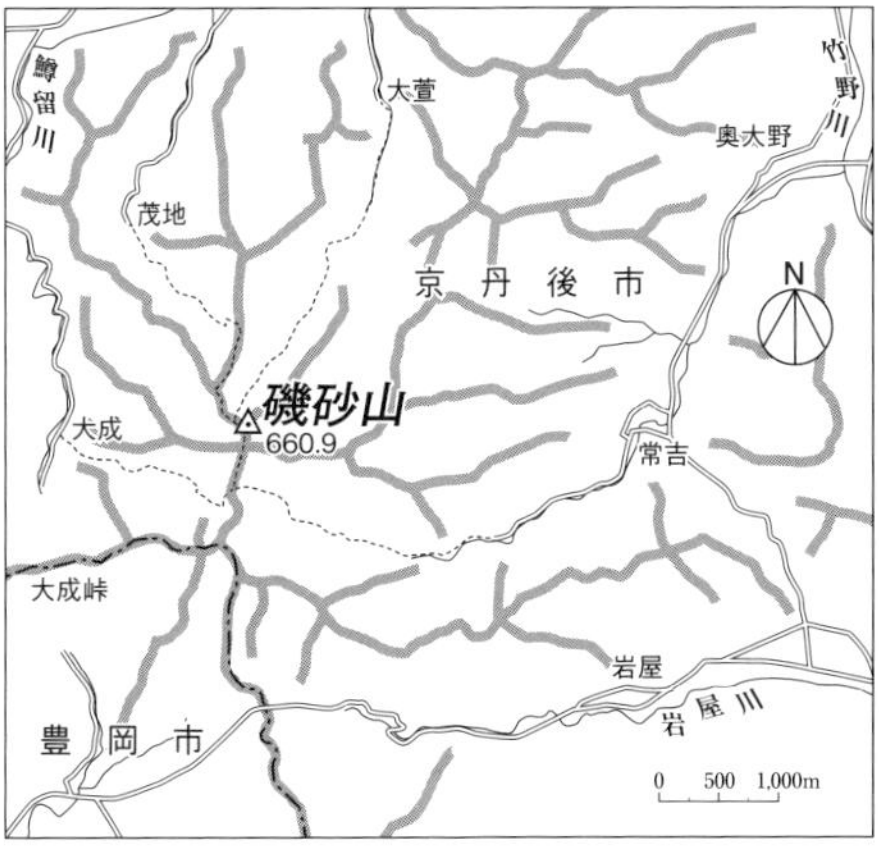

大萱は一時廃村となったが現在他地区からの移住で一戸のみの集落である。大萱集落から南へ林道を入っていくと、右へ谷川を渡る橋と直進の林道の分岐に出る。橋をわたった所に朽ちかけた磯砂山の看板がある。右が登山道と勘ちがいされる立て方だがここは左へ行く。不明瞭な道を沢沿いに登ると、目の前に北壁が現れる。壁の上（尾根）に登るまで踏み跡はないが、やや右上をめざす。壁の上から尾根に出ると西からくる茂地コースと出合うので東へ行けば頂上はすぐそこである。北西方向に茂地コースの巨石群が見える。この山は花崗岩に含まれる鉄分（磁鉄鉱）のためコンパスが狂うと言われているので注意。

地図　五万図「宮津」　二・五万図「四辻」

㉙女布権現山　にょうごんげんさん　標高三四八・四m

久美浜町女布《にょう》地区にある。「女布」と書いて「にょう」と読むのだが不思議なことに舞鶴市にも「女布」地区がありこの久美浜と同じように森脇宗坡の城跡がある。昭和年代に両地区が出合って話をされたそうだが、何も繋がりとなるような話はでなかったそうだ。

古くから栄えた土地で、弥生時代の古墳や土器が多く出土される。式内社の売布《ひめふ》神社が鎮座する村の入口の大きな灯篭は格調高い。売布とは近くに赤土が出ることも含め「丹生」つまり水銀のことではという学者もいる。山名由来となる「権現さん」は、山頂直下に確かに形跡が残り村人も認めるのだが、長老に聞いても分からず、文書も残っていない。

一時期、山頂に東屋を建てたり周辺の整備がされたが、集落戸数の減少と高齢化、自然災害などで登山道管理ができなくなっている。

登路　女布集落の外れを東へ進み、林道分岐を左へ行くと小広場の駐車スペースがある。正面の急な坂道を上り分岐を右へとる。作業道を登って行くと右手に尾根が派生するのでその尾根に入り、しばらく山道を歩くと頂上直下に石積みに囲われたような場所が出てくるがこれが「権現さん」の遺跡である。頂上はもうすぐそこである。雑木が伸びていて展望はない。

地図　五万図「城崎」　二・五万図「久美浜」

㉚兜山　かぶとやま　標高一九一・七m

どこから見て「兜」なのだろう。郷土史家は、「久美浜町神崎の遥拝所だろう」という。神崎の雲晴神社のそばに兜山山頂の熊野神社（式内社）の遥拝所があるが、そこから見る「兜」はなかなかのものである。兜山の東の麓に「甲山」集落があるが「神山」が転じたとの説もあり山全体が信仰の対象になっていたようだ。近年、頂上展望台の老朽化再建工事中で入山できなかったが、完成して現在は入山できる。

登路　兜山園地駐車場に車を置ける。登山口から一九〇mを一気に登るが、途中「ひと喰い岩」の展望地もあり頂上近くになると高竜寺ヶ岳、法沢山と南側の展望が開けてくる。頂上からは眼下に広がる小天橋、日本海、遠くには来日岳、久次岳、磯砂山と見飽きることのない展望である。

地図　五万図「城崎」　二・五万図「久美浜」

㉛大山《おおやま》　標高三三四・四m

別称　山内ヶ嶽

大山が一躍有名になったのは、大山の中腹にあり、廃村となった山内地区の迎接寺に所有されていた蔵王権現像が、米国ニューヨークのメトロポリタン美術館に所蔵されていることが、昭和の終りから平成の初めにかけて紙上で紹介されてからである。銅製で平安期の作とみられ重文級の秀作のようだ。この山でもう一つ古いものが見られる。大山の東のピークの山内ヶ嶽にある、不思議な石の配置で、解明されていない。

登路　久美浜町河内から山内へは立派な道路がついており、終点に車を置く。竹藪と土手の境あたりを西へ登っていくと屋敷跡と思われるような場所があり、高さ一m程の地蔵さんから南西のコルに向かうと、兵庫県へ越える古道の峠に出る。ここの東のピークが山内ヶ嶽と呼ばれ、西側のピークが大山の山頂だ。大山までは鹿害と豊岡市との境界伐採で歩きやすいルートであるが、頂上からの展望はない。

地図　五万図「城崎」　二・五万図「久美浜」

㉜高尾山《たかおさん》　標高四二六・四m

久美浜町奥三谷の南、兵庫県との県境稜線から少し東へ張り出したところに位置する。村の長老に聞くと、小さいころ山頂に三角点を運んだ木組みが残っていてよくそれで遊んだという。

登路　京丹後市久美浜町奥三谷の集落の奥に大森椿原神社があるが、登山は右の林道を渓流沿いに南へと入っていく。大きく北へ返しながら東へ進むと、作業道の分岐に来るので右へとり、大きくカーブして北西尾根に取り付く。いったん作業道を横切り鹿除けネット沿いに頂上へと登る。途中、兜山、小天橋、久美浜湾が見わたせる場所があるが頂上の展望はない。

地図　五万図「城崎」二・五万図「須田」

㉝得良山　とくらさん　標高　三一六m

久美浜町芦原あたりから見る得良山は水墨画のような山容である。登山口の久美浜町須田の衆良《すら》神社は式内社で牛の神様である。昔は各戸で牛を飼い田植え終了時の「さなぼり」ともなると大勢の人が牛をつれてお参りをした。昔の絵図によると、須田から豊岡市奥野に越す古道二本の内、「佐岡峠」道として記載されているが、今は確認することができない。近年「須田ふるさと委員会」の手で荒れた登山道の整備が行われた。

登路　境内の左から尾根へと登ると稲荷神社がある。さらに南へ歩くと尾根下に大雲寺が見える。この登山道沿いに石仏が幾箇所も現れるが、これは大雲寺の檀家の方々が寺をめぐる尾根筋に西国三十三箇所の土と観音様を祀ったものである。頂上は登山口の南西にあり、三角点は無く展望もない。大雲寺が見えるあたりに展望台がつくられ、久次岳、高竜寺ヶ岳、青地岳等が展望できる。

地図　五万図「城崎」二・五万図「須田」

㉞青地岳　あおじだけ　標高四四五・七m

青地岳の麓、統合により廃校となった川上小学校の校歌に「晴れて輝く大空にそびえる希望の四つの峰」とうたわれた四つの峰とは高竜寺ヶ岳、法沢山、得良山、そしてこの青地岳で、旧川上小学校の東側にどっしりとかまえる。この山へは、その昔久美浜町金谷《かなや》集落と出角《いずすみ》集落から登ることができたが現在明確なものはない。

登路　どこからも道はないが、金谷からの谷に入り、三本に分かれた林道の真ん中に取りつく。作業道が終わると谷川で渡渉して右岸を登って行く。沢が二手に分かれる右沢を行き、次に分かれた沢にロープが渡してあるのでそれを使い左沢へ入る。沢沿いに登ると三~四mの滝があり、そこが沢登りの終点で、ここから東の尾根まで道なき急登となる。尾根に出ても急登が続いて、やがて展望のよい場所に出る。川上谷、小天橋、久美浜湾方面の展望が開けたひと息つける場所で、尾根を南へ行くと山頂へ着く。山頂は自然林のなかで、木々の間からとなりの高竜寺ヶ岳を確認できる程度である。

地図　五万図「城崎」　二・五万図「須田」

㉟高竜寺ヶ岳　こうりゅうじがだけ　標高六九六・七m

別称　熊野富士

京丹後市久美浜町三分《さんぶ》あたりから見る高竜寺ヶ岳はまさに「熊野富士」にふさわしい形をしている。丹後地方では「高山」に三角点がないため三角点峰としては最高峰である。山名は但東町高竜寺集落に起因すると思われるが不明。

登山道は市野々《いちのの》コース、坂野コース、尉ヶ畑コースがある。頂上はよく整備されて特に箱庭のような小天橋、久美浜湾、日本海、丹後、但馬の山々とすばらしい展望だ。東屋も建ち芝生が敷かれている。

登路　市野々コースは、久美浜町市野々の南側、村はずれの弘法大師像からしばらく行くと、東へ向かう農道があり正面登山口と書かれた看板がある。鹿除けゲートをくぐり植林帯を行くと、左手の沢が広くなり対岸に「堂奥の滝」または「無明の滝」と呼ぶすばらしい滝が見えてくる。さらに進むと、林道が左右に分かれるので右折する。次の林道分岐は左折。看板がないので分かりにくいが、さらに進み林道の最高地点を過ぎると右手に近道の看板があり、植林の中を歩けば但東町高竜寺集落からの登山

久美浜町三分から見る高竜寺ヶ岳

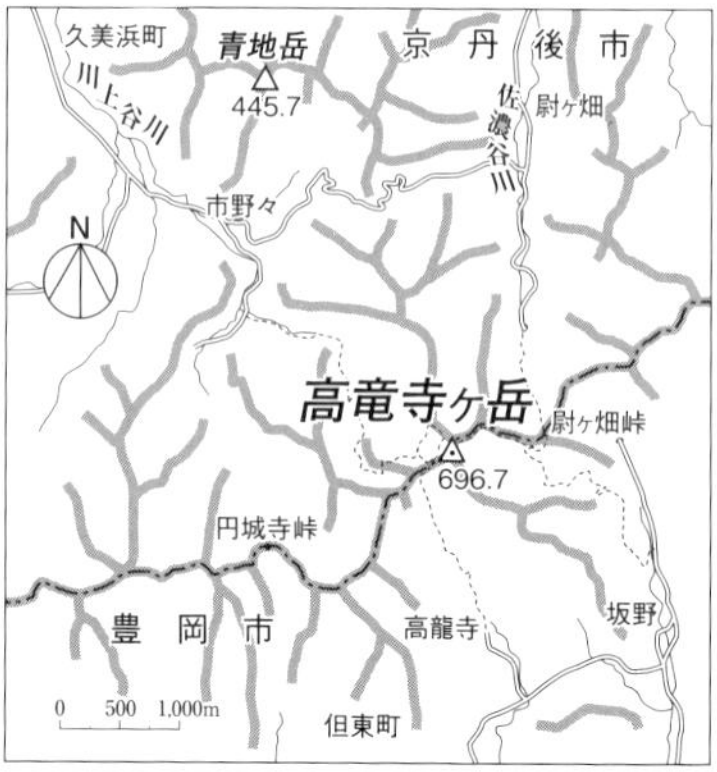

道に出る。近道をせずにそのまま林道を進むと、右手に五〇cm角くらいの石がある。ここが市野々コースの登山道の取り付きで、頂上まではひと息で登れる。

地図　五万図「城崎」　二・五万図「須田」

㊱法沢山　ほうたくさん・ほうたくやま　標高六四三・四m

京丹後市久美浜町の兵庫県境にある山で、久美浜町橋爪あたりから見る法沢山は小法沢とあわせて二つのコブの山に見える。登山の主流は兵庫県奥小野から登るようだが、久美浜町布袋野《ほたいの》から二つコースがある。

登路　布袋野から府道706号を豊岡市に向かって行くと、集落のはずれの南に向かう道路わきに法沢山の看板があるが、ここへ下山するのでやりすごす。しばらくそのまま府道を行くと橋の手前にまた南へ入る道があり入口に鹿除けゲートがある。ここが駒返峠へ向かう古道の入口で、広い林道を南西へ入って行くと、古道のなごりである路傍の石碑がある。さらに奥へ行くと右手の小さな看板に、林道から登山道への乗り換えが指示されている。古道は荒れていてテープをたよりに峠へ向かうが、所々古道の形が残っており、峠では野仏が迎えてくれる。尾根は法沢山に登る人、高竜寺ヶ岳に縦走する人が使用し、境界柱、テープ、鹿除けネット等で登山道とまで行かないが分かりやすい。徐々に高度を稼ぐと頂上に出る。氷ノ山、蘇武岳などの但馬の山々、依遅ヶ尾山、磯砂山などの丹後の山々、そして久美浜湾と日本海と、抜群の展望が広がる。

　下山は周回コースをとる。そのまま縦走路を東へ下ると布袋野下山口の札が掛けてあるので、北へ下ると林道に出る。渓流沿いの林道横に「布滝《のんだき》」がある。布袋野集落はすぐそこで、オートキャンプ場の交差点を西へ行けば出発時にやりすごした「法沢山」の看板の場所に出る。

地図　五万図「城崎」　二・五万図「須田」

37 由良ケ岳《ゆらがだけ》　標高六四〇・〇m

別称　丹後富士

由良ケ岳は、由良川が日本海に注ぐ河口の西南方向にある。河口の東部・宮津市神崎《かんざき》の浜辺からは、裾野を大きく広げた、どっしりとした山容で、丹後富士とも呼ばれている。森鷗外の名作「山椒太夫」ゆかりの宮津市由良地区を麓に抱える山でもある。

山頂は東峰（Ca六四〇m）と西峰（六四〇・〇m）の二つに分かれる。虚空蔵菩薩を祀る東峰からは、三六〇度の展望が楽しめる。見下ろせば、日本海にとうとうと流れ込む由良川河口と京都丹後鉄道宮舞線の鉄橋が望め、青葉山、大江山、弥仙山などが一望できる。二等三角点の西峰からは、天橋立や丹後の山並みが望める。

登路　登山ルートは、西南方向へ山頂を目指す丹後由良駅コースと、東北方向へ山頂を目指す舞鶴漆原《うるしばら》コースの二つがあり、前者のコースがよく知られている。両コースをたどれば由良ケ岳の縦走が楽しめる。

〈丹後由良駅コース〉登り口の「民営国民宿舎丹後由良荘」に車を置かせていただく。建物の裏手から山道が延びている。塹壕状態の道がしばらく続き、歩きにくい。四合目の炭焼き窯跡から六合目を過ぎ、傾斜が急になると、七合目の一杯水の標識がある。さらに上ると鞍部（五七〇m）に着く。ひと息入れて東峰へ登り、鞍部に戻って西峰へ行く。（登り一〇〇分、下

由良川が若狭湾に流れる河口から由良ヶ岳を望む

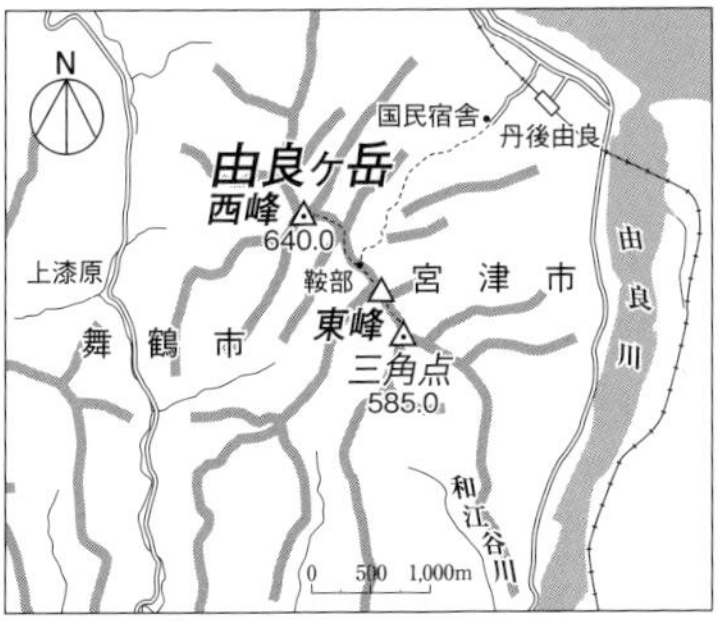

り七五分、）

〈舞鶴漆原コース〉 舞鶴市上漆原《かみうるしばら》地区の上漆原生活改善センターが登山口。

地図 五万図「丹後由良」
二・五万図「丹後由良」「西舞鶴」「内宮」

㊳滝上山《たきがみやま》 標高一一九・七m
㊴妙見山《みょうけんさん》 標高三七〇・七m
㊵題目山《だいもくさん》 標高二六四・三m

日本三景の一つ、天橋立を抱える宮津市街地の西方にある三山を縦走する。登山道および頂上からは、天橋立、若狭湾、宮津市街地から周囲の山々を展望し、「日本の滝百選」に選定された金引の滝へ下山するすばらしいコースである。地元では妙題山周回コースとよばれている。

登路 滝上公園グランド周辺駐車場から整備された遊歩道を滝上山へ登る。シーズンには「市花」であるミツバツツジが全山をピンクに染める。頂上には東屋が建ち宮津湾、天橋立、宮津市街地が手に取るように広がる。ここから登山道となり妙見山の手前がかなりの急登となるが、ロープもある。妙見山展望箇所からは、ここでのみ縦一文字の天橋立を見ることができる。ここは山頂と縦走コースとの分岐で、右へ山頂を踏むが展望はない。引きかえして縦走路を反射アンテナをめざす。NTTのアンテナをすぎ、関電のアンテナからは西の山々や東の由良ヶ岳、青葉山が見える。妙見口の林道に下り東へ林道を歩いて題目口から登る。題目山頂上からの天橋立や宮津湾の眺望は抜群で、山頂の大岩に寛永二〇年に彫られた題目を見ることができる。二〇mほど引き返し南東方向に下れば日本の滝百選の「金引の滝」である。題目山のみを登るのであれば、滝上公園から地蔵峠へ向かう近畿自然歩道の途中に題目山の看板があり、この登山道から裏題目経由で登ることができる。

地図 五万図「宮津」 二・五万図「宮津」

㊶権現山　ごんげんやま
標高五一四・六m

宮津市小田地区と与謝野町石川・香河《かご》地区の市町境線上に位置する。宮津市街地から南西方向にあり、標高が五一四・六mもありながら地形図に山名のない山の一つで、別名権現山と呼ばれている。なお、この山から西約一〇km先にも標高五二六・五mの権現山（地形図に記載されている）がある。山頂からは若狭湾、舞鶴の空山、綾部の弥仙山、福知山（大江町）の大江山などの山並みが展望できる。

登路　宮津市街地から府道9号線経由で府道16号（宮津野田川線）に入り、途中の大宮峠を起点として竹藪の尾根に取り付き、途中は藪漕ぎをしながら登る（三〇分）。

地図　五万図「宮津」　二・五万図「宮津」

㊷青葉山　あおばやま
別称　丹後富士　若狭富士
標高六九三m

京都府舞鶴市と福井県大飯郡高浜町の境界に位置する。標高は京都府側（西峰）が六九二mで、最高峰六九三mは福井県側（東峰）にある。西南の中腹に西国三十三所第二十九番札所として知られている松尾寺《まつのおでら》がある。この寺の山号を青葉山と称するところから京都府の山という認識が高い。この山は白山火山帯に属する古い時代に活動した火山で、コニーデ式の山容から、京都府側からは丹後富士、福井県側からは若狭富士とも呼ばれている。山頂付近の岩上には希少植物の一つのオオキンレンカやイブキジャコウソウ、タカネナデシコなどを見ることができる。

登路　ＪＲ松尾寺駅から線路に沿って農道を東方に進むと府道564号に出る。この道を真っ直ぐ北方に進むと松尾寺に着く。登山口は境内奥の本堂横側にあり、竹藪を通過して、石の鳥居をくぐるあたりから急登となる。途中の岩場には階段が設置され、尾根に出て

五老岳山頂からの青葉山

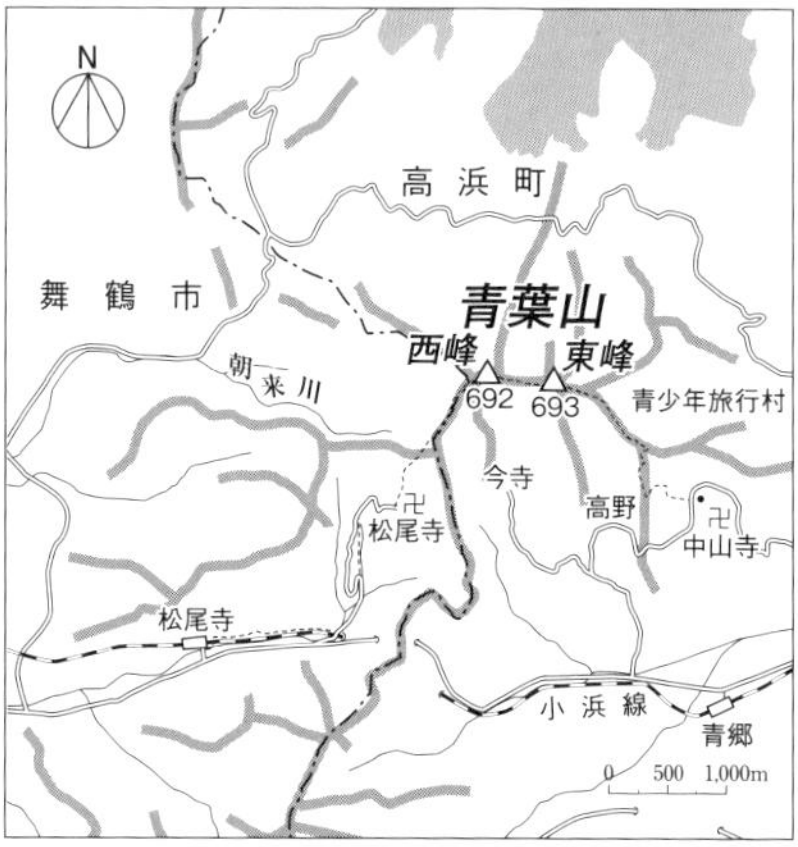

一〇分ほどで西峰に着く。山頂の岩場からは若狭湾が一望できる。最高峰の東峰へは、樹林帯の尾根道を行くが、クサリ場や岩場がある。東峰からは東南の尾根を高浜町中山の青少年旅行村をめざして下山する。途中、巨岩の馬の背、展望台を通過し青少年旅行村に出る。ここからは車道を歩き、高野の集落を経由し、国道27号の関谷に出る。約一kmでJR青郷駅に着く。JR松尾寺駅から（約二時間五〇分）、西峰から東峰（約三〇分）、東峰から（約二時間四〇分）JR青郷駅。

地図　五万図「舞鶴」「丹後由良」「小浜」
二・五万図「青葉山」「東舞鶴」「難波江」「高浜」

㊸空山《そらやま》　標高五四九・六m

舞鶴市観音寺地区に位置する。若狭湾の南方にあり、舞鶴市街地からは東北方向に電波塔などが集中して見える山。この山の南山腹には鎌倉時代の梵鐘、室町時代の石灯篭が現存する観音寺がある。山頂付近は現在、防衛庁のレーダーやNTT、地方自治体などの電波塔が数多く建っている。また近年、空山展望台公園が設置され、車道も整備されて自動車で登ることもできる。展望台公園からは若狭湾が一望できる。また、西方の約四km先には一等三角点の多禰寺山がある。

登路　東舞鶴市街地から府道561号（田井中田線）に入り、途中の河辺由里地区から観音寺まで行き、この寺の太子堂前を起点として登山道に入る。現在、登山道は荒廃しているが山頂までつながっている電話線に沿って登る（約一時間）。

地図　五万図「丹後由良」　二・五万図「青葉山」

㊹多禰寺山《たねじやま》

標高五五六・三m

東舞鶴の市街地から見た多禰寺山

舞鶴市多禰寺地区に位置する。舞鶴湾（東港）に架かる舞鶴クレインブリッジの北方に見える山である。目立った山容ではないが、山頂には全国に四八点しかない天測点（天文観測を行う基準点で八角柱のコンクリート製）や一等三角点がある。山頂からの展望は良好で、北方に日本海、南方には東舞鶴湾が見下ろせる。南山麓には、飛鳥時代に起源をもつ多禰寺がある。寺が収蔵する高さ三・五mの金剛力士像は鎌倉時代のもので、国の重要文化財に指定されている。山名の由来は、この多禰寺からきているらしいが、地元の人は「たね山」とも呼んでいる。登山道や山頂付近は、近年、「大浦森林公園」の中核として整備されているので、家族連れでハイキングが楽しめる。主な登山道は、森林公園散策一周・八十八所地蔵めぐりコース、大浦ハイランドコース、瀬崎林道コースなどがある。

登路　JR東舞鶴駅前から小橋《おばせ》行き京都交通バスに乗り、途中、赤野バス停で下車。ここからは多禰寺へ通ずる舗装された参道を歩き、本堂横の駐車場から車道に出る。車道を西方に約二〇〇m進むと牧場道路入口があり、更に約三〇〇m進むと森林公園散策一周・八十八所地蔵めぐりコースの西コース登山道の起点となる。山頂までは約一・三km。途中、立絵《たちえ》地蔵（一枚岩に彫られた絵姿の地蔵尊）や八十八所地蔵が随所に見られる。下山は、山頂から東コース登山道で出発点の多禰寺まで下る（一・五km）。途中、イヌシデやアカガシなどの巨木が見られる。多禰寺からは車道を約一・

六km北東へ歩くと大浦ハイランドバス停に着き、JR東舞鶴駅まで戻る。

多禰寺から西コースで（約一時間三五分）多禰寺山（約一時間三〇分）大浦ハイランドバス停

地図　五万図「丹後由良」　二・五万図「青葉山」

㊺愛宕山《あたごやま》　標高二八二m

舞鶴市泉源寺地区に位置する。舞鶴湾東港の東方に見える山で、近くにはガラス工場や海上自衛隊（教育隊）がある。太平洋戦争以前、山頂には愛宕神社が建っていたが、戦時中、軍の施設を造るため撤去され、麓に移築され現在至っている。山頂は雑木におおわれ展望は困難。南山麓には、NHK大河ドラマ「江～姫たちの戦国～」に登場するお江の父、浅井長政の姉の京極マリアの位牌が安置されているといわれる智性院がある。

登路　智性院の西隣にある熊野神社前から登山道に入る。最初は林道で、途中から山道（旧参道）になる（約一時間三〇分）。

地図　五万図「舞鶴」　二・五万図「東舞鶴」

㊻養老山《ようろうさん》　標高六六五・四m

別称　高尾

㊼三国岳《みくにだけ》　標高六一六・四m

養老山は舞鶴市と綾部市の境界に、三国岳は舞鶴市（旧丹後の国）と綾部市（旧丹波の国）及び福井県大飯郡高浜町（旧若狭の国）の境界に位置する。この二つの山は分岐点の胡麻峠で連なっている。養老山の山名の由来は、この山の西側の集落・舞鶴市の与保呂《よほろ》からの呼び名で、東側の集落・綾部市老富《おいとみ》町大唐内《おがうち》では高尾とも呼ばれている。一方、三国岳の山名は、丹後、丹波、若狭の三つの国境にある山であることによる。これらの二つ山へは胡麻峠から登ることになる。胡麻峠へは、舞鶴市側からは与保呂地区と多門院・黒部地区から、綾部市側からは老富町大唐内地区から登れる。この峠までの登山道は倒木等で歩きにくい個所が多い。一方、胡麻峠からの養老山、三国岳の登山道は明るい自然林の尾根道で、鉄塔巡視路ともなっているので歩きやすい。峠から養老山へは大きなピークを二つほど越えることになるが、周辺の展望を十分楽しめる。しかし、山頂からの展望は望めない。

三国岳へは胡麻峠まで引き返し、登り返すことになる。途中からの展望は望めるが、山頂からの展望は望めない。

登路　JR東舞鶴駅前から、舞鶴市バス多門院・黒部行の多門院バス（自主運行）に乗り、終点の黒部車庫で下車。車では、舞鶴自動車道の舞鶴東ICから右折して府道28号に入り、次の信号（堂奥）を更に右折して市道を約三km東方に走行すると黒部車庫に着く。車庫から少し西に戻ると左側に胡麻峠へ通ずる道と交差し、すぐ傍には三国岳を源とする胡麻川が流れている。「蛇切岩伝説」の案内板を右手に見て進み、舞鶴自動車道の高架橋下をくぐって山道に入っていく。途中、与保呂からの道と合流し、更に登って行くと胡麻峠に着く。右側（西方）へ登って行くと養老山、左側（東方）へ登ると三国岳へ着く。また、峠を真っ直ぐ（南方）へ下っていくと綾部市老富町大唐内地区に出る。

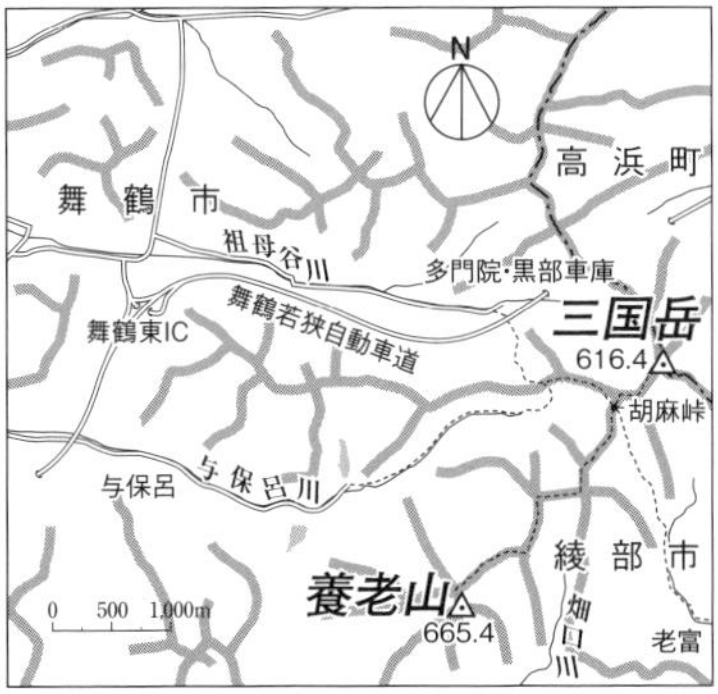

黒部車庫から（約一時間三〇分）胡麻峠（約二時間）養老山。胡麻峠（約四〇分）三国岳。

地図　五万図「舞鶴」二・五万図「東舞鶴」

㊽525・7m峰（点名／五泉）標高五二五・七m

舞鶴市与保呂地区と綾部市五泉地区の市境線上に位置する。東舞鶴市街地から南東方向にあり、標高が五二五・七mもありながら地形図に山名のない山の一つである。この山の東約二・五km先には養老山がある。山頂は三等三角点があるもののスギ・ヒノキの樹木におおわれ展望は困難。

登路　東舞鶴市街地から府道51号（舞鶴和知線）に入り、途中、菅坂南トンネルを出たところで旧府道に折り返し、綾部市と舞鶴市の市境標識の場所にある林道入口を起点とする。林道終点からは送電線鉄塔巡視路を利用して尾根に出て、稜線伝いに登る(約一時間)。

地図　五万図「舞鶴」　二・五万図「東舞鶴」

㊾五老岳《ごろうだけ》　標高三〇〇・六m

五老岳は、伊佐津川が舞鶴湾に流れ込む河口の東側に位置している。五老スカイタワー（二四m）の展望台を山頂にもっている山として広く知られ、舞鶴の観光スポットの一つである。タワーからの展望は申し分なく、リアス式海岸の舞鶴湾を眼下に、東方に青葉山、北方には丹後半島、西方に大江山、南方の京都方面へは弥仙山などが展観され、近畿百景第一位の名声通りの景観を誇っている。二等三角点「餘内村」の位置は、タワーのすぐ西。地面にプレートが埋め込んであるので、標石形のイメージを持っている方は見落とすかも知れない。

登路　近畿自然歩道が、共楽公園（舞鶴市余部上）から五老岳へ南西方向に延びていて、これが尾根筋をたどる三・一kmのハイキングコースになっている。歩きやすい山道であり階段も設置してある。四等三角点一二六・八mを経て徐々に高度を上げていく。樹木の間から舞鶴湾が見え隠れして楽しいコースである。舞鶴、ナホトカ（ロシア）間の姉妹都市盟約を記念した広場を過ぎれば山頂である(一時間三五分)。車の場合、五老トンネル東端から延びる車道をとれば、国道27号から五老岳へは一〇分ほどで上ることができる。

地図　五万図「舞鶴」　二・五万図「西舞鶴」

㊿槇山《まきやま》　標高四八三m

舞鶴市白杉地区に位置する。舞鶴湾口の西方に見える山で、戦前は舞鶴要塞の一つの槇山砲台があった。現在は山頂にテレビ中継アンテナやレーダーが設置されている。また、ハンググライダーの発進基地にもなっている。その関係で登山道は舗装された道路になっている。山頂からは若狭湾が一望できる。
登路　舞鶴湾（西港）の西湾岸道路を北進し、道路終点の白杉地区が登山口である。登山口からは舗装道路を歩く（約二時間三〇分）。
地図　五万図「丹後由良」「舞鶴」
二・五万図「丹後由良」「西舞鶴」

㊿建部山　たてべさん　標高三一五・五m
別称　丹後富士　舞鶴富士

舞鶴市喜多地区に位置する。舞鶴湾の西方にあり、山の形が富士山に似ているところから、「丹後富士」または「舞鶴富士」と呼ばれ、舞鶴湾が一望できる。室町時代、丹後の国の守護となった一色氏の山城があった。明治時代には旧陸軍がロシアへの備えとして舞鶴要塞の砲台を築き、現在も当時の要塞や弾薬庫跡などの施設の一部が残っている。この山は国土地理院の地形図には山名・登山道は記載されていない。春はコブシに似たタムシバの花で全山が白くおおわれる。
登路　東山麓の喜多地区にある毘沙門天神社の近くから旧軍用道路を利用して登る（約一時間三〇分）。
地図　五万図「舞鶴」　二・五万図「西舞鶴」

㊷愛宕山　あたごやま　標高二一三・〇m

舞鶴市引土《ひきつち》地区に位置する。JR西舞鶴駅の西方にあり、市街地に近いことから健康増進のため毎日登る人も多い。東山麓にある円隆寺は奈良時代に僧・行基が開いたと伝えられている古刹である。この山の東峰に愛宕神社が、少し離れた西峰に三角点がある。東峰からは西舞鶴の市街地が一望できる。
登路　円隆寺の境内から共同墓地を通過し、表参道で登る（約一時間）。この他、舞鶴市大野辺地区から登る裏参道がある（約一時間）。
地図　五万図「舞鶴」　二・五万図「西舞鶴」

53 千石山　せんごくやま
標高三三四・三m

別称　愛宕山

舞鶴市女布《にょう》地区に位置する。舞鶴市立高野小学校の南西に見える山で、低山ながらまとまりのある山容をしている。この山は地元では愛宕山と言った方が分かりやすい。山頂の近くに「愛宕さん」のお堂がある。山頂は雑木におおわれ展望は困難。

登路　高野小学校前を通過し、まっすぐ西方に進み住宅地を抜けると防火水槽や天然石で造られた灯篭が見える。この灯篭が登山口になる。最初は竹藪の道を進み、途中から細い山道を行くとお堂を経て山頂に着く（約一時間五〇分）。

地図　五万図「舞鶴」　二・五万図「西舞鶴」「梅迫」

54 赤岩山　あかいわさん
標高六六九m

舞鶴市西方寺地区に位置し、舞鶴市と宮津市を境にして聳えている。山頂一帯が霊場で茶褐色の巨岩が露出し、はさみ岩、まわり岩、のぞき岩等と名付けられた巨岩・奇岩のある修験者の行場になっていた。山名の由来は、赤みを帯びた茶褐色の岩がゴロゴロしているところからきている。登山道は、西方寺、下見谷、上漆原の各地区からそれぞれあるが、最近は西方寺からが一般的になっている。山頂からの展望は良く、晴天の日は、日本三景の天橋立・丹後半島を眼下に、東に若狭湾上に浮かぶ冠島（大島・小島）、東南にかけては青葉山・弥仙山と舞鶴周辺から丹波方面の連山、西方に大江山連峰などが見える。

登路　京都縦貫自動車道の舞鶴・大江ICを出て右折し、府道533号、国道175号、府道570号を経て赤岩山南の登山口である西方寺平集会所まで行く。集会所に駐車し、標識を目印に登って行くと約〇・七㎞で林道合流点に出る。ここから山頂まで随所に案内標識が建っているので迷うことなく登ることができる。合流点から約〇・七㎞で国有林道方面の分岐点に出る。すぐ近くに鳥居が建っている。これをくぐり更に登って行くと日本庭園の案内板があり随所に巨岩がころがって

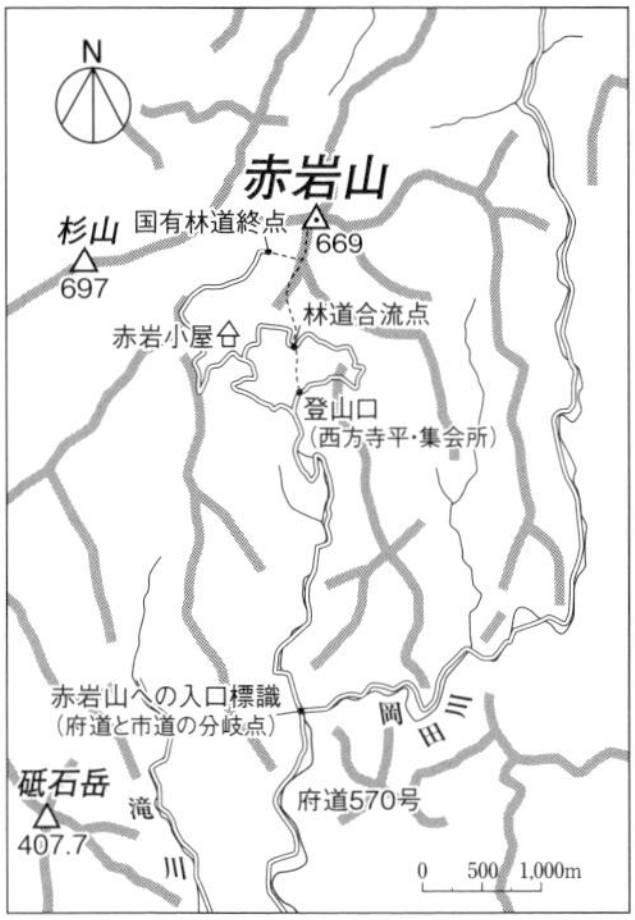

五老岳山頂から遠く赤岩山を見る

いる。分岐点から山頂までは約〇・六km。山頂には赤岩山大権現（高さ約四mの巨岩）の御神体が鎮座している。登山道は、地元有志の方により良く整備されていて歩きやすい。下山は同じ道を引き返してもよいが、分岐点まで下り、約〇・三km西方へ進むと国有林道終点に出る。ここから約四kmの林道歩きで登山口の集会所まで下山できる。下山途中の展望もすばらしい。また、丸太造りの赤岩小屋がある。西方寺平集会所登山口（約一時間四〇分）山頂（約三〇分）国有林道方面への分岐点・鳥居（一時間）赤岩小屋（約三〇分）西方寺平登山口

地図　五万図「大江山」二・五万図「内宮」

㊺ 杉山　すぎやま　標高六九七m

宮津市の南部（上宮津）にあり、大江山から赤岩山（六六九m）へ連なる山稜に位置する。舞鶴市との境界はこの山の肩を通るが、宮津市側に入った地点が山頂である。大江山連峰の大笠山から、普甲《ふこう》峠を経てつながる大きく緩やかな山容が特徴的で、上宮津三ヶ村（小田・喜多・今福）の入会地であった。江戸時代には大俣村（加佐郡）との山論も起こっている。

山の上部には、三〇〇年以上の天然生のスギが群生し、貴重な植生から丹後天橋立大江山国定公園に指定されている。また、ヒュウガミズキの発見地としても知られる。北面は大手川が宮津湾に流れ出し、支流の

今福川には七段からなる今福の滝（落差計＝七八・二m）がある。いっぽう、南西から東面は由良川水系に属し、地質の関係からか複雑な尾根と谷が連なる。

登路　大江山スキー場のある普甲峠から、稜線北側の山腹を北東に向かう杉山林道を地形図上の終点へ（標高五二〇m）。一段上にある林道（今福作業道）から尾根を登りきって山頂へ約二時間。途中に、屏風岩や展望地がある。北麓の今福からも登れる。

地図　五万図「大江山」　二・五万図「内宮」

56 普甲山《ふこうやま》　標高四七一・一m

普甲山は、府道9号の普甲峠近くの大江山スキー場の、東側リフトに沿って斜面を登りきったピークで、平成四年四月発行の地形図には三角点四八二・〇mと記されていた。金久昌業著『北山の峠』には、その地点を普甲山と記している。しかし現在は、そのピークから東へ一〇〇m下った地点に移っている。国土地理院によると、ピーク周辺はスキー場の開発を受けて平成一一年に現地へ移動したという。

登路　大江山スキー場の東側のリフトに沿って登り詰め、ピークを東へとり下る。

地図　五万図「大江山」　二・五万図「内宮」

57 砥石岳《といしだけ》　標高四〇七・七m

別称　嶽山

舞鶴市大俣地区に位置する。京都縦貫自動車道の舞鶴大江IC付近から北西に見える山である。地元では嶽山《だけやま》とも呼ばれている。この山の峰はピラミッド型をしており周辺からは良く目立つ。山名の由来は、この山の中腹付近に、刃物などを研ぐ砥石に使用される泥岩が産出されたことから、砥石岳と呼ばれている。麓の大俣地区には鉱山跡もある。山頂からは大江山をはじめ周辺の山々が展望できる。

登路　京都縦貫自動車道の舞鶴大江ICを出て左折し、府道533号を北上して行くと川沿いに法隆寺が左手に見てくる。このまま更に進んで行き縦貫道の高架を

column 1

丹後王国論

丹後は『続日本紀』に「和銅六年（七一三）四月丹波《たには》国の五郡を割《さ》きて丹　後《たにはのみちのしり》国を置く。」と出ていて、五郡は加佐・与佐・丹後・竹野・熊野のようだ。

日本古代史が専門の歴史学者・門脇禎二の古代王国説、古墳時代に丹後（現京丹後市）を中心に栄え、ヤマト王権、吉備国などと並ぶ独立性があったと考えられる勢力を丹後王国（丹波王国ともいう）と呼んだ。竹野川から南の野田川流域の首長がヤマト王国との関係を強め勢力を伸ばした。丹後王国は四世紀中頃ないし四世紀末頃から五世紀にかけてが最盛期で五世紀中頃ヤマト政権による出雲征討に伴いヤマト王権の支配下にはいったと推定している。近くには日本海三大古墳の網野銚子山（全長一九八m）、神明山古墳（全長一九〇m）、蛭子山古墳（全長一四五m）の前方後円墳がある。

◎参考図書『古代日本の「地域王国」と「ヤマト王国」』門脇禎二著

（内田嘉弘）

くぐると、右手の集落入口付近に「砥石岳」の道標がある。ここから再度、高架をくぐり進むと駐車スペースのある登山口に着く。登山道は整備されているが、途中急登や岩場もある（約一時間三〇分）。

地図　五万図「大江山」　二・五万図「西舞鶴」

㊿58 湯舟山《ゆふねやま》　標高三六八・三m

別称　湯船山

舞鶴市大俣と福知山市三河《そうご》の境界にあって、大江山連峰から由良川本流に向けて下る大きな尾根の末端近くに位置する。この尾根には、四八七・七m峰（点名＝寺屋敷）と毛原空山《けわらそらやま》（四六九・八m）の二座以外に標高四〇〇mを超えるピークはない。いったん高度を落として南下し、複雑に曲折して再び湯舟山を中心に標高四〇〇m近くへ迫る。

東側を北上する由良川は海抜一〇m以下を流れるため、水量が増えると洪水を繰り返してきた。したがって、本流筋に大規模な集落はなく、支流の三河川や檜川の開けた場所に生活圏が築かれてきた。また、鉄道が発達するまで、河口の由良と福知山の間には高瀬舟による舟運や蒸気船が就航していた。

湯舟山から大俣・地頭《じとう》へ下る尾根の先端に大俣城跡（一五〜一六世紀）があり、檜川沿いを走る普甲峠への街道を見下ろしていた。現在は、近くを京都縦貫自動車道（綾部・宮津道路）が貫通する。

登路　三河から取り付く南側の尾根を登り、三等三角点のある山頂へ約一時間。

地図　五万図「大江山」　二・五万図「内宮」

㊾大笠山《おおがさやま》　標高七四〇m
㊿572・9m峰（点名／忠田）　標高五七二・九m

別称　堂鞭《どうぶき》　アマキノオ

大笠山は宮津市と与謝野町の間にあり、大江山連峰の北端にある一峰で、南側に鬼の岩屋（窟）がある。五七二・九m峰は大笠山から北に続く尾根にあって、その支峰ともいえる。

宮津湾と阿蘇海へ至る稜線は次第に高度を落とし、海側にこの峰を超える標高の山はない。大手川水系と宮川水系を分ける普甲峠の五輪ヶ尾には、足利時代に山名氏（但馬）や武田氏（若狭）と戦った武将らの霊を慰める五輪塔が残る。また、平安時代には普甲寺（本尊：普賢菩薩）があり、丹後の守護であった一色氏のものといわれている。織田信長の焼討ちに遭い、普賢堂と弁財天堂が現存するだけである。

登路　大笠山には普甲峠の南側から車道があり、山頂部の航空管制施設「象の檻」まで徒歩約一時間。また、与謝野町の池ヶ成公園キャンプ場から鍋塚との鞍部へ登り、大笠山の山頂まで約四五分。眺望を楽しんでから稜線を北へ約二〇分で五七二・九m峰に達する。宮津市小田と与謝野町温江からピーク北側の鞍部へ上る道もある。

地図　五万図「大江山」　二・五万図「内宮」

61 鍋塚 なべづか

標高七六二・九m

与謝野町・宮津市・福知山市の境にあり、大江山連峰を構成する一峰。千丈ヶ嶽から地蔵峠へ向かう稜線にあり、連峰では二番目の標高を有する。三等三角点の点名は大江山である。

宮津街道（京街道）が通る普甲峠の西に大笠山があり、与謝野町と宮津市を分ける。このピークから北は、おおむね標高が四〇〇〜五〇〇mと低くなり、主に花崗岩で覆われるようになる。南は蛇紋岩地帯特有の植物が多く、キンキマメザクラやヒュウガミズキ・タニウツギを目にする機会も多い。

西面は野田川水系が阿蘇海へ。南面は二瀬川（宮川）・檜川の流域で由良川へ流出する。大笠山の北東面は大手川水系で、宮津湾へ流れ出る。『大江町誌』などによれば、京極高広が宮津入部にあたり、普甲峠は「不幸」「不孝」に通じるとして「千歳嶺」（普甲山・布甲山）に改名したとされる。そのいわれを記した碑が峠に立つ（天保二年（一八三一）年建立）。峠の東西両斜面は一九五三年に大江山スキー場が開設され、周辺は広々とした地形が広がっている。ここを通る宮津街道（京街道）は、西国三十三所観音巡礼で第二十五番播州清水寺から第二十八番成相寺への「逆打」ルートでもある。大笠山の西には鬼の岩屋（窟）があり、「丹後風土記」に載る鬼の隠れ家の洞窟とされる。石灰岩質特有の地形で、現在判明している総延長は五〇〇mに及ぶ。

鳩ヶ峰から見る鍋塚

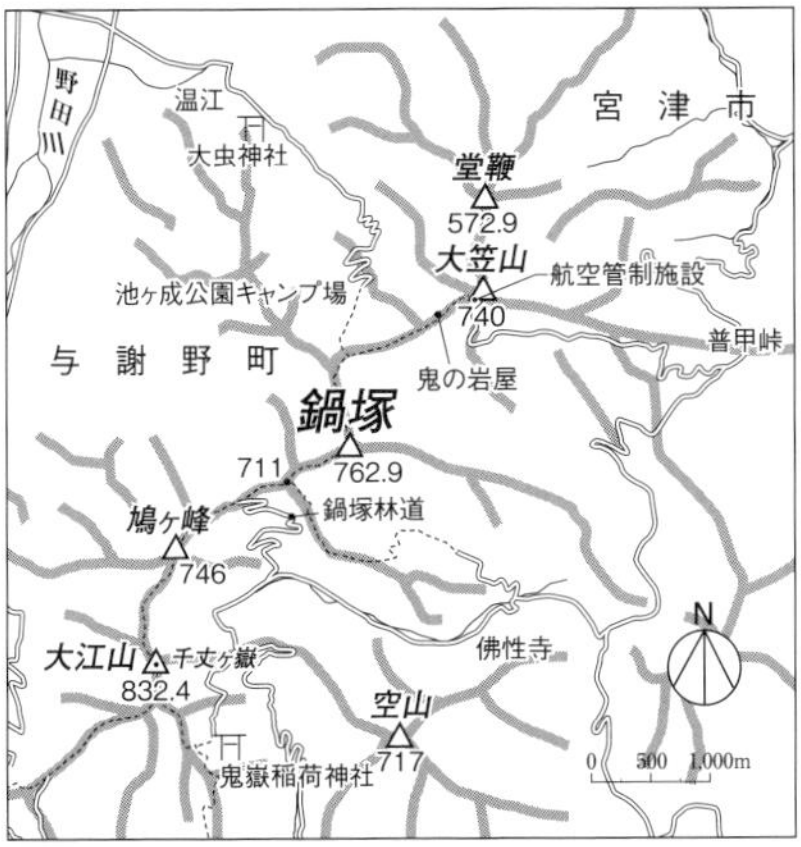

登路　鍋塚林道終点から七一一m峰を越

えて山頂へ約四〇分。普甲峠の南から大笠山の航空管制塔まで車道を走り、鬼の岩屋（窟）を経て山頂へ約一時間一〇分。加悦町側では、大虫神社から池ヶ成公園キャンプ場を経て約一時間五〇分で達する。

地図　五万図「大江山」
二・五万図「内宮」「大江山」

㉖2 鳩ヶ峰　はとがみね　標高七四六m

別称　内越

福知山市と与謝野町にまたがり、丹後と丹波の国界にあたる。大江山連峰の中心で、千丈ヶ嶽のすぐ北側に位置する。西面は野田川が北流し、東面は二瀬川・宮川が南に流出する。佛性寺《ぶっしょうじ》では大きな転石が美しい渓谷を形づくっている。これは、橄欖岩《かんらんがん》と呼ばれる地下深くから湧出した海洋プレートの破片で、貴重な鉱物を埋蔵している。河守《こうもり》では銅とクロム、佛性寺では銅とモリブデンを産出した。鉱山の操業時は、河守と福知山を結ぶ北丹鉄道によって鉱石が運ばれていた。稜線は台地状の草原になっており、眼下の加悦《かや》をはじめ眺望はすこぶるよい。

鍋塚からの鳩ヶ峰（右）と千丈ヶ嶽

京都丹後鉄道の大江山口内宮《ないく》駅近くには、皇大神社（内宮）や天岩戸神社（皇大神社奥宮）があり、豊受大神社（外宮）とともに「元伊勢三社」を構成している。その西側にある城山（四二七・三m）は日室岳（室ヶ嶽・岩戸山）とも呼ばれ、天岩戸神社の神体山である。宮川に面する東面は神域として禁足地になっており、倭姫の磐座があるとされる。また、普甲峠へ向かう宮津街道沿いには、鬼飛岩と鬼の足跡、頼光の腰掛岩があり、鬼伝説にかかわる見どころが多い。

登路　千丈ヶ嶽から主稜線を北へ約三〇分。日本の鬼の交流博物館（河守鉱山の社宅跡地）から鬼のモニュメントを経て登山口に向かい、南側の尾根に取付いて七一一m峰と鳩ヶ峰の鞍部へ約一時間二〇分（ここまで、鬼嶽稲荷神社への道から分かれた鍋塚林道がある）。さらに主稜線を南西へ約三〇分。

城山へは、北原と真井野を結ぶ林道の峠から尾根伝いに約三〇分。主に自然林だが、一部に植林地もある。

地図　五万図「大江山」　二・五万図「大江山」「内宮」

㊸大江山・千丈ヶ嶽

おおえやま・せんじょうがだけ

標高八三二・四m

別称　与謝大山《よざのおおやま》　御嶽

福知山市と与謝野町にまたがる連峰の総称で、丹後と丹波の国境にあたる。山名は千丈ヶ嶽だけを大江山とする場合もある。丹後山地の最高峰で、標高八三二・四mの千丈ヶ嶽を中心に、赤石ヶ岳・鳩ヶ峰・鍋塚・大笠山などが南北に連なる。旧大江町を中心とする山域が、丹後天橋立大江山国定公園に含まれる。大笠山から東へ向かう主稜は、普甲峠から赤岩山を経て由良ヶ岳に連なり、北へ宮津市と与謝野町を分ける支稜は、須津峠を経て阿蘇海と宮津湾へ下る。西は赤石ヶ岳から与謝峠へ高度を落とし、但馬との国境にある江笠山へ続く。

典型的な日本海側の気候だけに冬期は積雪が多く、普甲峠には大江山スキー場が開かれている。「ウラニシ」と言われる冬型気圧配置になれば、山麓でも時雨れることが多い。山頂部はササの明るい草原が広がり、眺望のよい山としても知られる。三岳山・磯砂山《いさなごさん》など周辺の山だけでなく、遠くは氷ノ山・伯耆大山、そして愛宕山や六甲山などを望むこともできる。能登半島が見えることもあるという。

周囲の植生は落葉広葉樹林が広がり、なかでも東の標高七〇〇m近くにある鬼嶽稲荷神社の境内林は、ブナやトチノキ・ミズナラの原生林になっている。また、尾根筋を中心にリョウブの林があり、蛇紋岩地帯にはキンキマメザクラが多く見られる。谷筋はタニウツギが美しい。湿地性の植物も多く、季節ごとに花の見られる名山としても有名。植物の宝庫は動物たちを育み、ツキノワグマ・イノシシ・ホンシュウジカなど、大型のものも生息し鳥類も多い。

磯砂山から見る大江山

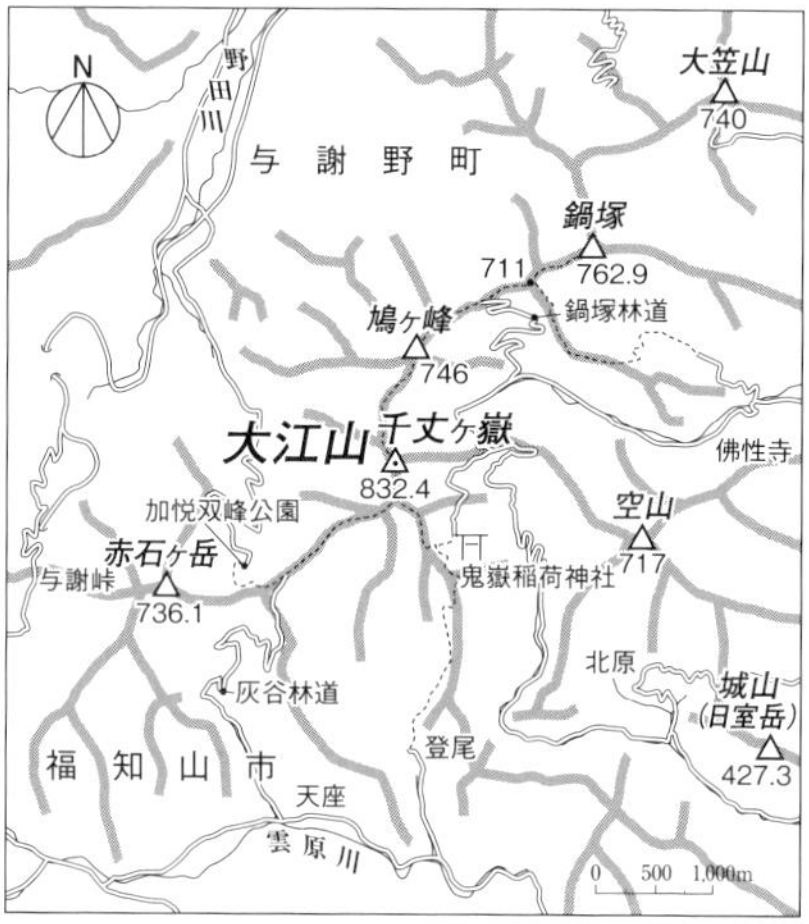

南東の内宮から佛性寺にかけては橄欖岩が目立ち、地下深くから上がってきた岩石が二瀬川の渓谷を形成している。ほかに蛇紋岩もみられ、貴重な鉱石を産出する。かつて、東麓の河守および佛性寺鉱山では銅・クロム・モリブデンを、西麓の大江山鉱山ではニッケルを採掘していた。地質の関係から、千丈ヶ嶽のある中央部はなだらかな山なみだが、周辺の花崗岩地帯では風化と浸食が進み、小さな谷が山稜に数多く刻まれている。

連峰の東西には普甲峠と与謝峠があり、どちらも丹波と丹後をむすぶ重要な街道であった。杉山との間にある普甲峠は、普甲山（普甲嶺・千歳嶺）の西側にあたり、宮津街道（京街道）が越えていた。宮津藩主の参勤交代や丹後の海産物を内陸へ運ぶ役割を担っている。いっぽう、丹後街道の与謝峠は但馬とのつながりが深く、西国三十三所観音巡礼の第二十七番圓教寺から第二十八番成相寺へのルートとして知られている。

平安時代の中期、この山に住んだ酒呑童子の伝説が有名で、謡曲の「大江山」にもなっている。そのほか、日子坐王（彦坐王）が土蜘蛛を退治したり（丹後風土記残欠）、麻呂子親王（聖徳太子の弟、当麻皇子）が悪鬼を退治したと伝わるものもある。もっとも、大江山の位置と地名については、京都西山の大枝山（老ノ坂）に比定する説もある。山中には、鬼ヶ茶屋・金時池（五入道ノ池）・千丈ヶ滝・鬼の岩屋（窟）・鬼の足跡など、伝説にちなんだ場所が点在する。

登路　京都丹後鉄道宮福線の大江山口内宮駅から佛

性寺を経て稜線まで鍋塚林道を車で走り、鞍部から鳩ヶ峰を越えて千丈ヶ嶽まで約五〇分（日本の鬼の交流博物館から鞍部まで歩けば約一時間四〇分）。鬼嶽稲荷神社から千丈ヶ嶽まで約四〇分。天座から灰谷林道を使い、加悦《かや》双峰公園からの道と合流して山頂へ約一時間。天座の登尾から鬼嶽稲荷神社の上部へ達する道もある。

地図　五万図「大江山」　二・五万図「大江山」「内宮」

⑭赤石ヶ岳　あかいしがだけ　標高七三六・一m

福知山市と与謝野町の境界に位置し、大江山連峰の南西端にあたる。加悦峠（山河峠）をはさんで、千丈ヶ嶽が連なる。三等三角点の点名は赤石岳である。西側には与謝峠が越えており、江笠山のある但馬との国境稜線からは独立している。火山性の地質から、低木の多い植生で赤味がかった露岩も目立つ。北面は野田川が阿蘇海へ、南面は雲原川が由良川に流れ出る。東の千丈ヶ嶽との鞍部は加悦峠（山河峠）と呼ばれ、歴史的には間道として利用されていた。北東面の標高四八〇m付近に加悦双峰公園がある。

登路　与謝野町加悦からの登路は、与謝峠付近から赤石林道を経て約二時間。加悦双峰公園にある大江山憩いの広場からは約一時間。福知山市天座から灰谷林道を使えば、登山道の分岐から六〇一m峰を経て山頂まで約一時間。

地図　五万図「大江山」　二・五万図「大江山」

千丈ヶ嶽から見る赤石ヶ岳

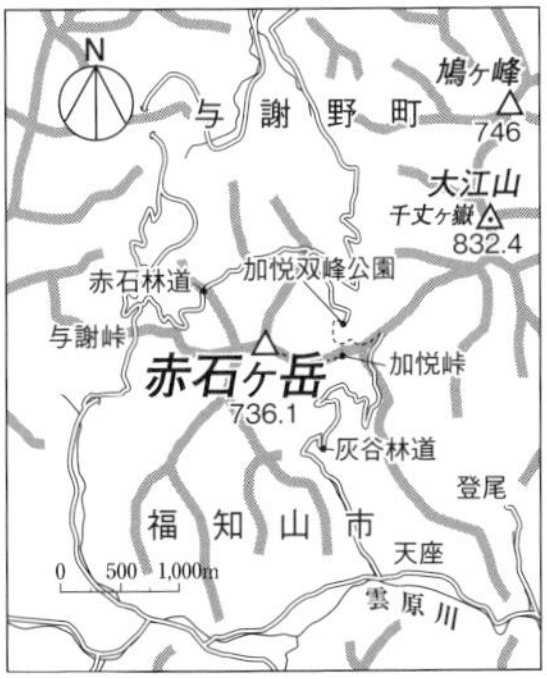

㊺権現山　ごんげんやま　標高五二六・五ｍ

もともと但東町中藤にあった権現社であるが、応仁の乱のころこの加悦奥の山の上に移築され、室戸台風で倒壊後に現在の府道ぞいの場所に再度移築された。山上の社は現在では敷石と手水が残るのみで、数ある権現社の中でもこの地方にはめずらしい白山妙理権現の流れを汲んでいる。国土地理院五万図には、権現山山頂の西側に権現社の印が記されており、現在も昔の参道が載っているが整備されていないため、最近の登山者は林道から尾根に出る登山を行っている。

頂上からは大江山連峰、江笠山、高竜寺ヶ岳、金剛童子山、依遅ヶ尾山、磯砂山、天橋立等が木々の間から展望できる。麓には加悦奥の出身著名人である作家「女工哀史」の作者、細井和喜蔵の顕彰碑がある。

登路　登山道は豊岡市但東町へ通じる府道加悦奥峠手前から左へ入る林道を利用する。林道入口の反対側に数台の車が止められる。林道が山中に入っても登山口の標識がないので、林道終点までの間で適当に右側の尾根によじ登る。尾根に出たら踏み跡、テープをたどり林道とほぼ平行に東へ進み、幾度かアップダウンを繰り返して、大岩の前を右へ巻いて切り返した大岩の頂上が権現社の跡である。頂上はさらに東へ進むとあとひと登りである。頂上東側の大岩の上に立つと遮るものなく大江山連峰、江笠山が展望できる。

地図　五万図「大江山」　二・五万図「大江山」

㊻江笠山　えがさやま　標高七二七・五ｍ

京都府福知山市（雲原）・与謝野町・兵庫県豊岡市（但東町）に跨がり、この付近の山稜ではもっとも高い。南北に走る府県境から東方へ大江山連峰が分かれ、その分岐点に位置する。与謝峠を挟んで赤石ヶ岳に繋がるが、大江山連峰とは自然や景観が明らかに異なる。

与謝野町側は野田川水系。福知山市側は由良川水系（雲原川支流深山川・横尾川）。西面は円山川水系（出石川）の薬王寺川が流れ下る。

雲原・仏谷から尾根を少し上がると、仏岩と呼ばれ

千丈ヶ嶽から見た江笠山

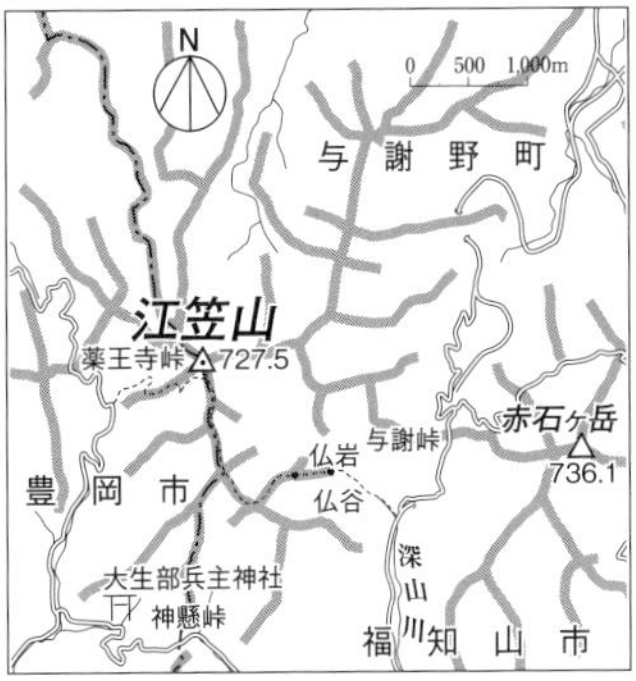

る大岩があって岩の間に祠が設けてある。麻呂子親王(用明天皇の皇子で、聖徳太子の異母弟)にまつわる鬼退治伝説が残り、七躰の薬師如来像を彫って悪鬼を討つ祈願をしたとされる。英胡・軽足・土熊の三鬼を退治する伝説は大江山を中心として各地にあり、酒呑童子伝説との類似・混同も多い。付近にある寺社の縁起や地名は、親王伝説を色濃く反映している。

周辺は人工造林地が目立つものの、京都府側を中心に広葉樹林が広がる。但東町側の薬王寺には牛頭天王を祭神とする大生部兵主神社があり、ウラジロガシやスダジイの照葉樹林も認められる。南部の神懸峠と東にある与謝峠を結ぶ道が丹後街道で、西国三十三所巡礼の第二十七番圓教寺から第二十八番成相寺への順道であった。仏谷と神懸峠の間には、約四八〇mを最高地点とする緩やかな峠越えがあり、一帯は地形を生かした峠道が発達していたこともわかる。北にある権現山との間には、鹿ノ熊と赤花を結ぶ道と滝峠が開かれていた。

登路 福知山市雲原から深山川を遡り、仏岩から独標五六〇mを経て府県境稜線に達する。三等三角点がある山頂の一〇〇〇mほど手前で、薬王寺峠からの道に出合う。仏谷から約二時間二〇分。但東町側からは、薬王寺峠の南東四四〇m地点に登山口があり、谷から尾根に向けて道がつづく(約五〇分)。

地図 五万図「大江山」 二・五万図「大江山」

藤木九三 『雪線散歩』

「峠」の回想（一部を抜粋）

しんしんと降りつのる雪を衝いて、やっと「鬼ヶ茶屋」に着いたのは一時近くであったろう。幸い宿の主人は直ぐに起きてくれた。そして私がリュックザックを降ろし、体の雪を払っている間に、囲炉裡の火を盛んに燃やし、心から喜んで招じてくれた。いったい今度のスキー行は、ほとんど三十何年ぶりかで普甲峠を越えようとするひとり旅であった。勢い好く燃える焚火に手をかざし乍ら、この雪の峠の夜路をたどり、そして初めて、この思い出多い「鬼ヶ茶屋」に一夜を明かす機会を得た私は、しみじみと迫る旅の情趣に、泣き出したいような気がした。そして私が、尋ねられる儘に生まれた土地と、名を明かすと、主人は側の主婦《かみさん》をかえりみ、眼を円くして驚いたのだった。そして今は亡き私の父や、母の名を口にして懐かしんでくれた。そしてその夜は炬燵まで入れて貰い、疲れた身を二階でぐっすり寝込んだ。

藤木九三（ふじき・くぞう）
1887〜1970

福知山市に生まれる。一九〇九年、早稲田大学を中退。一九一五年朝日新聞社に入社。翌年、東久邇宮の槍ヶ岳登山に特派員として随行、初めて日本アルプスに入る。一九二四年、水野祥太郎、西岡一雄らと第一次RCCを結成。一九二六年、渡欧し、ヨーロッパアルプスの山々に登る。芦屋のロックガーデンの命名者。

文才豊かな著作として『雪・岩・アルプス』『屋上登攀者』など、多数あり。

京都府339山

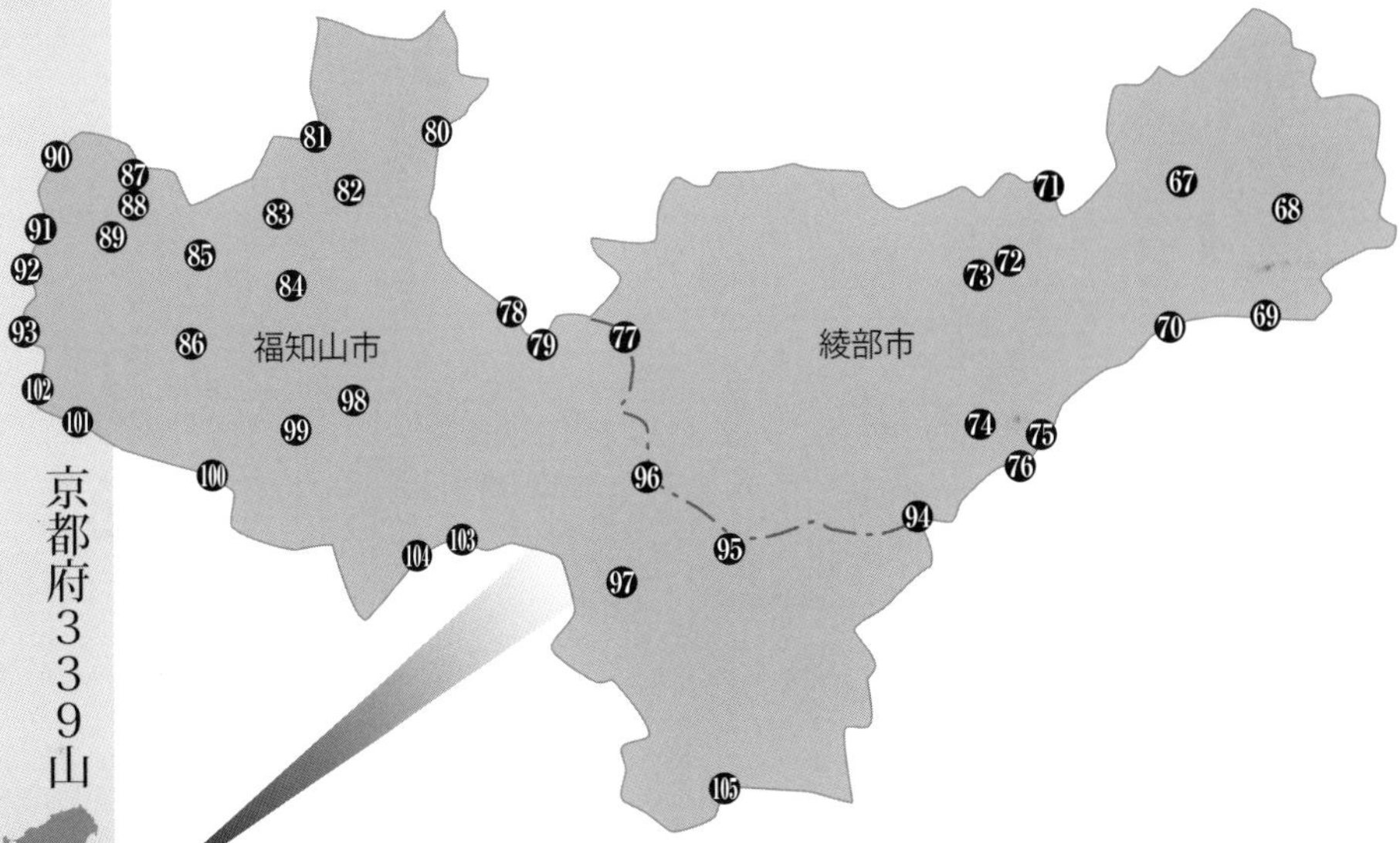

丹波北部39山

丹波北部39山

67 君尾山
68 579.3m峰
69 中津灰
70 681.4m峰
71 弥仙山
72 596.3m峰
73 蓮ケ峰
74 上滝ノ尾
75 鉢伏山
76 権現山
77 空山
78 鬼ケ城
79 烏ケ岳
80 天ケ峰
81 三国山
82 三岳山
83 伏見山
84 龍ケ城
85 居母山
86 堂本山
87 深山
88 栗尾山
89 富岡山
90 鉄鈷山
91 岸山
92 三谷山
93 宝山
94 三郡山
95 上殿
96 高岳
97 天突
98 姫髪山
99 和久山
100 烏帽子山
101 小風呂
102 小倉富士
103 神奈備山
104 市寺山
105 鹿倉山

67 君尾山 きみのおさん　標高五八一・八m

綾部市、草壁川と上林川合流点北四km。山名は山腹にある真言宗醍醐派の古刹君尾山光明寺の山号による。光明寺は、寺伝によると推古天皇七（五九九）年聖徳太子によって建立され、のち役小角がこの地で修業し、延喜年中に至って聖宝理源大師が真言の道場として再興した。二・五万図「口坂本」（昭和五八年発行）では、光明寺の北一kmの・五四三m近くに君尾山と記されている。

登路　府道1号から「国宝光明寺仁王門」の案内板に従って行くと林道君尾線に入る。光明寺を見て、稜線に出ると林間駐車場に着く。ここから林道を歩く。大トチへの分かれを過ぎ、君尾山から東に延びてくる尾根が林道と合流する地点から踏み跡がある。それを辿って山頂に着く（林道駐車場から約四〇分）。

麓の古井から昔の参拝道を光明寺仁王門まで登り、林道君尾線を辿って山頂へ（約二時間三〇分）。

地図　五万図「舞鶴」　二・五万図「丹波大町」

68 579・3m峰（点名／小中村）　標高五七九・三m

綾部市故屋岡《こやおか》町、上林川と古知木川の合流点の北北東一・八km。無名峰。

登路　早稲《わせ》谷川の「はつのまえ」橋を渡り、右側の尾根に取り付く。少し藪漕ぎをして尾根上に出て一〇〇mほど登ると山道が現われ、尾根の左下をトラバース気味に付いているが、尾根上を辿る方が登り易い。稜線に抜ける手前が急坂、稜線をU字形に半円を描くように辿って山頂へ向かう（一時間四五分）。

地図　五万図「舞鶴」　二・五万図「丹波大町」

69 中津灰 なかつはい　標高七四六・一m

綾部市と南丹市との境、草壁川と上林川合流点東南四km。長老ケ岳北四・五km。

登路　南丹市側からは長老ケ岳の登山口の仏主《ほどす》から北に入っている水谷川沿いの林道を登り、林道終点から山道を登って、上林峠に抜ける。稜線を辿って山頂へ（約一時間三〇分）。

綾部市側からは睦寄町より草壁川沿いに遡り、「古屋62」と記された電柱より草壁川へ下り、南に入る谷を行き尾根に取り付く。少し不明瞭な踏み跡を辿って上林峠に出て稜線を山頂へ（電柱番号「古屋62」より約二時間）。

地図　五万図「舞鶴」　二・五万図「丹波大町」

⑳ 681・4m峰（点名／大栗）　標高六八一・四m

綾部市と南丹市との境、上林川と畑口川合流点南南東3km。無名峰。東にある大栗峠は、綾部市志古田、山田、弓削から大栗峠を越えて和知への生活道であった。またハイキングで和知山の家～大栗峠～綾部山の家と結ぶコースでもあったが、現在は歩かれてないため、廃道になっている。

登路　綾部市志古田から志古田林道（一・二km）を行き、終点から谷沿いの不明瞭な杣道を詰め、右に谷が曲る地点でガレ場と少し藪漕ぎをして登ると、昔の大栗峠への道に出合い、それを辿ると大栗峠に着く。慶応元年と刻まれた石仏がある。峠から西への稜線を十分ほど辿ると山頂に着く（志古田から約二時間）。

山田から尾根道で大栗峠、弓削から太い深い道で、一部分崩壊の所もあるが山田からの道と合流して大栗峠に着く（いずれの道も約二時間）。

地図　五万図　舞鶴　二・五万図　丹波大町

㉑ 弥仙山《みせんさん》　標高六六四m

別称　丹波富士　三仙カ嶽　丹波槍

綾部市と舞鶴市の境、JR舞鶴線梅迫《うめさこ》駅北東七・五km。寛政一一（一八〇〇）年発行『丹波國圖』には「三仙」とあり、『丹波志』には「三仙カ嶽ハ往古国峯ノ古跡、今ニ参詣アリ…」と出ている。山姿の尖った形から丹波槍とも呼ばれたりしている。

千二百余年前に行基によって開山された弥仙山は女人禁制の霊地であったが、明治三四（一九〇一）年

登山口於与岐大又からの弥仙山

に事件があった。弥仙山中腹の於成《おなる》神社にヒヒがいるということで、地元の人達がその神社まで登ってみると白髪の老女が中にいた。警官まで呼んで「社殿から出ろ」と迫ったところ、「出るなといっても出る日じゃ」と、現われたのは大本教の出口なお開祖で、その日はちょうど一週間の修行を終えた日だった。その後、昭和三一（一九五六）年、山頂の金峰《きんぽう》山神社の修復を機に女人禁制は解かれた。旱魃の折は、この山頂で雨乞い祈願が行われた。

登路　水分《みくまり》神社から宮の谷沿いの広い道を登り、右参道と刻まれた石柱に従って登り於成神社に着く。急坂から稜線へ出て山頂に着く（約一時間三〇分）。回遊コース、小谷沿いの林道を行き、終点から山道を登り峠に出て左へ稜線を辿って山頂に（約二時間一五分）。

地図　五万図「舞鶴」二・五万図「丹波大町」

㉒596・3m峰（点名／東八田村）　標高五九六・三m

綾部市、JR舞鶴線梅迫駅東北東五km、蓮ケ峰東八〇〇m。蓮ケ峰から東に続く稜線上にあるので、蓮ケ峰と組で登る山である。

登路　蓮ケ峰と同じルートで登り、蓮ケ峰山頂から東への稜線の踏み跡を辿る（蓮ケ峰山頂より二〇分）。

地図　五万図「舞鶴」二・五万図「梅迫」

73 蓮ケ峰　はちがみね　標高五四四m

綾部市、JR舞鶴線梅迫駅東北東四km。梅迫駅辺りから眺めると槍のような弥仙山が目立ち、その手前にある蓮ケ峰はこんもりとした山である。

登路　施福寺《せいふくじ》の前の林道に入り、林道終点から蓮ケ峰西南尾根に踏み跡がある。山頂まで急坂である（林道終点より約四〇分）。

地図　五万図「舞鶴」　二・五万図「梅迫」

74 上滝ノ尾　かみたきのお　標高四五九・四m

綾部市釜輪《かまのわ》町、JR山陰本線山家駅北東3・5km。釜輪町の集落から正面に見える端正な山である。

登路　釜輪の釜輪権現参道を行き日前神社へ。そこから尾根に取り付いて送電線の鉄塔を過ぎると稜線に出る。巡視路は西へ向かうが東への踏み跡を辿って山頂に着く（約一時間二〇分）。

地図　五万図「綾部」　二・五万図「綾部」

75 鉢伏山　はちぶせやま　標高六二六m

船井郡京丹波町、山陰本線安栖里《あせり》駅北四km。山容が鉢を伏せたような形から名付けられたと思われる。『山家史誌』には「大字釜輪の東端に聳え、口上村及び船井郡和知村に跨る本村第一の高山なり、国有林にして京都営林署の管轄に属し、着々植林を施しつつあれば、幾年かの後には必ずや美観を呈するに至らん」と出ている。この山の山頂にNTT奥山無線中継所があるため、奥山と呼ぶ人もいるが、奥山は隣の山、権現山の別称である。

登路　JR安栖里駅から北へ由良川に架かる和知橋を渡り、国道27号の信号を左折し、次の左への道（大倉谷林道）に入る。林道終点から山道になり尾根に出て山頂へ（約三時間）。

地図　五万図「綾部」　二・五万図「和知」

❼❻権現山 ごんげんやま 標高五八八・七m

別称　奥山

綾部市釜輪町と南丹市和知町との境。JR山陰本線立木駅北東3km。『綾部史誌』では奥山として載っていて、三角点名も奥山である。

登路　国道27号から乙味《あじみ》川沿いに入り舗装路が終わる。奥山林道（全長四八二m）を行くと二俣で右の山道を辿って稜線に抜けて山頂へ（奥山林道より約一時間三〇分）。

地図　五万図「綾部」　二・五万図「綾部」

❼❼空山 そらやま 標高三五一・九m

綾部市、JR山陰本線綾部駅西七・二km。ひらがなで「そら山」と表記されているものもある。この山の東側から眺めると少し尖った美しい山である。麓の豊里西小学校の校歌に「平和都市　綾部の西に　雲過ぎる　空山のもと…」と歌われ地元に親しまれている山である。

登路　綾部西国観音霊場第十六番札所・慈雲山普門院の地点に「空山登山道入口」と道標がある。沢筋に道から尾根に出て山頂（約四〇分）。

地図　五万図「大江山」　二・五万図「河守」

❼❽鬼ケ城 おにがじょう 標高五四四m

福知山市、京都丹後鉄道牧駅東四km。鬼ケ城は福知山市民に人気がある山でよく登られている。『福知山市史』に「福知山市の北東には、古来しばしば史上に浮かびかつ文学物などに取り扱われている名山『鬼ケ城』と、その前にこれと高さを競って美しい烏ケ岳がそびえている。特に鬼ケ城は一等抜きん出て、その山容は秀麗かつ泰然として、この地方の群山に君臨している。実際天田・何鹿《いかるが》・加佐の三郡にまたがり、そのいずれの地からも仰ぎ見られる。頂上にはかつての準平原面の残跡かと思わせる平坦地があり、それが戦国時代の赤井氏の城塞となり、伝説ではあるが茨木童子のすみかとして用いられたと、後人をして想像するにふさわしい地貌を呈している。山上の眺望はすこぶる雄大で、丹波山地の山々が波のごとく重畳する景観を一望の下に収められる」と紹介している。

山頂からは三六〇度の展望で、弥仙山、青葉山、由良ケ岳、大江山、三岳山、伏見山、鹿倉山、多紀アルプスの山々まで望める。鬼ケ城と南一km弱の地点にある烏ケ岳を縦走する人が多い。

登路　室尾山観音寺から車が通れる幅の道を登るが、しばらくして谷通しの山道になる。稜線に出る手前で左右に道は分かれる。右の道を登ると（左は烏ケ岳への道）鞍部に着く。少し急坂があって山頂に着く（室尾山観音寺から一時間三〇分）。

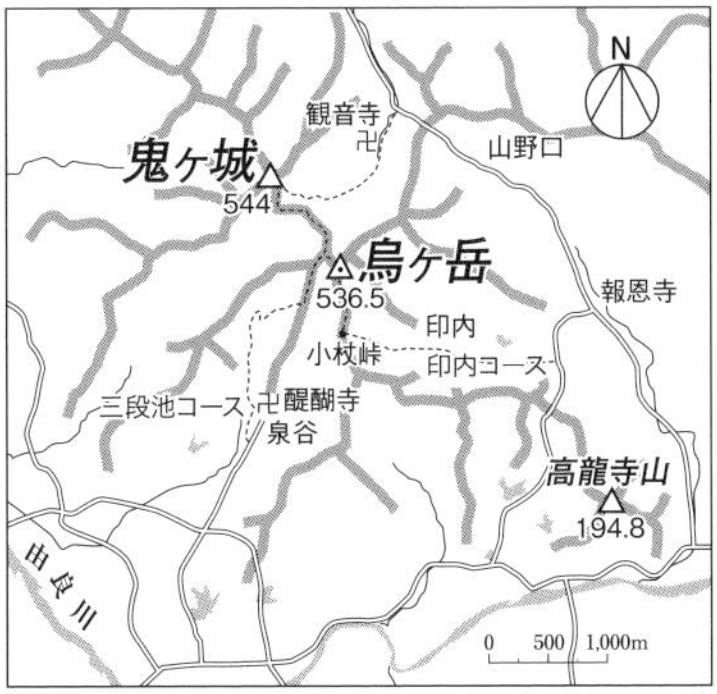

地図　五万図「大江山」二・五万図「河守」

⑲ 烏ケ岳　からすがだけ　標高五三六・五m

福知山市、JR山陰本線福知山駅北北東五km。鬼ケ城と共に福知山市民に親しまれている山である。山頂の南にある小杖峠《こずえ》は、足利尊氏が慶応二年（一三三九）に印内から越えている。『横山硯』に「天田何鹿《いかるが》の群さかひ印内村へ落着給ふ処、いと物くらき日暮方、田辺氏にて一宿遊されて、是より小杖峠迄案内をさせ、庵我庄の奥山に下り…」と出ている。

山頂には火産霊神《ほむすびのかみ》を祀る小さな祠がある。NHK中継所、国土交通省池部無線中継所、日本通運烏ケ岳中継所のアンテナが林立する山頂で展望も好く福知山市街が眼下に広がり、遠く愛宕山、親不知、神南備山から多紀アルプスの山並みが見渡せる。この山と北に続く鬼ケ城へ縦走する登山者も多い。

登路　〈印内《いんない》コース〉印内口から印内に向かうと村社賀茂神社がある。印内に入り、二俣の地点に「烏ケ岳登山口」と道標がある。次にT字路で印内公会堂、半鐘を過ぎ、谷左岸を行くようになる。堤防が見えて手前の橋を渡って登って行くと小杖峠に着き、北へ続く急坂を登ると山頂（登山口より一時間二〇分）。

〈三段池コース〉三段池から醍醐寺へ向かい、お寺の手前の林道に入る。林道終点から杣道を求めて登ると庵我小学校からの車道と合流し、五分程で山頂に着く（約一時間）。

地図　五万図「福知山」　二・五万図「福知山東部」

⑧⓪天ケ峰　てんがみね　　標高六三二・四m

福知山市、国道176号の坂浦トンネル東一・五㎞。なだらかな山姿である。大江山と三岳山に挟まれた目立たない山で、山名の由来は不明。

登路　坂浦トンネルの北側に東へ入っている林道を辿り終点から山道になり、右に回り込むようにして山頂に着く（林道入口より約一時間三〇分）。

地図　五万図「大江山」　二・五万図「三岳山」

⑧①三国山　みくにやま　　標高五七〇m

福知山市と兵庫県豊岡市との府県境。国道426号の登尾峠東一㎞。寛政一二（一八〇〇）年発行『丹波國圖』には、「三国嶽」と記され、この山から三岳山、大江山に続く稜線が国境になっており、三国山は当時の丹波、丹後、但馬の国境の山であることから来ている。『丹波國圖』の三国山は三岳山より大きく描かれているから当時は重要な山であったと考えられ、山頂はCa五七〇mである。

登路　西石の集落から兵庫側の大河内に越える大河内峠に登る。峠からは踏み跡を辿って山頂（五七〇m）へ（約一時間三〇分）

地図　五万図「大江山」　二・五万図「三岳山」

⑧②三岳山　みたけさん　　標高八三九・一m

別称　丹波山上、見立て山、御嶽山

福知山市、京都丹後鉄道下天津《しもあまづ》駅北西六・二㎞。福

知山市街から眺めると実に堂々としていて、周りの山々を圧倒している。また、この山の北にある大江山から眺めると裾野まで見事な三角錐の山である。

この山は、「鎌倉末期には山岳霊場として開かれていたと思われ、南北朝初期には頂上近くに蔵王権現（現三岳神社）が祀られていた。頂上に奥院、南の斜面喜多《きた》に別当寺金光《きんこう》寺がある。金光寺から奥院まで約八〇〇m、この間かつて女人禁制であった」『京都府の地名』（日本歴史地理大系二六）という。また、源頼光が大江山の鬼退治に向かう前に三岳山に登り、蔵王権現に祈願、山頂から丑寅の方向にある大江山を偵察したので「見立て山」とも言われている。そのことは『天津文書』に「夫より三岳山に登り給ふ。七日七夜御祈を込給ふ、鬼神退治之願書一通渡部綱筆、以て認、其別当院に残給ふ、夫より千丈ケ原行給ふ、又々頼光持来乃金像の役行者を帰仏として行者建立して蔵王権現脇仏と奉る也、弥々千丈ケ嶽へ登り給ふ」とある。

上佐々木から望む三岳山

登路　〈喜多登山道〉三岳山の家の南の岩の前から登山道がある。何丁と刻まれた石仏が道標に従って登ると三嶽神社に着き、ここから急坂を登って山頂へ（約一時間三〇分）。

〈野際登山道〉仏坂から野際まで入り七王子《しちおうじ》社から登山道がある。こちらの道にも何丁と刻まれた石仏が続く、カンカケ岩を過ぎ、喜多登山道と合流する（約一時間三〇分）。

地図　五万図「大江山」二・五万図「三岳山」

㉓ 伏見山　ふくみやま　標高七一〇・〇m

福知山市、三岳山西南四㎞。福知山市街から西北に三岳山、伏見山、龍ケ城の三角形の山が三つ並んでいて、真ん中の山が伏見山である。冨久貴山とも書き、「フシミヤマ」とは言わず、「ブクミヤマ」或いは「フクミヤマ」と呼ぶ。『京都府の地名』（日本歴史地理大系二六）に「中佐々木村の内、西部を仏坂という。仏坂には伏見山《ぶくみ》がそびえ、その山には観音を祀ったという寺跡がある。仏坂から畑へ仏坂を越す」と出ている。

登路　仏坂から山道があるが、途中から踏み跡程度になる。石仏がある仏坂峠からは北西に延びる稜線を忠実に辿って山頂へ。道は判然としない（約二時間）。

地図　五万図「大江山」二・五万図「三岳山」

㉞龍ケ城　たつがじょう　標高六四五・五m

福知山市、京都丹後鉄道牧駅西北西七㎞。山名の由来は山頂に龍ケ城があったことによる。龍ケ城の築城は不明だが、南北朝の頃は丹波守護代荻野朝忠が居城したと伝え（『丹波誌』『横山硯』）、戦国時代には威光《いこう》寺を外護して再建に尽力した土豪阿富元経が拠ったという。威光寺文書の「康永四年八月也、荻野尾張守彦六朝忠当郡城主ナリ、……」とある。『丹波志』に「一ノ宮ヨリ夜久野郡畑村エ越ス嶺《ママ》ヲ笹波峠ト云、東ヨリ西越ス、龍ケ城ノ北ヲ越ス也……」と出ている。笹波峠は現在の笹場峠である。

登路　東側の竹口と新宮から登れるが、いずれも途中で踏み跡程度の道になるから、西側の小畑からがよい。圓満院から林道を行き、林道終点から山道になり笹場峠に着く。ここらは稜線を登って山頂に着く（約一時間二〇分）。

地図　五万図「大江山」二・五万図「三岳山」

㉟居母山　いもやま　標高七三〇・五m

福知山市、夜久野《やくの》町の直見《なおみ》川と板生《いとう》川との合流点北東五㎞。『上夜久野村史』に「居母山《いもやま》は、上夜久野村では為母山と書かれてきたことが多く、居母山にあった高源寺の山号には為母山と書かれていることが多い。しかし、妹尾山高源寺としたものもあり、歴史的に何れが正しいと判定する根拠がない。二・五万図「直見」では「居母山」を当てている。居母山、妹尾山、為母山の語源については不明である」と載っている。

居母山一帯は古期花崗岩帯で、ヤナ谷製鉄遺跡、才谷製鉄遺跡があることから、いも山に「いも」は「鋳物師のいるイモ山」から来ているのではとの説もある。

登路　〈今里より〉二・五万図「三岳山」の今里の北独標三二六mの地点が登山口で、西に入っている沢筋の山道を登り林道小栗尾線を横断して沢から尾根へ。山道は独標六六八mピーク経由で山頂に着く（約一時間三〇分）。

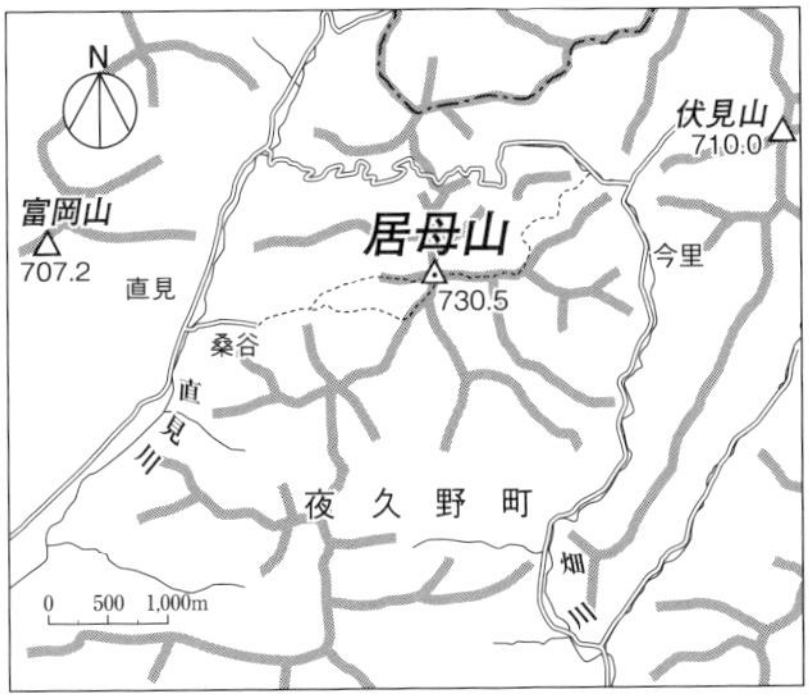

〈直見より〉直見の桑谷からの林道を行く、林道が左に曲る地点に「右月の小阪道から居母山、左飛所から居母山」と二つのルートがある。どちらのルートから登っても約一時間三〇分弱で登れる。

地図　五万図「出石」　二・五万図「直見」

㊱堂本山《どうもとやま》　標高五六五・三m

福知山市夜久野町、JR山陰線下夜久野駅北北西四・二㎞。西ノ谷村と副谷村を結ぶ西峠の南東にある山。副谷から西峠まで舗装路が延びている。

登路　西ノ谷集落から林道に入り西ノ谷配水池を過ぎて三〇〇mほどで林道は終わり、峠越の山道に入るが、廃道で所々道は残っている程度でルートを選んで峠を目指すことになる。中腹に「右そへたに」の石標が残っている。西峠には副谷から舗装路が来ている。峠から稜線を辿って山頂に着く（西ノ谷集落より約一時間三〇分）。

地図　五万図「出石」　二・五万図「直見」

㉗深山　みやま　標高七八〇m
㊳栗尾山　くりおやま　標高七六〇・〇m
別称　万とう山

「深山」は福知山市夜久野町の最高峰であるが、麓からその姿を見ることはできない。その上三角点がなく独標のため登山の対象として放置されていた。その南にある「栗尾山」は麓の夜久野町栗尾の集落からどっしりとした姿を見せる三等三角点をもった秀峰である。地元山岳会「居母山クラブ」がこのあたりの登山道を開拓・整備されている。他の登山者に会うこともない静寂の山である。さらに北へ向かい県境ピークから天《あま》谷《だに》峠、小坂峠、あるいは小坂集落へと下山することができるようだがそんなに明確な道ではない。

登路　夜久野町今西の府道脇に「緑の里交流センター」の案内看板があるのでその道を東へ登って行く。交流センター手前で分岐を観察棟へと向かう。急坂を登りきったところが登山口となる観察棟である。木々の間から西の鉄鈷山・床尾山を望める。ここから明確な道はなく、自然林の中を独標七六三mのある正面の尾根を直登する。左下から植林境界が延びてきたところで、植林境界を登る。急登をがんばると踏み跡やテープ印のある南北に走る尾根に出る。南へ向かうと富岡山、北東へ向かうと独標七六三m、栗尾山、深山とつづく。独標七六三mピークはすぐそこで東方面が伐採されている。歩きやすい尾根道を北東へとると栗尾山山頂であるが薄暗い植林の中で山頂という感じがあまりしない。さらに北へ進むと深山に着く。展望も三角点もないところに山頂看板がひっそりと立っている。

地図　五万図「出石」二・五万図「直見」

㊴富岡山　とみおかやま　標高七〇七・二m

福知山市、夜久野町の直見川と板生川合流点北三・二km。この山は、西側の岸山と三谷山の稜線から眺めると緩やかな山であるが、東側の居母山から眺めると中腹にある夜久野鉱山の採石場跡が荒々しく迫力のある山に見える。

登路　直見側の西垣から夜久野鉱山への車道を登り、右に大きくカーブする所で西に入る林道を行く、すぐに林道は終わり谷筋の山道を登ると急坂になり稜線に抜けると山頂（林道終点から約一時間三〇分）。
地図　五万図「出石」　二・五万図「直見」

⑳鉄鈷山　かなとこやま　標高七七五ｍ

福知山市、京都府・兵庫県境の天谷峠北北西二㎞。『上夜久野村史』には伝説として「その昔、但馬の粟鹿の大明神が、この山の山頂で剣をきたえたとか。そのあとが山のように残っているので『金とこ山』の名が付けられたという」と記されている。また、寛政一一（一八〇〇）年発行『丹波國圖』には、鉄鈷山と記されている。この辺りは、砂鉄を含む花崗岩層地帯で、露岩は金谷、金尾、副谷に見られることからこのような鉄に関する山名が付く山があって当然と考えられる。
登路　天谷峠から稜線の踏み跡を辿って独標五三六ｍを経由して山頂を目指すことになるが、判然としないため読図が必要になる（約二時間）。
地図　五万図「出石」　二・五万図「直見」

㉑岸山　きしやま　標高七三六・四ｍ

福知山市と兵庫県朝来《あさご》市との府県境。ＪＲ山陰本線上夜久野駅北五㎞。
登路　板生《いとう》の現世《げんぜ》の西に入り独標二八四ｍの先で岸山から北東に延びる支尾根に取り付いて、急坂を藪漕ぎで山頂へ。ルートファインディングが必要（取り付きから約一時間三〇分）。
地図　五万図「出石」　二・五万図「直見」

㉒三谷山　さんだにやま　標高六七九・一ｍ

京都府福知山市と兵庫県朝来市との府県境。ＪＲ山陰本線上夜久野駅北々西三㎞。三谷山は麓の三谷集落の山という意味である。北にある岸山へ稜線を縦走する人達も多い。

登路　板生の三谷《さんだに》から西に入る林道を登り、独標一九四m地点で右への林道を行き、林道終点から杣道を辿って三谷山から東に延びている尾根まで辿り着けるが、踏み跡はなくなり、藪漕ぎで山頂へ（林道終点から約一時間三〇分）。

地図　五万図「出石」　二・五万図「直見」

㊈㊂ 宝山《たからやま》　標高三四九・七m

別称　田倉山

福知山市夜久野、JR山陰本線上夜久野駅西南西一・三km。京都府福知山市と兵庫県朝来市との府県境にある。京都府唯一の火山。

登路　上夜久野駅前から奥水坂へ向かいその手前から左へ林道が出ている。次の分かれで右へ鋭角に折れて頂上直下で遊歩道を登って山頂へ（約一時間三〇分）。

地図　五万図「出石」　二・五万図「直見」

94 三郡山《みこおりやま》　標高四九七・九m

船井郡京丹波町、JR山陰本線立木駅西一・八km。『山家村誌』に「三郡山は大字上原の南に聳え船井郡下和知村、天田郡河合村の三郡に跨る故に此の名あり」と載っている。旧和知町、旧三和町、綾部市の三つの市町の境界にある山である。

登路　〈立木駅コース〉　立木駅から大成川沿いの林道を登り、二俣で右の谷を登り大原峠稜線を北へ登ると山頂に達する（約一時間四〇分）。

〈山家駅コース〉　山家駅から東へ踏み切りを渡ってすぐ右の林道に入り、岩根山行者堂登り口へ。参道を登り、行者堂手前から右への山道を辿って山頂へ（約二時間）。

地図　五万図「綾部」　二・五万図「綾部」

95 上殿 じょうでん

標高四五二・九ｍ

福知山市美和町、ＪＲ山陰本線綾部駅南四・二㎞。田野から眺めると小富士のような端正な山である。一時期「上点《じょうてん》」と呼ばれていたが、上殿が正しい。

登路 綾部小学校の横から田野に向かい、田野公会堂から丈尾《だけお》川沿いの道を遡ると谷が分かれて、その間の支尾根に山道がある。この尾根からトラバース気味に登る。綾部市・福知山市の市界尾根に出て、しばらくで質山峠からの尾根と合流し、少しの登りで樹林の中の山頂に着く（田野公会堂から約一時間三〇分）。

地図 五万図「綾部」　二・五万図「綾部」

96 高岳 たかだけ

標高四一六・一ｍ

綾部市、ＪＲ山陰本線高津駅南二・二㎞。ＪＲ山陰本線の綾部と福知山間の南側の車窓から望むと堂々とした山である。

登路 高津《たかつ》駅から南へ、荒倉谷沿いの舗装路を行くと瑞亀山隠竜寺の看板があるＴ字路の所を右に入り、次の道を左折すると「たかだけ登り口」と道標が出てくる。段山神社の鳥居をくぐり、尾根道を登って独標二七五ｍピークの中腹をトラバースして市界尾根に出て山頂に達する（約一時間四〇分）。

荒倉谷沿いの舗装路を遡り、不動谷からも登れるが、踏み後程度の道である。

地図 五万図「福知山」　二・五万図「福知山東部」

97 天突 あまんづく

標高三二〇ｍ

福知山市、竹田川と土師《はぜ》川合流点東南四㎞。天を突く尖った槍のような山姿なのでよく目立つ山である。行者信仰の山で、山頂には役行者を祀るお堂がある。

登路 大内から舞鶴自動車道をくぐり右へ行くと山手に階段がある。ここが登山口で雑木林の中を登って山頂へ（約一時間）。坂室《さかむろ》から坂室山医王寺の少し先を左に入り林道終点から山道になる（一時間三〇分）。

地図　五万図「福知山」　二・五万図「市島」

98 姫髪山《ひめがみやま》　標高四〇六・一m

別称　長安寺山　丹波大文字　姫神山

福知山市、JR山陰本線福知山駅北西四km。和久川と牧川の間にある山で、江戸時代は姫神山と書き、長安寺山ともいわれている。福知山城石垣修理の折、この山から石を切り出していて、堀村代々の庄屋記録(堀区有文書)、寛保三(一七四三)年の記事にも「長安寺山ヨリ石掛ケ石御出被成候ニ付、石堀笹山屋茂兵衛八貫五百匁ニ時而札候、石引在々へ御掛被成候」と出ている。山頂南面に昭和二七年夏から毎年八月一六日に大文字の送り火が行われていて、「丹波大文字」とも呼ばれて人気がある。

登路　長安寺の墓地の南側にある林道が登り口で、三〇〇m程で林道は終わり山道になる。ジグザグの登りで鞍部に出て稜線を辿って山頂に着く(一時間一〇分)。

地図　五万図「福知山」　二・五万図「福知山西部」

99 和久山《わくやま》　標高四七一・五m

別称　高平《たかへら》

福知山市、JR山陰本線福知山駅西六km。この山は大門側からは和久山、十三丘《とみおか》側では高平と呼ばれている。大門から十三丘へ越える「ひろげ峠」は昔この峠で石を拾って投げたので、ひろげ峠と言われるようになった。地形図に山名が記されてないので、登山者は少なく登山道もないためあまり登られていない。

登路　大門から上小田に越える「ひろげ峠」から西に延びている林道を行くと二俣で左の林道に入り、林道終点から山道になる。稜線に出ると踏み跡程度になり藪漕ぎで山頂に着く(ひろげ峠から約一時間一〇分)。

十三丘から南西に延びる林道に入り、林道終点から南に入る谷の踏み跡を辿って後は、読図で山頂へ(約一時間二〇分)。

地図　五万図「福知山」　二・五万図「福知山西部」

100 烏帽子山《えぼしやま》　標高五一二・四m

別称　丹波富士

福知山市と兵庫県丹波市の府県境にある。ＪＲ山陰本線福知山駅西八・二km。『丹波志』に、「天田郡下戸《さげと》村境ニ烏帽子山ノ頂きニ、足立氏ノ遠見場所在、天正年中ニハ赤井悪衛門直政ノ持城ナリト云、上ノ平三十五間斗、横三、四間宛ノ平ナリ、中ニ二所堀切アリテ三郭也、……」「山嶮ニシテ二方ニ口有リ、上平ニシテ遠方ヲ見ル、形鉢ヲ伏シタルゴトシ……」と出ている。山容が鉢を伏せた形から「丹波富士」とも呼ばれている。山頂には「烏帽子山古城跡　悠遠の荒れ果つ城址や夕日秋　えぼし城へいげい山河春浅く」と刻まれた石柱が立っている。

登路　法用の手前で舗装路が大きく曲る地点が登山口で、畑の中の道を行き、谷道を登ると梨木峠に出る。ここから北へ府県境尾根を辿って山頂へ（一時間三〇分）。

小牧《こまき》集落を過ぎて左の谷道を登り鞍部に出て独標三六八mピークを越えて山頂へ（約一時間四〇分）。

地図　五万図「福知山」　二・五万図「福知山西部」

101 小風呂《こぶろ》　標高五九七・五m

京都府福知山市と兵庫県朝来市との府県境、ＪＲ山陰本線下夜久野駅西南西五km。日置から眺めると双耳峰が望める。右が小風呂で左が大津（Ca五八〇m）である。

登路　小倉の玄武岩公園の奥の中小倉公会堂から東谷の林道を登り詰めて、林道終点から踏み跡を辿って山頂に着く（約一時間三〇分）

地図　五万図「但馬竹田」　二・五万図「矢名瀬」

⑩小倉富士 おぐらふじ　標高四九五m

京都府福知山市と兵庫県朝来市との府県境、JR山陰本線下夜久野駅西六・五㎞。富士山に似ていることから小倉富士と呼ばれている。夜久野側から眺めると右への裾野のラインが美しい。『おらが富士340座』（中谷信典《のぶつね》著　山と溪谷社）にも紹介されている。

登路　小倉から田んぼの作業道を登ると最上部で左に折れる。山腹を巻きやがて山道になり、巻き道は終わって登りになる。踏み跡程度になると独標三四九mピークに着く。西への稜線を辿って山頂（小倉から約一時間三〇分）。

地図　五万図「但馬竹田」　二・五万図「矢名瀬」

⑩神奈備山 かんなびやま　標高四一六m

別称　神並山、神南山、権現山

京都府福知山市と兵庫県丹波市の府県境にある。JR山陰本線福知山駅南三・五㎞。『福知山市史』に「円錐形の秀峰で崇高な感じを抱かせる通称荒木の権現山（古来神奈備山という）がそびえ……」と出ている。京田辺市にも甘南備山（神奈備山とも書く）がある。神奈備山は、御神《みかみ》山、三室山などと同じで神の降臨する山として崇敬されている。

また、『荒木神社由来記』に「俗に『荒木の権現さん』と敬愛される当社は延喜式内として名高く、背景の山は神奈備山とも呼ばれて神並《かんなみ》山、神南山と親しまれたが、中古この山に真言宗の寺院を建立、当時三十ケ寺と伝えられ、天神七代。地神五代を十二所権現として栄えた。その後、室町末期には仁木義尹《にきよしただ》が荒木一学と策して篭城し、細川・内藤・波多野らと戦い、また永禄元（一五五八）年荒木勢と丹波の赤井悪右衛門との戦いで度々兵火にかかり、神殿や寺坊を全焼した。そして徳川時代の寛文九（一六六九）年福知山藩の寺社奉行、中目権兵衛盛治《もりはる》が朽木種昌侯に従い土浦から赴任した際に古記を調べて荒木神社を再興した。」と記されている。この山の東にある「一（市）の貝峠」は大江山の鬼退治の源頼光一行が一（市）ノ貝峠で法螺貝を吹いたという。

登路　荒木神社参道の上り口から参道を登り、荒木神社拝殿左から谷を横切ると神奈備山北東尾根に出る。急坂が続くが、この尾根を辿って山頂に着く（約一時間二〇分）。

なお、一（市）ノ貝峠経由での登山路もあるが荒木から南に入る谷筋の道は、利用者が少なくて荒れている。

地図　五万図「福知山」　二・五万図「福知山西部」

104 市寺山　いちでらやま　標高六〇四・五m

別称　滝山《たきやま》　室山《むろやま》　榎原山《えばらやま》　行者山　親不知

京都府福知山市と兵庫県丹波市の府県境にある。JR山陰本線福知山駅南南西五km。『丹波志』に「南ニ大山有、市寺山ト云、東ノ方尾流室村ニ境……」と出ており、『福知山市史』には「塩津峠の西方には、円錐形の秀峰で崇高な感じを抱かせる通称荒木の権現山がそびえ、それに続いて市寺山がその巨体をすえている。この山は福知山盆地に面する周囲の山々の中では最も高く、盆地の南部を圧しているのであるが、旧陸地測量部地図にその名は載せていない。その理由は、この山を旧福知山近在の人々は市寺山とか室山と呼んでいるが、上豊富では滝山と呼んでおり、一定した名称を載せることが出来なかったためであろう」とある。

現在国土地理院発行の五万図、二・五万図では、この山は「親不知」と印刷されている。おそらく兵庫県側での呼び名だと思われる。滝山と呼ばれるのは、この山の西にある滝と滝山観滝寺《かんりゅうじ》からきていると思われる。また、榎原村側では榎原山と呼んでいる。

登路　室から桜地蔵の中間にある一番目の用水池と二番目の用水池の間を西に入る谷筋に道がある。谷沿いの道を登るが、山道は怪しくなるがヒノキ林の藪の少ない斜面を登ると尾根に出て、踏み跡が出てきて独標五二〇mのアンテナ山に着く。尾根道を忠実に辿り稜線に出て右に辿ると山頂である（約二時間二〇分）。

地図　五万図「福知山」　二・五万図「福知山西部」

105 鹿倉山 しかくらやま

別称　四ケ村山

標高五四七・七m

福知山市三和町、土師川と友渕川合流点西南三・五km。兵庫県篠山市と京都府福知山市との境界にある山で、麓の菟原《うばら》から眺めると牛の背のようなどっしりとした山容である。山頂からの展望が良く、三岳山・大江山・長老ケ岳、篠山の三岳、小金ケ岳が望める。

鹿倉山の由来は、麓に桑原、田ノ谷、中出、菟原の四つの村があることから「四ケ村《しかむら》山」と言われて、それからきたという説がある。三角点の点名は「四村山」となっている。『兵庫丹波の山（下）』（慶佐次盛一著）に「鹿倉山は〈四神楽山〉とも書くらしいが、〈シカ〉とか〈スカ〉という言葉は砂鉄を示すといわれ、産鉄に関わる地名研究では〈鹿〉の字を見たら鉄を思えともいわれるそうだから、鹿倉山という山名はひょっとしたら古代の鉄に関わる名前かもしれない」と出ている。

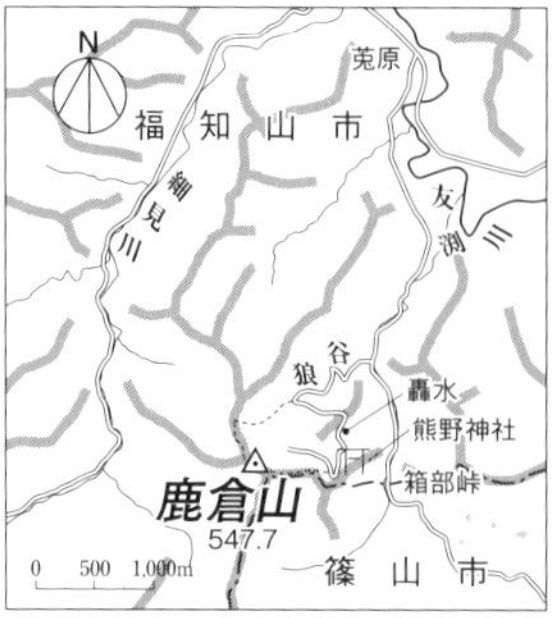

登路　車での登山になる。国道9号のバス停「菟原下《うばらしも》」で左折、次のT字路で右折、轟橋を渡ってT字路を左折し、府道710号を行く。狼谷出合で深山林道に入ると登山口深山出合、熊野神社まで入れる。

〈熊野神社コース〉　熊野神社遷宮の磐から杉林の中の急登で烏帽子岩に出て天狗岩の横を通って山頂へ（約五〇分）。

〈鉤掛《かぎかけ》コース〉　深谷出合から狼谷の踏み跡を辿って鉤掛地蔵がある鞍部に出、尾根道を登って山頂へ（約一時間三〇分）。

《登山禁止期間》　九月一〇日から一一月一五日

地図　五万図「福知山」　二・五万図「市島」

江戸時代の絵図『丹波國圖』に描かれている丹波の山々

寛政一一（一八〇〇）年発行の『丹波國圖』に丹波の山々が描かれている。

図1には三國嶽（現在の地形図では三国山）・三岳山・大江山の三山が描かれているが、三岳山は小さく三國嶽と大江山が大きく描かれている。三国山は五七〇m、三岳山は八三九・一m、大江山は八三二・四mで、一番低い三国山が大きく描かれているのは、この山が丹波・丹後・但馬の国境で重要な位置であったことを示しているのであろう。

図2には鉄鈷山（現在の地形図では鉄鈷山《かなとこやま》）と三國嶽が描かれている。三國嶽は丹波・但馬・播磨の国境の山で、小風呂（五九七・五m）を示すのであろうか？

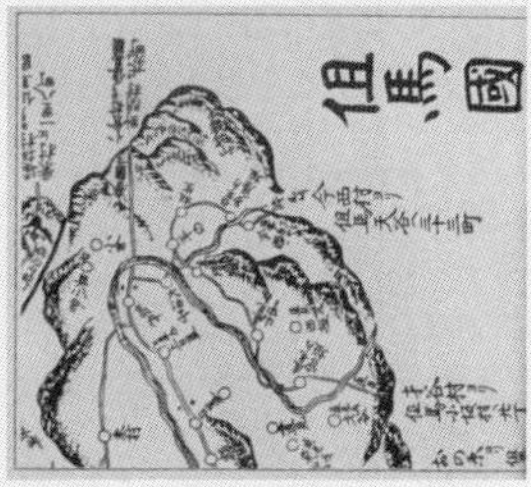

図3には、三仙が描かれている。これは現在の弥仙山である。『丹波志』には「三仙ケ嶽ハ往古國峯ノ古跡、今ニ参詣アリ」とあり、三仙ケ嶽とも言われていた。

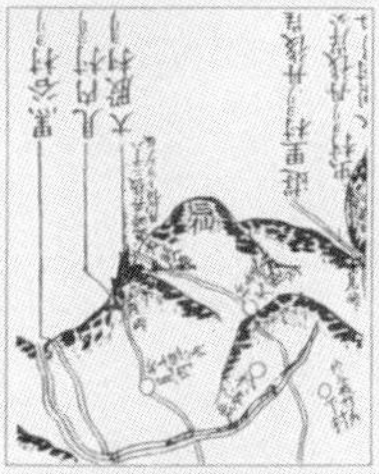

図4には頭巾嶽（現在は頭巾山）と天狗畑がある。天狗畑にはスギの苗のような模様が描かれているから、現在の天狗畑（八四八・二m）のピーク名を指すのではなくてこの一帯の畑の名前であろう。

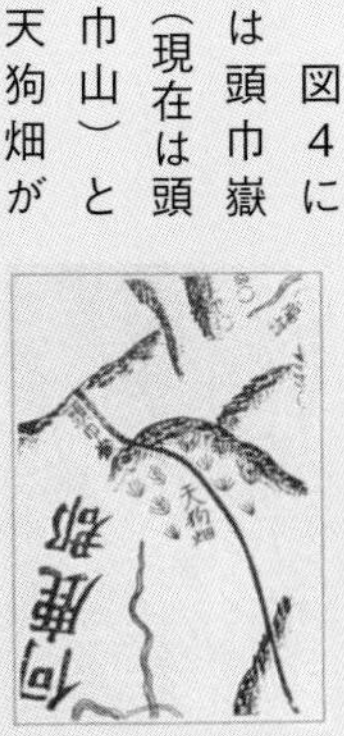

図5には五波坂峠を挟んで八ケ峯と知井山が描かれている。知井山は現在の中山谷山（七九一・八m）であろう。

（内田嘉弘）

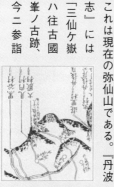

金久昌業『北山の峠』（全三巻）

「北山の峠」（上）（はじめにより一部を抜粋）

さいわい北山にはこれまで述べてきた日本の峠にふさわしい峠が多く残っている。その峠を連ねる街道も数本京都から若狭に達している。それらの街道は、街道というより峠道といった方があてはまるような細い道で、村から峠へ、峠からまた村へと、そして最後に国境の峠を越えると若狭の海が見えるのである。それは緑の山の中に蜿蜒《えんえん》と延びる一条の白道にも似ている。長い歳月往き交《か》った多くの人々の悲喜を綯《な》いまぜて、風雪に耐えてきた道である。それが峠道の役目を終えて、いま深い山中に静まりかえっている。木々の枝が側面から道を覆い、雑草が路面に侵入しても古い道は健気《けなげ》にも息づいている。そんな道に遭遇すると道は生きているという感動が静かに身を包むのである。こんな道を私は読者諸氏に知ってもらいたいと思う。

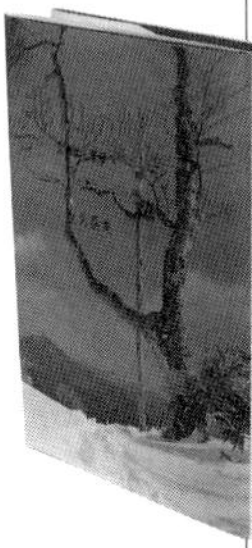

金久昌業（かねひさ・まさなり）
1922〜1982

京都市生まれ。一九五七（昭和32）年に「北山クラブ」創設。同年、会報『北山』発行。以来六四二号（二〇一一年）まで発行。会報より編纂した『京都北山レポート集』（Ⅰ〜Ⅳ）（昭和36〜42年）は戦後北山の貴重な資料である。一九六三（昭和38）年、初代の山小舎完成。ガイド著作に『京都周辺の山々』『京都北部の山々』など、地図に『京都北山①②』があり、名著『北山の峠』全三冊は今も広く読まれている。

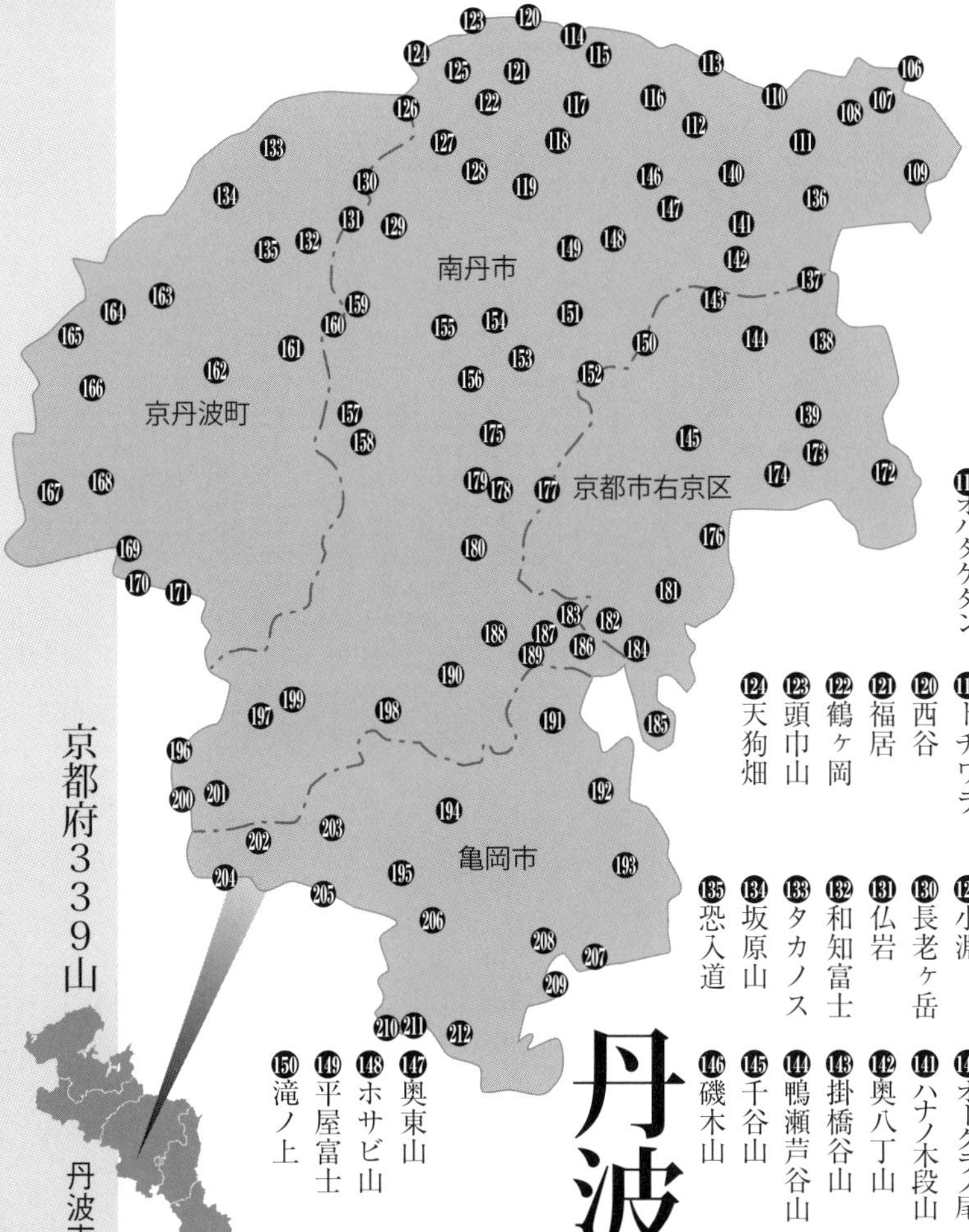

丹波南部107山

106 三国峠
107 傘峠
108 ブナノ木峠
109 天狗峠
110 中山谷山
111 奥ノ谷山
112 奥ヶ追谷山
113 八ヶ峰
114 オバタケダン
115 タケガダン
116 三ヶ谷山
117 鉢ヶ峰
118 白尾山
119 トチワラ
120 西谷
121 福居
122 鶴ヶ岡
123 頭巾山
124 天狗畑
125 高庵
126 地蔵杉
127 念仏
128 高野
129 小淵
130 長老ヶ岳
131 仏岩
132 和知富士
133 タカノス
134 坂原山
135 恐入道
136 大段谷山
137 品谷山
138 ソトバ山
139 ババダン
140 オークラノ尾
141 ハナノ木段山
142 奥八丁山
143 掛橋谷山
144 鴨瀬芦谷山
145 千谷山
146 磯木山
147 奥東山
148 ホサビ山
149 平屋富士
150 滝ノ上
151 ムシンボ
152 滝ノ高
153 釜糠
154 倉ノ谷山
155 大岩山
156 高モッコ
157 畑ヶ岳
158 烏ヶ岳
159 向山
160 萱山
161 空山
162 といし山
163 三峠山
164 笹尾谷山
165 雲石嶽
166 五条山
167 三角塔
168 兜山
169 西谷山
170 雨石山
171 櫃ヶ嶽
172 雲取山
173 灰屋山
174 ジョウラク
175 黒尾山
176 東俣山
177 黒尾山
178 白岩山
179 黒尾山
180 嶽山
181 西ノ谷
182 尾山
183 碁石
184 三頭山
185 龍ヶ岳
186 鎌ヶ岳
187 千歳山
188 諸木山
189 竜王ヶ岳
190 筏森山
191 三郎ヶ岳
192 牛松山
193 みすぎ山
194 行者山
195 朝日山
196 高山
197 胎金寺山
198 八ツ尾山
199 高山
200 深山
201 掃雲峰
202 金山
203 半国山
204 横尾山
205 小和田山
206 霊仙ヶ岳
207 明神ヶ岳
208 烏ヶ岳
209 黒柄岳
210 高岳
211 鴻応山
212 湯谷ヶ岳

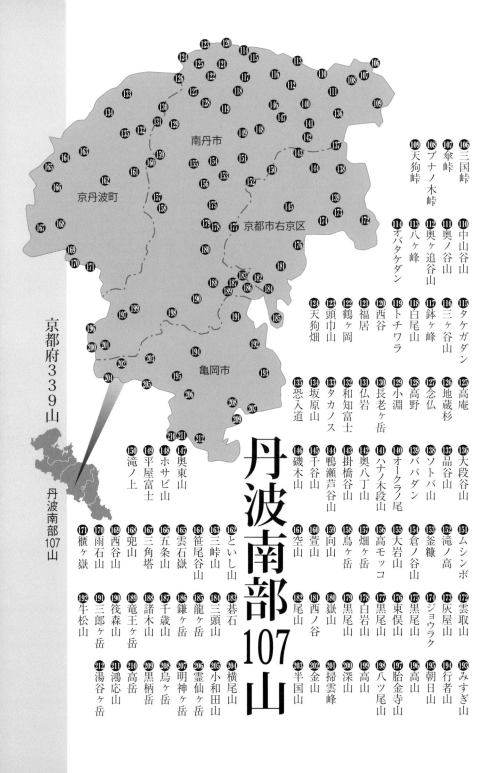

⑩⑥三国峠　みくにとうげ　標高七七六・一m

別称　三国岳

由良川源流にある京都大学芦生《あしう》研究林の北東角にあり、丹波と若狭の境界を走る若丹国境稜線の東端に位置する。山頂は、京都府南丹市美山町と滋賀県高島市朽木、福井県大飯郡おおい町との境界にある。国土地理院地形図には「三国岳」と記載されているが、久多の三国岳と区別するためか、登山者の間では三国峠としてよく知られている。京大研究林の中にはブナノ木峠など「峠」で呼ばれる山がいくつかある。

山頂からの展望は、比良連峰や鈴鹿北部、湖北の山、由良川源流域の山が一望できる。山の東面には整ったブナ林があり、トイレや遊歩道が整備されている。研究林側は、広い範囲にブナなどの自然林が広がり、新緑や紅葉の季節の風景には魅了される。

登路　高島市朽木生杉の林道登山口から登ることができる（約四〇分）。美山町芦生の京大研究林事務所から登ることもできるが、日帰りは難しい。（交通は、ともに自家用車）

地図　五万図「熊川」　二・五万図「古屋」

⑩⑦傘峠　からかさとうげ　標高九三五m

南丹市美山町芦生の京都大学芦生研究林内の中心部にあるブナノ木峠から東に延び、由良川に達する尾根上に位置する。この尾根上には他に八宙山がある。由良川はこの尾根の末端「中山」で、杉尾峠から流れてくる上谷と下谷が合流する。ここで名実共に由良川本流となって尾根の東面から南面へ回り込むようにして流れ、ツボ谷をはじめとする沢登りの対象となるいくつかの険しい谷を形成している。山頂は、緩やかなピークで三角点もないため、注意していなければ見過ごすこともあり、展望もよくない。

登路　京都大学芦生研究林事務所から内杉谷林道を通り、ケヤキ坂から尾根を東に辿って登るが、登山道は不明瞭なので読図必須（約四時間　交通は須後まで自家用車）。他に中山から八宙山経由で登ることができるが、現在、滋賀県高島市朽木側から研究林への入山は禁止されている。

地図　五万図「北小松」「四ツ谷」　二・五万図「久多」

⑱ブナノ木峠　ぶなのきとうげ　標高高九三九・二m

南丹市美山町芦生の京都大学芦生研究林の中心部に位置する山で、山頂付近には大きなブナやトチ、アシウスギが自生している。

山の西面から南面にかけては、由良川本流から小野子東谷・西谷をはじめとする大小の谷が入り組み、複雑な地形をつくっている。また、由良川とその支流下谷に囲まれて東に延びる尾根には、傘峠、八宙山など九〇〇m前後の山が続く。近年、研究林の作業用林道がつけられ、労せずに登ることができる。

登路　京都大学研究林事務所のある須後《すごう》から内杉谷林道を登り、ケヤキ坂から尾根伝いに登ることができる。読図必須（京都大学芦生研究林事務所から約三時間、交通は須後まで自家用車）。

地図　五万図「四ツ谷」「北小松」　二・五万図「中」

⑲天狗峠　てんぐとうげ　標高九二八m
別称　天狗岳

南丹市美山にあり、由良川上流に位置する奥深い山である。地形図には天狗岳と表記されるが、この付近の山は峠を使われる場合が多い。当然、山頂を越える道があった証であろう。

三国岳から小野村割岳へつづく中央分水嶺にあって、山頂は由良川水系側へ張り出した台地上にある。分水嶺の東面は京都市左京区久多に属する。

古くから、地形図には能見と七瀬谷出合を結ぶ峠道が載っており、人々の暮らしや文化に興味を持つ人達によって検証されてきた。途中にある九二七m峰を「蘿谷《つた》」という。由良川の上流域は、京都でもっとも優れたブナやミズナラを中心とする林に覆われている。

登路　久多上の町より滝谷を経て登れるが、経験者向である（約三時間三〇分）。途中に馬尾滝が懸かる。

地図　五万図「北小松」／二・五万図「久多」

110 中山谷山　なかやまだにやま　標高七九一・八m

別称　知井山　五波谷山

『丹波國圖』によると中山谷山は、昔は知井山と呼ばれていた。京都府南丹市美山町田歌《とうた》にあり、南の奥ノ谷山と合わせて、五波峠付近から若丹国境の稜線を形成し、一つの山塊をなしている。

東面には櫃倉谷の支流が入り込み、南面には五波谷の支流アシ谷が深く食い込み、西面には五波谷が小さな支流を集めて流れている。山頂の展望はあまりよくないが、ブナなどに囲まれた雰囲気のよい場所である。

登路　五波峠から若丹国境稜線を東へ進み、途中で右に折れて中山谷山へ続く尾根に入ると短時間で登れる（約五〇分。交通は自家用車）。奥ノ谷山へ縦走してもよい。その場合、車は二台必要。

地図　五万図「小浜」「四ツ谷」
二・五万図「久坂」「中」

111 奥ノ谷山　おくのたにやま　標高八一一・〇m

南丹市美山町田歌の由良川右岸にあり、若丹国境稜線の五波峠付近から南へ派生した尾根上にあるが、中山谷山と合わせて一つの山塊をなしている。府道広河原美山線を東進し、田歌の集落を左に大きくカーブすると、正面に堂々としたこの山の山容が目に入り、山頂付近の稜線にブナの疎林がシルエットで見える。山の東側には由良川の支流櫃倉谷が流れ、本流と合流して奥ノ谷山を南側から回り込むように流れ、西面を流れる五波谷を合わせて下流へと流れ下っている。南面にある奥ノ谷は沢登りが楽しめる。

登路　由良川と五波谷との出合にあるレストランの背後にある尾根を忠実に辿る。読図必須（約二時間。交通は自家用車）。

地図　五万図「四ツ谷」「小浜」　二・五万図「中」

⑫ 奥ヶ追谷山《おくがせたにやま》　標高七〇二・三m

別称　奥ヶ追山《おくがせやま》　知見《ちみ》山　オクノタニ　ムカイダンノウエ

南丹市美山町の中心部辺りに位置し、若丹国境稜線の五波峠の西にある独標七〇八mピークから南西に派生し、由良川とその支流知見谷川の合流点に達する尾根のほぼ中程にある。東には五波谷の対岸に奥ノ谷山、南には由良川を挟んでオークラノ尾と、ともに八〇〇mを超える山が存在するため、やや見劣りがするが、その分登る人も少ない。

点名の知見は、昔丹波と若狭の国境で戦が起きたとき、流血が坂道を流れ下り、血が川のようになったので「血見谷」となり、そして血見が「知見」となったという伝説がある。

登路　八原にある「八ヶ峰荘」の裏手の尾根から登るのが最短。読図必須（約一時間三〇分。交通は自家用車）。送電線巡視路を使い、尾根の末端近くにある下と江和地内を結ぶ峠から尾根伝いに登ることもできる。

地図　五万図「小浜」「四ツ谷」　二・五万図「中」「久坂」

⑬ 八ヶ峰《はちがみね》　標高八〇〇・二m

南丹市美山町と福井県の府県境をなす若丹国境稜線のほぼ中央に位置し、丹波と若狭を結ぶ知井坂が山頂西側の稜線を横切っている。

山名の由来は、『北桑田郡誌』に「八ヶ峰は本村の秀峰たり、山嶺に登りて四望すれば、丹波、丹後、山城、若狭、越前、加賀、能登の八ヶ国を見るを得べく、八ヶ峰の山名はその形の八葉蓮華に類似せるよりも、この八ヶ国一望の意義に本づきしものならんか」とある。また知井坂は「ちさか」とも呼ばれ、苦しい峠越えを血の涙を流しながら越えたとか、峠を挟んで激しい戦があり、血が坂を染めたと言われ「血坂」とも書かれた。

地質は、チャート・砂岩レンズ状岩体を含んだ頁岩を主とした地質から成り立っている。

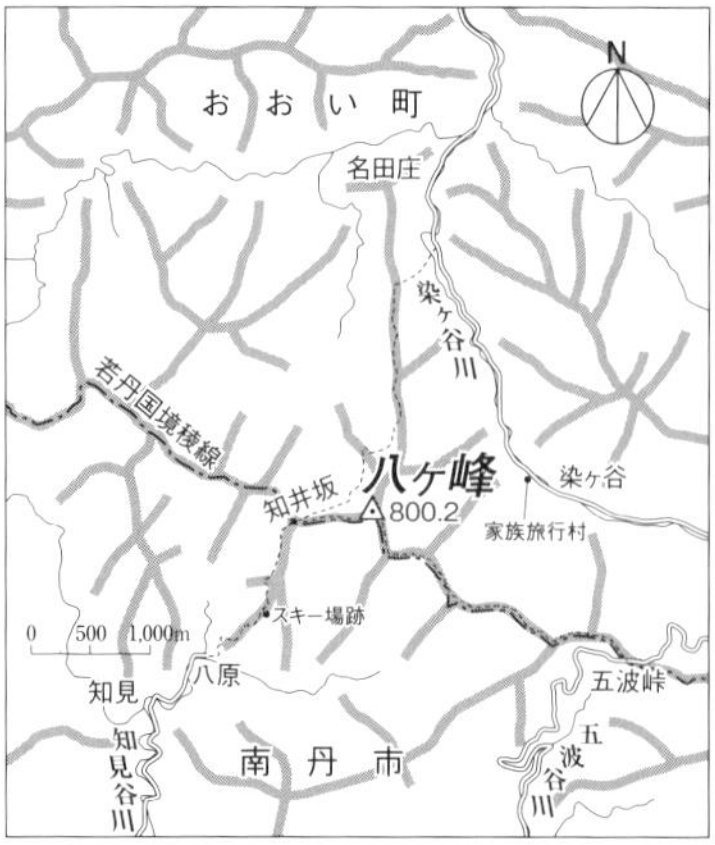

八ヶ峰と若丹国境稜線

植物は雪が多く標高が高いこともあって、植林は山裾からある一定程度の高さまでで、ブナやミズナラをはじめとする広葉樹の自然林が多く、林間は明るい。またその林床には、十年くらい前まではクマザサが生い茂っていたが、急速に枯れてしまい殺伐としている。その分見通しがよくなり歩きやすくなり、ところどころにイワウチワの大きな群落やイワナシを見ることができる。また、六月頃、谷筋にはタニウツギが美しい。

登路　美山町知見から知井坂を経由して登るか、東の五波峠から若丹国境稜線を西に縦走する。この二つのコースが一般的（どちらも約一時間三〇分）。他におおい町の名田庄染ヶ谷にある家族旅行村や知井坂の名田庄側登山口から登ることもできる。山頂からは三六〇度の視界が広がり、比良の武奈ヶ岳や長老ヶ岳等を望むことができる。交通は自家用車使用

地図　五万図「小浜」二・五万図「久坂」

114 オバタケダン　標高七二九・一m

別称　小畠谷山

京都府と福井県の境にある堀越峠の東二km、若丹国境稜線上のほぼ中央にあり、京都府南丹市美山町と福井県大飯郡おおい町との境にある。このピークからは、南に大きな支尾根が派生しており、鉢ヶ峰、白尾山など七〇〇mを超えるピークを連ねている。旧道の堀越峠と山頂のほぼ中間地点から、今は通る人もない福井県の口坂本への登山道「棚野坂」を少し下ると「六地蔵」

がある。棚野坂は、丹波と若狭をつなぐ「鯖街道」の一つで高浜街道と言われ、堀越峠の整備が進むまでは多くの人が通った峠道である。山頂からの展望は、ヒノキの植林やブナなどの広葉樹林に囲まれあまりよくない。

登路　旧道の堀越峠からNTTの無線中継所管理道を行き、近年ササが枯れて歩きやすくなった若丹国境稜線を東に辿ると山頂に達する。（約一時間二〇分交通は自家用車）。

地図　五万図「小浜」　二・五万図「口坂本」

⓫⓹ タケガダン　標高七四三m

若丹国境稜線から白尾山へ延びる支稜のジャンクションピーク「オバタケダン」から南東へ約一㎞のところにあり、南丹市美山町知見と同美山町盛郷にまたがる位置にある。昔はこの辺りを、若狭と結ぶ「西畑越」という峠道が通っていたが、今はところどころに峠道らしき跡が残る程度である。

稜線近くには、大きなブナを含む自然林がよく残っており、心地よい山歩きを提供してくれる。展望は、若丹国境稜線から少し離れていることもあって、冬場なら長老ヶ岳から滋賀県湖北にいたる国境稜線の山々を一望でき、さらにその向こうに白山や遠く立山連峰が確認できる。

登路　美山町知見西畑から前谷に入り、二俣で中央の尾根にある送電線巡視路伝いに登る（約二時間。交通は自家用車）。また、堀越峠からオバタケダン経由で登ることもできる。読図必須。

地図　五万図「小浜」　二・五万図「口坂本」「久坂」

116 三ヶ谷山《みつがたにやま》　標高七〇一・一m

別称　高杭山

南丹市美山町の若狭と丹波を結ぶ堀越峠の南東五㎞、近くの若丹国境稜線上にあるオバタケダンから南の白尾山に続く尾根から東へ派生した一角に三ヶ谷山はある。東に知見谷川が流れ、対岸の奥ヶ追谷山と対峙する。
　山頂からの展望はよくないが、ブナ、ミズナラ等の広葉樹林が素晴らしい。
登路　知見谷西畑の最奥にある民家裏の尾根から独標七二七mのピークを経由して山頂まで縦走する。読図必須（約一時間四〇分。交通は自家用車）。知見谷川本谷と前谷との出合にある尾根からも、直接登ることができるが踏み跡もない。
地図　五万図「小浜」「四ツ谷」
　二・五万図「久坂」「口坂本」「中」

⑰鉢ヶ峰《はちがみね》　標高七七八・六m

別称　不動谷ノ頭　ハチ　杉波谷山　西杉波奥山

　南丹市美山町北と同町盛郷の境にある。若丹国境稜線の堀越峠の東にあるオバタケダンから南へ延びる尾根のほぼ中間部に位置しているが、南にある白尾山が目立ちすぎ、地元でもあまり注目されることがない山である。しかしこの長大な尾根の最高点であることには間違いない。山名は色々な呼び方があるようだが、登山者には鉢ヶ峰の名前でよく知られている。
　白尾山との稜線は、自然林が残されており雰囲気のよい尾根だが、山頂の西側は直下まで植林や雑木に囲まれて、展望はあまりよくない。
登路　美山町北の集落から、白尾山と同じ下谷（北谷）を詰めて峠に登り、尾根を右に辿れば山頂に至る。読図必須（約二時間。交通は自家用車）。
地図　五万図「四ツ谷」　二・五万図「島」

⑱白尾山《しらおやま》　標高七四八・六m

別称　白尾《しろお》

　南丹市美山町の中心部、由良川右岸にある伝統的建造物群保存地域「北」集落の西側にあり、若丹国境稜線から南に派生した尾根の最高峰の鉢ヶ峰の南側に位置する。雪の朝など、由良川に架かる荒倉橋から見上げると真っ白に輝き、その堂々とした姿は見る者を圧倒する。南東側には、近年整備された「蓮如の滝」等があり、短い距離で直接由良川本流に落ち込んでいる。

この山は、茅葺きの里で有名な美山町「北」集落から登ることができるが、登山道が整備されていないためか、登山者は案外少ない。山名の由来は不明であるが、「尾」は山そのものを表わし、「山」は必要がないらしい。美山や京北の方が、山のことを尾といっているのをよく耳にすることがあり、真っ白に輝く堂々とした雪の白尾山を見て、白い山「白尾」と呼ぶようになったのではないだろうか。

荒倉橋から望む白尾山

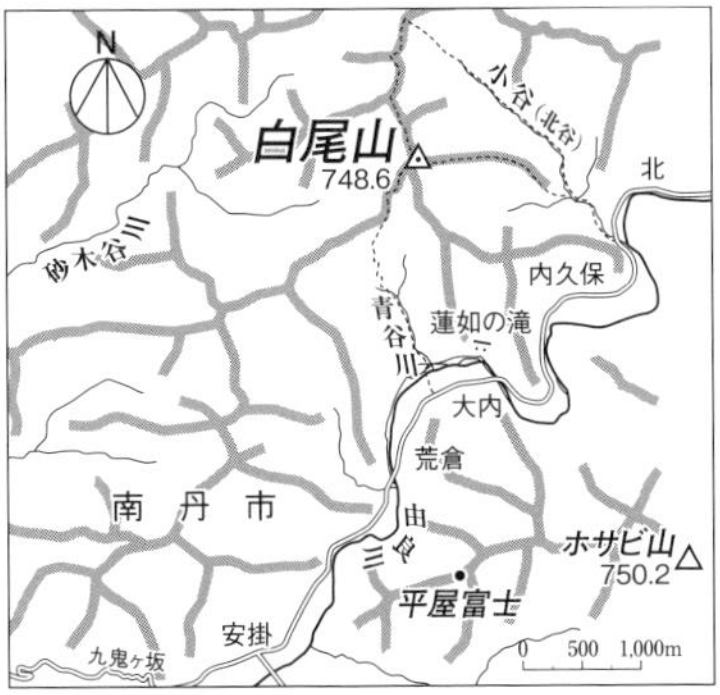

地質は、山頂付近はチャートが東西に延びており、山麓の由良川右岸にも同様に見られる。この部分を除くと他の丹波山地と同様にチャート・砂岩レンズ状岩体を含んだ頁岩を主とした地質で構成されている。山麓は植林されているが、ブナ、ミズナラ、カツラ、ホオなどの自然林がよく残っており、明るく気分がよい。秋は紅葉が見事で、とくに荒倉橋から見る一面の紅葉は一見の価値がある。

登路 北から小谷（北谷）川沿いに登り、白尾山と鉢ヶ峰を結ぶ稜線の峠から南に登る。

猪血谷や南面の青谷から登ることもできるが、いずれにしろ踏み跡程度で、道が途切れる箇所もあり一般的とはいえない。（山頂まで約一時間三〇分）。交通は、南丹市営バスがあるが、自家用車を使用する方がよい。

地図 五万図「四ッ谷」 二・五万図「島」

⑲ トチワラ　標高六七四・五m

別称　中山　栃原《とちわら》

南丹市美山町安掛の北二kmの地点、若丹国境稜線のオバタケダンから南に延びる支稜線上の、南丹市美山町高野と同荒倉にまたがる位置にある。

山名の「トチワラ」は、西側山麓の小字名「栃原」に因んでそう呼ばれているようである。この山は標高も比較的低く、里から近いためか、山頂まで随所にスギ、ヒノキが植林されており、自然林は少ない。山頂からの展望は、あまり良くないが、北西方向に切り開きがあり、若丹国境の頭巾山や高庵、天狗畑などが見渡せる。

登路　栃原の集落から栃原谷に入り、両俣の中間尾根の末端にある小さな祠の脇から忠実に尾根を辿ると山頂に達する。読図必須（約一時間四〇分。交通は自家用車）。栃原谷の林道から集落一帯は厳重な鹿除けネットが張られているので、決められた場所以外から山へ入ることは不可能。集落外れの左の斜面に登り、水路沿いに進むとネットの外に出ることができる。

地図　五万図「四ツ谷」　二・五万図「島」

⑳西谷（点名）にしたに　標高六七五・二m

堀越峠の西約一㎞の若丹国境稜線上にあり、京都府南丹市美山町と福井県大飯郡おおい町にまたがっている。

若丹国境稜線には、京の都と若狭を結んだいくつもの峠道（「鯖街道」）が通っていて、堀越峠や横尾峠、熊壁坂や棚野坂など、多くの街道の跡が今もその面影を残している。稜線には、ブナやミズナラなどの自然林がよく残されているが、二次林のためか小振りな樹木が目立つ。

山頂は刈り払いがされ、西方間近に頭巾山から高庵、天狗畑、地蔵杉等が望めるほか、南の白尾山から丹波高原や若狭の山々など、三六〇度の展望がきく。

登路　旧道の堀越峠から西へ若丹国境稜線伝いに進めば、山頂に達する（約六〇分。交通は自家用車）。

地図　五万図「小浜」　二・五万図「口坂本」

⑫①福居 (点名)ふくい　標高六一八・八m

若丹国境稜線の堀越峠の西にある小さなピークから、山森川が棚野川の合流点に達する短い尾根上にある三角点ピーク。南丹市美山町盛郷に位置する。

棚野川に面する東面は傾斜が急であるが、山頂近くまで植林がされており、南面から西面にかけては比較的緩斜面が続く。山頂は雑木林に覆われ、冬場なら木々の間から若丹国境稜線の頭巾山から、その支稜上にある長老ヶ岳へ続く山々を見ることができる。

登路　同町盛郷の庄田から、正面の谷を登り二俣で左へ進むと鉄製の橋を渡る。この橋の先五〇m程のところから左の尾根の踏み跡を登ると尾根に出る。そのまま尾根を辿ると山頂に達する。読図必須（約一時間四〇分。交通は自家用車）。

地図　五万図「小浜」　二・五万図「口坂本」

⑫②鶴ヶ岡 (点名)つるがおか　標高六一二・〇m

若丹国境稜線の頭巾山から長老ヶ岳へ延びる途中から、南東へ延びる尾根末端付近にあり、南丹市美山町鶴ヶ岡の北約二kmに位置する。

この山の南裾にある船津の集落に面する斜面は、傾斜が急で、中腹より上部は自然林が伐採されずによく残っている。また、山頂付近は、傾斜の緩い自然林の台地になっており、冬場なら木々の間からゆっくりと周囲の山々が観察できる。若丹国境の奥に頭巾山、その横に高庵がピラミダルな姿を見せている。北東に見えるオバタケダンとタケガダンは、同一の山かと見間違うような緩い稜線でつながれている。

登路　船津集落から鹿除けネットを越えて左の尾根へと作業道を進み、尾根を忠実に登ると比較的容易に登ることができる。読図必須（約一時間一〇分。交通は自家用車）。

地図　五万図「四ツ谷」「小浜」　二・五万図「島」

column 3

若狭から京都への峠道

若狭から京都へ向かう街道・峠道は、広大な丹波高原を通過するだけに、幾つもの峠と村落を繋いで成り立っていた。その代表が今日「鯖街道」と呼ばれるもので、若狭からの海産物が人の背や馬によって運ばれた。京都の北東側の入口にあたる大原口（出町）と北西側の長坂口がよく知られている。

「京は遠ても十八里」といわれたように、若狭の中心地である小浜から京都へは、どのルートを使っても70～80㎞の距離であり、漁場から午前中に熊川宿へ到着した荷物は翌日京都の朝市に並べられた（近世の例（『稚狭考』による））。一塩の鯖がほどよい状態で届く流通システムは、京都の食文化に大きな役割を果たしている。逆に、若狭の社会や経済・宗教に与えた影響も大きい。

主要ルートから派生する峠道も多く、目的地や時間的な要因で人と物資の往来は変化に富む。木地山峠・クチクボ（ナベクボ）峠・野田畑峠・横尾峠・尼来峠などがよく知られていた。途中の村落も地域的な役割があり、時代によって盛衰が見られる。

京都北山の美しい自然と穏やかな風土に魅せられた金久昌業氏は、著書『北山の峠（上・中・下）』で一〇〇の峠を取り上げ、若狭・丹波・京都をつなぐ街道（峠道）を六つに分けて京都側から紹介している。

・敦賀街道＝原峠―江文峠―山城峠（途中越）―花折峠―水坂峠―小浜

高野川の川筋に道が開かれてからは、八瀬を経て大原へ

・鞍馬街道とその延長＝原峠―杉峠（江戸時代は百井経由）―フジ谷峠―オグロ坂―小川越（江戸時代は丹波越）―根来坂（針畑越）―小浜　そのほか、佐々里峠・天狗峠―権蔵坂・杉尾坂

・雲ヶ畑街道とその延長＝車坂―満樹峠―薬師峠―尾栈敷（ナベクロ峠？）―コシキ峠―トラゴシ峠―品谷峠―五波坂・権蔵坂―小浜　そのほか、祖父谷峠―卒塔婆峠

・小浜街道＝長坂越―京見峠―縁坂峠―茶呑峠―狭間峠―深見峠―知井坂―小浜　そのほか、雲月坂・伏見坂―河原峠

・高浜街道＝周山まで小浜街道と同じ―漆谷峠―神楽坂―棚野坂―石山坂峠―福谷坂峠―高浜

・舞鶴街道＝鶴ヶ岡まで高浜街道と同じ―洞峠―菅坂峠―舞鶴　そのほか、大栗峠

◎参考図書

『北山の峠（上・中・下）』　金久昌業　昭和53・54・55年　ナカニシヤ出版

『旅と交通の民俗』　北見俊夫　1970年　岩崎美術社

『近江山辺の道―湖東山辺の道・比叡山と回峰の道―』　淡海文化を育てる会　2001年　サンライズ出版

（竹内康之）

column 4

芦生《あしう》原生林《げんせいりん》

福井県と滋賀県に接する由良川源流域に、近畿地方でも有数の広葉樹林が広がっている。多くは自然林の伐採後に再生した二次林だが、森林が形成されてからほとんど人手が加わっていない原生的な林も含まれている。面積はおよそ二、〇〇〇ヘクタールあり、丹波帯と呼ばれる砂岩や泥岩（頁岩）の地層に急峻な斜面や滝がつくられ、由良川本流筋を中心に美しい風景が展開する。

周辺を含め約四、二〇〇ヘクタールが京都大学・芦生研究林になっており、１９２１（大正一一）年に旧知井村（南丹市美山）の九ヶ字に跨がる共有林を、九九年間の地上権を設定して借り受けた演習林がはじまりであった。

気候区分は日本海型から太平洋型に移行する環境で、植生も暖温帯林から冷温帯林の移行帯になっている。そのため植物の種類も多く、亜種を含む木本植物が２４３種、草本植物が５３２種、シダ植物が85種記録されている（「芦生研究林」ウェブサイト）。著名な分類学者だった中井猛之進博士が「植物ヲ學ブモノハ一度ハ京大ノ芦生演習林ヲ見ルベシ」（一九四一年）と記したほどで、アシウテンナンショウなど学術的に貴重なものも多い。

標高六〇〇m付近まではコナラやウラジロガシなどが多く、それ以上の標高（最高峰は三国岳の九五九・一m）になるとブナ・トチノキ・ミズナラなどが主体になる。それらの木々の間にアシウスギ（ウラスギ）の巨木が混じり、独特の景観を見せている。

林内には動物も多数棲息しており、ツキノワグマ・カモシカ・ニホンジカなどの大型からヤマネなどの小型哺乳類が確認されている。鳥類・爬虫類・両生類・魚類なども同様である。

芦生研究林全域が、「京都丹波高原国定公園」（二〇一六年指定）の核心部にあたり、原生林エリアが第一種特別保護地域に指定された。規定にしたがって徒歩で入林する必要があり、10名以上の場合は自粛を要請される。

◎問い合わせ先＝京都大学フィールド科学教育研究センター森林ステーション芦生研究林（TEL０７７１・７７・０３２１）

◎参考図書
『京都の秘境・芦生―原生林への招待―』
渡辺弘之　昭和45年　ナカニシヤ出版

（竹内康之）

⑫③ 頭巾山《とうきんざん》

標高八七一・〇m

別称　頭巾山《ときんやま》　銅禁山

下小屋ヶ谷付近から見た頭巾山（右のピーク）

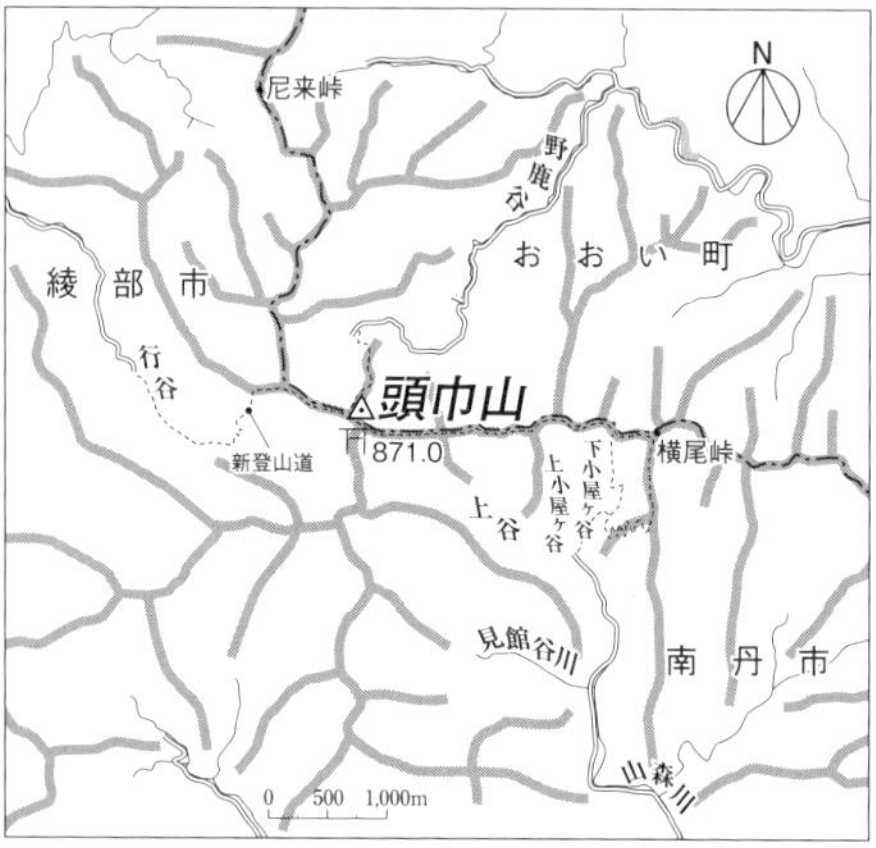

京都府と福井県の府県境を東西に走る若丹国境稜線の西端に位置し、福井県大飯郡おおい町と京都府南丹市美山町、京都府綾部市との三市町の境となる。

山名は、山頂の形が山伏が被る頭巾に似ていることからその名がついたとか、山頂の手水鉢に「銅禁山大権現」と刻まれているところから、銅禁山が頭巾山になったのではないかとの説があるが定かではない。

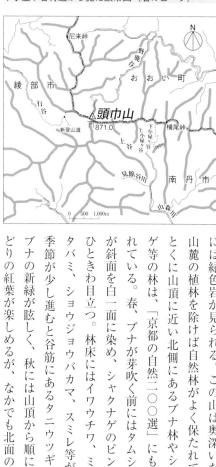

山頂には、雨の神「十二社大権現」（青葉権現）が祀られており、小さな避難小屋もある。四月には、山頂に接する地元綾部市奥上林《おくかんばやし》の古和木《こわき》や美山町山森、おおい町名田庄納田終《のたおい》の住民の方々により祭礼が行われている。

地質は、山頂付近のほとんどはチャート・砂岩レンズ状岩体を含んだ頁岩を主とした地質であり、北西面には緑色岩が見られる。この山は奥深いためか、山麓の植林を除けば自然林がよく保たれており、とくに山頂に近い北側にあるブナ林やシャクナゲ等の林は、「京都の自然二〇〇選」にも選定されている。春、ブナが芽吹く前にはタムシバの花が斜面を白一面に染め、シャクナゲのピンク色がひときわ目立つ。林床にはイワウチワ、ミヤマカタバミ、ショウジョウバカマ、スミレ等が咲き、季節が少し進むと谷筋にあるタニウツギの花やブナの新緑が眩しく、秋には山頂から順に色とりどりの紅葉が楽しめるが、なかでも北面の紅葉が素晴らしい。

登路　一般的な登山道として、南丹市美山町山森から下小屋ヶ谷の林道を利用して若丹国境尾根に出て、稜線沿いに登る登山道（約二時間）と、綾部市奥上林古和木からの新登山道（約一時間）がある。昔はよく利用された上谷沿いの登山道は、登る人も少なく荒れてしまいほとんど廃道となった。

福井県側からは、おおい町名田庄から野鹿林道を利用して登ることができるが、林道からの取り付きに注意が必要である。アプローチは、ともに自家用車を使用するのがよい。

地図　五万図「小浜」　二・五万図「口坂本」

⑫④天狗畑《てんぐばた》　標高八四八・二m

若丹国境稜線の頭巾山から派生し、長老ヶ岳に延びる長大な尾根上の、南丹市美山町と綾部市故屋岡町の境界にある。頭巾山から北西に同じような高さの稜線が続いた約三・五km地点に位置しているが、山麓からは注意して見ないと分かりづらい。

東面からは棚野川の支流西川、西面からは上林川の支流古和木川が流れ出し、ともに由良川に注いでいる。山頂付近の稜線は、ブナやコナラ、ミズナラの美しい自然林が続いている。

登路　洞谷林道を行き、途中右に折れて山頂の南方にある洞峠から稜線伝いに登る。峠からは不明瞭な踏み跡になる。読図必須（洞峠登山口から約二時間三〇分。交通は自家用車）。

地図　五万図「小浜」　二・五万図「口坂本」

⑫⑤高庵《たかいお》　標高八〇一・二m

別称　高庵山《たかいおやま》

若丹国境稜線にある頭巾山の南約二・五km、独標八三五mピーク付近から南東へ延びる尾根上の、南丹市美山町福居と同豊郷にまたがった位置にある。あまり目立たない山であるが、棚野川の対岸にある白尾山付近から見ると、そのピラミダルな姿に登高意欲をそそられる。山麓は、広く植林がされているが、六〇〇m付近から上部はナラ類の自然林がよく残されている。展望は期待できないが、冬場であれば木々の合間から頭巾山や天狗畑を望むことができる。

登路　洞集落の西川左岸にある愛宕神社参道から登り、独標六六一mを経由して登る。神社から上部の登山道は不明瞭　読図必須(約二時間。交通は自家用車)。

地図　五万図「小浜」　二・五万図「口坂本」

126 地蔵杉《じぞうすぎ》　標高八九八・八m

別称　東谷川岳

頭巾山から長老ヶ岳に延びる長大な稜線のほぼ中間部にあり、南丹市美山町と船井郡京丹波町の境、南丹市美山町鶴岡の西五kmに位置する。山の北側には、洞谷が深く入り込み音滝を懸けている。音滝の下流には、木々の間に見え隠れする明神の滝を懸けた吉谷がこれまたV字谷をなして奥深く食い込んでいる。この吉谷は数多くの滝を有し、沢登りの対象として知られている。

山頂からの展望は、あまりよくないが、付近はブナやミズナラの天然林が素晴らしい。地蔵杉という名は、山中にあるスギの大樹に由来するらしい。

登路　洞谷を詰めて音滝の上流から沢を渡り右岸の尾根に取り付く。道は不明瞭でわかりにくい。とくに下りは山頂からこの尾根に入るところが間違いやすいので注意すること。また、吉谷に迷い込んでしまうと下ることができないので十分に注意が必要。読図必須(尾根の取り付きから約一時間四〇分。交通は自家用車)。

地図　五万図「小浜」「四ツ谷」
二・五万図「島」「口坂本」

127 念仏《ねんぶつ》　標高七二六・八m

別称　奈良井山《ならいやま》　棚岳《たなだけ》

頭巾山から長老ヶ岳に至る稜線上にある地蔵杉から、南東へ派生する尾根のほぼ中間点、南丹市美山町高野に位置する。

登山者の間では山名を「念仏」と呼ぶのが通例のようであるが、南側にある奈良井沢では「奈良井山」と呼び、念仏とは言わないそうだ。この山は、集落から奥まったところにあるので、比較的自然林が良く残されているが、その分、登るのには苦労を強いられる。また山頂からの展望は、この付近の山同様、ほとんど期待できないが、山頂の北にあるピークには関西電力の電波反射板が設置され、東から南東方向が伐り開かれて、奥深い丹波高原の山々を眺められる。

登路　美山町高野今宮地区から奈良井谷林道を進む。右の支線に入って右からくる谷の作業道を詰めてコルに出て、稜線を右に進むと反射板があって山頂に達する。読図必須（林道入口から約二時間三〇分。交通は自家用車）。

地図　五万図「四ツ谷」　二・五万図「島」

⑫⑧高野《たかの》　標高五五〇・三m

別称　津向山《つむかいやま》

頭巾山から南へ長老ヶ岳に至る稜線上の、地蔵杉から南東へ派生する尾根の末端、南丹市美山町高野今宮に位置する。国道161号の今宮付近から急な登山道が続く山である。山名に津向山とあるが、地元では特別名前をつけて呼ぶことはないという。登山道のある尾根筋から山頂にかけては自然林が良く残っているものの冬場を除けば展望は良くない。山頂手前に東側の白尾山や鉢ヶ峰などがよく見える伐り開きがある。

登路　今宮の集落から奈良井谷林道を一〇〇m程進むと、小さな社の反対、右側の植林へ入る道がある。この道から尾根筋に出て、尾根を忠実に進むと山頂に達する。読図必須(約一時間一〇分。交通は自家用車)。

地図　五万図「四ツ谷」　二・五万図「島」

⑫⑨ 小淵《おぶち》　標高五四六・八m

南丹市美山町三埜と同町音海にまたがり、川谷川と音海谷川に水を分ける尾根上にある。南西側には向山が、北西の尾根の先には長老ヶ岳がそびえており、山頂はマツと雑木に覆われ展望もよくない。

南麓の由良川には、昭和三六年に完成した洪水調整と発電を行う多目的ダム「大野ダム」がある。今ではダム湖畔は桜と紅葉の名所となり大勢の人で賑わう。小淵の集落にある宝泉寺には長老ヶ岳と関係がある薬師如来伝説がある。

登路　大野ダム湖畔から音海集落の途中にある林道を右に入る。終点から登山道を鞍部まで登り、左に巻き道を辿り谷を詰めて尾根に出る。あとは尾根を登れば山頂に達する。読図必須（約一時間三〇分。交通は自家用車）。

地図　五万図「綾部」　二・五万図「和知」

⑬⑩ 長老ヶ岳《ちょうろうがたけ》　標高九一六・八m

別称　長老山

船井郡京丹波町（旧和知町）と南丹市美山町にまたがる丹波高原のほぼ中央に位置し、その堂々たる姿は丹波高原の盟主にふさわしく、地元では親しみをこめて「ちょうろうさん」と呼んでいる。小学校では校歌にも歌われ、子供の頃からこの山に親しんでいることが伺える。

南丹市美山町大野付近から見る長老ヶ岳

北東に続く尾根は地蔵杉などを越えて若丹国境稜線の頭巾山へと続いている。山頂は無線中継施設が連立しているが、平安時代、山頂付近には密教寺院が百余りもあったと言われる。しかし寺院は焼き討ちにあい、多数の仏像は北山麓の仏主《ほどす》の集落に運び降ろされたと伝えられている。このことから「仏主」と呼ばれるようになったという。

地質は秩父古生層で丹波層群と言われ、山頂北東にある東屋付近に部分的に輝緑凝灰岩が見られるが、丹波高原は地殻変動が少なく比較的安定しており、砂岩レンズ状岩体を含んだ頁岩、チャートなどの海成層で形成されている。

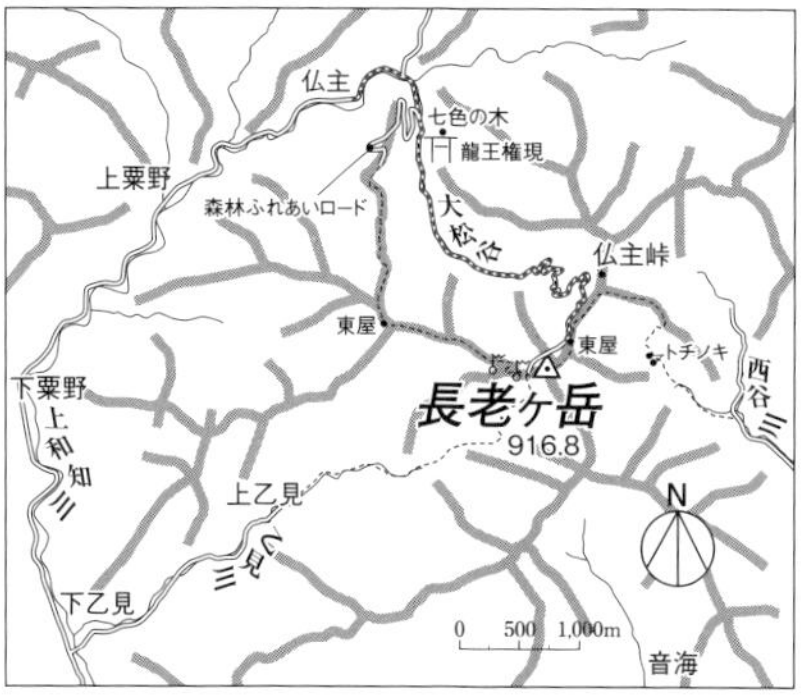

この山ではスギ・ヒノキの植林が目立つが、稜線近くは若丹国境稜線に近い植生で、ミズナラ、ヤマモミジ、タムシバ等に混じってトチ・ブナ等の大木もある。林床にはイチリンソウ、ショウジョウバカマ、イワカガミ、イワウチワ、ササユリ、ツツジなどが見られ、新緑や紅葉の季節には目を楽しませてくれる。また、シャクナゲの群生する場所もある。

登路　南丹市美山町三埜《みつの》からは近畿自然歩道を使い登ることができる。仏主峠南にある東屋で、仏主からの車道と合流するが、尾根筋の登山道を登る（約二時間）。

京丹波町の上乙見集落からは、西尾根を登る（約一時間五〇分）。

京丹波町仏主集落からは「森林ふれあいロード」を登る（約一時間三〇分。交通は、共に自家用車使用）。なお、大松谷沿いの無線施設管理道路を登ることもできる。

地図　五万図「綾部」二・五万図「和知」

131 仏岩　ほとけいわ　標高七三〇m

船井郡京丹波町塩谷と同町上乙見、および南丹市美山町樫原にまたがり、長老ヶ岳から和知富士に続く尾根の途中にある。塩谷の集落から眺めると、行政界尾根の先に小さなピークとして見ることができる。
山頂付近は広葉樹の疎林で、冬場の展望がよく、対岸の山々や、長老ヶ岳などを見わたすことができる。山頂近くに仏様に似た小さな三つの岩がたたずんでいるところから、仏岩と呼ばれるようになった。

登路 塩谷集落の坂谷川砂防堰堤から、樫原へ越える尾根道を頂上まで登る。頂上直下は岩稜となるので注意が必要。読図必須（砂防堰堤から約一時間三〇分。交通は自家用車）。

地図 五万図「綾部」 二・五万図「和知」

⑬2 和知富士《わちふじ》 標高六七五・〇m

別称 奥山谷の頭 奥山

船井郡京丹波町塩谷、大迫および上乙見にまたがり、長老ヶ岳から南西に続く尾根末端にあり、上和知川を挟んで恐入道の東に対峙する。点名の「大迫」は、上和知川が由良川と合流する場所にある集落名を付けたものである。下流にある関西電力和知ダムのバックウォーターがこの集落付近まで達している。
和知富士は、同町市場付近から見ると、三角形をした均整の取れた形をしており、小さいながらも「富士」の名にふさわしい。山頂は雑木に囲まれ、展望はよくない。

登路 大迫集落の北にある林道を使って、支尾根に取り付き南に延びる尾根を登る。忠実に辿れば山頂に達する（約一時間三〇分。交通は自家用車）。山頂から長老ヶ岳へ縦走もできる。読図必須。

地図 五万図「綾部」 二・五万図「和知」

⑬3 タカノス 標高五六〇・四m

船井郡京丹波町上粟野と同西河内にまたがり、旧和知町と綾部市の行政界尾根から派生した支尾根上にある。恐入道の北側にあり、上和知川を間に挟んで東の長老ヶ岳と対峙する。点名は「粟野」で、東麓にある粟野集落から来ている。
山頂付近の南面はヒノキが植林されており、北側は雑木に覆われていて展望はよくない。山頂から北北西に延びる尾根には長大な林道が走っている。

登路　下粟野集落の和知第三小学校（閉校）側の地蔵院付近から治山ダム工事用道路を終点まで登り、伐採地を急登する。南に延びた尾根を辿ると山頂に達する。読図必須（約一時間一〇分。交通は自家用車）。下山に林道を利用しようとすると長時間の歩行になる。

地図　五万図「綾部」　二・五万図「和知」

⑬④ 坂原山《さかはらやま》　標高五一一・四m

船井郡京丹波町坂原と同西河内にまたがり、恐入道から北西に派生する尾根上にある。日本海に流れ込む由良川を間に挟んで三峠山と対峙する。

点名「坂原」は、同町の由良川沿いに点在する集落の一つ、坂原集落から来ている。この坂原集落の最奥付近には京都大学理学部和知地震観測室および気象庁津波地震検知網和知観測局が設置されている。

山頂は、西側斜面はヒノキが植林されており東側は雑木林が広がっている。冬場に限れば、東方に位置する長老ヶ岳や和知富士などが、木々の合間からかすかに望める。

登路　坂原集落の奥にある林道栗の谷線から左に分岐する支線を終点まで行き、送電線巡視路を急登して鉄塔から尾根を辿れば山頂に着く。読図必須（林道ゲートから約一時間。交通は自家用車）。

地図　五万図「綾部」　二・五万図「和知」

⑬⑤ 恐入道《きょうにゅうどう》　標高六二八・七m

別称　京入道　京入道山《きょうにゅうどうさん》

船井郡京丹波町にあり、上和知川を間に挟んで和知富士の西側にあり、ＪＲ和知駅北東三kmに位置する。

国道27号を京都市方面から旧和知町に入ると最初に目に入る山が恐入道である。由良川と高屋川が合流する升谷集落付近からは、恐入道、和知富士、権現山、鉢伏山、といいし山および空山と、多くの山を望むことができる。残念ながら長老ヶ岳は前尾根に隠れて姿を見せない。旧和知町は林業が盛んなため西面の山腹には林道がうねうねと続いている。三角点名の篠原は南東側にある集落名である。

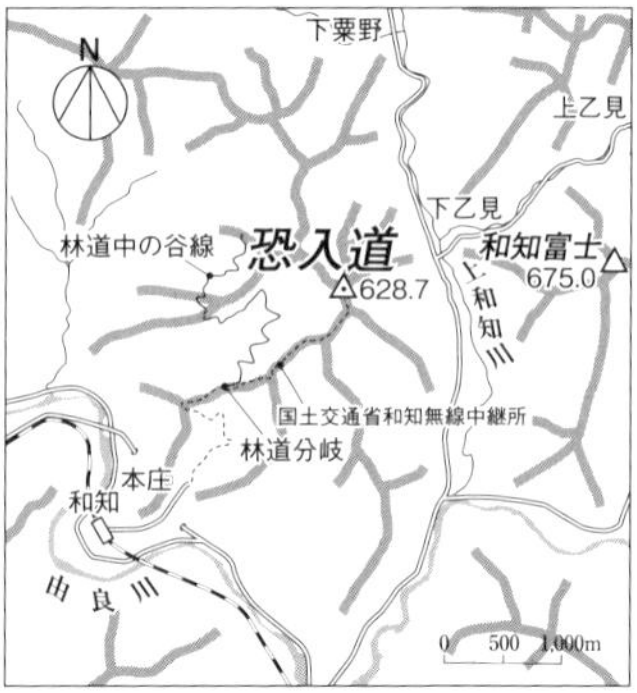

登路　本庄集落の林道中の谷線を標高約三四〇mまで登り、南西尾根の幅約一mのよく踏まれた山道を独標四七六m付近で左折する。使われていない国土交通省和知無線中継所を過ぎ、ブナ、ミズナラが混じる広葉樹の疎林の尾根を登る。読図必須（林道始点から約一時間四〇分。交通は、JRまたは自家用車）。頂上の西側はヒノキの植林、東側は広葉樹の雑木林である。なお、北西尾根の独標五八二m付近まで林道が延びてきている。

地図　五万図「綾部」　二・五万図「和知」

⑬⑥大段谷山　おおだんたにやま　標高七九五・一m

別称　大段《おおだん》　一ノ谷山

京都市左京区花脊と南丹市美山町を結ぶ府道広河原美山線の佐々里峠の北西二・五km。美山町芦生、白石地内に位置し、淀川水系と由良川水系とを分ける分水嶺の支尾根上にある。東側は京都大学芦生研究林に隣接し、北側には由良川本流、西側には佐々里川が流れている。

段のつく地名は、台地や平地状の山頂を持つ山を表すが、この山も標高七三〇mの佐々里峠から八四〇mのピークを越えてほとんど起伏のない緩やかな尾根が続く。尾根の両側にはブナやミズナラ等の広葉樹が多い。

登路　佐々里峠から尾根伝いに登る（約一時間一〇分）。京都大学芦生研究林事務所から軌道を歩き、灰野から登ることもできる（約一時間三〇分。交通は自家用車）。

地図　五万図「四ツ谷」　二・五万図「中」

⑬⑦品谷山《しなだにやま》

別称　中ノ谷山　八丁山　西谷山

標高八八〇・七m

京都市右京区京北と南丹市美山町にまたがり、その頂は奥深く、里からはほとんど望むことできない。

山頂は、由良川の支流佐々里川が八丁川と名を変え、大きく東へ回り込んだその先に位置する。品谷山の山名は、昭和九年の豪雪をきっかけに、廃村となった八丁集落から美山町佐々里に通じる品谷峠からきている。

八丁側一帯は広く緑色岩に密接に伴うチャートに覆われ、北面の美山側は丹波山地に多いチャート・砂岩レンズ状岩体を含んだ頁岩を主とした地質である。

この辺り一帯は自然林がよく残り、佐々里峠から続く尾根筋にはブナの美林を見ることができる。とくに山頂付近から品谷峠辺りのブナ林の紅葉は美しい。

山頂の南に位置する八丁川沿いの狭い平地には、今は廃村となった八丁集落の面影が残っている。この八丁の地は、中世から知井と弓削本郷の間でしばしば山論が続いていた。明治になって五戸五家族に、京都府により所有権が認められ、長い山論の歴史が終焉したのだったが、昭和八（一九三三）年末から九年にかけて降った大雪により、村人は食料も欠乏する中、次々とをこの地を去り、ついに昭和一一年（一九三六年）に最後の一戸が村を離れ、廃村となった。

登路　京都市の花脊側からは、京都

佐々里峠付近の車道からの品谷山

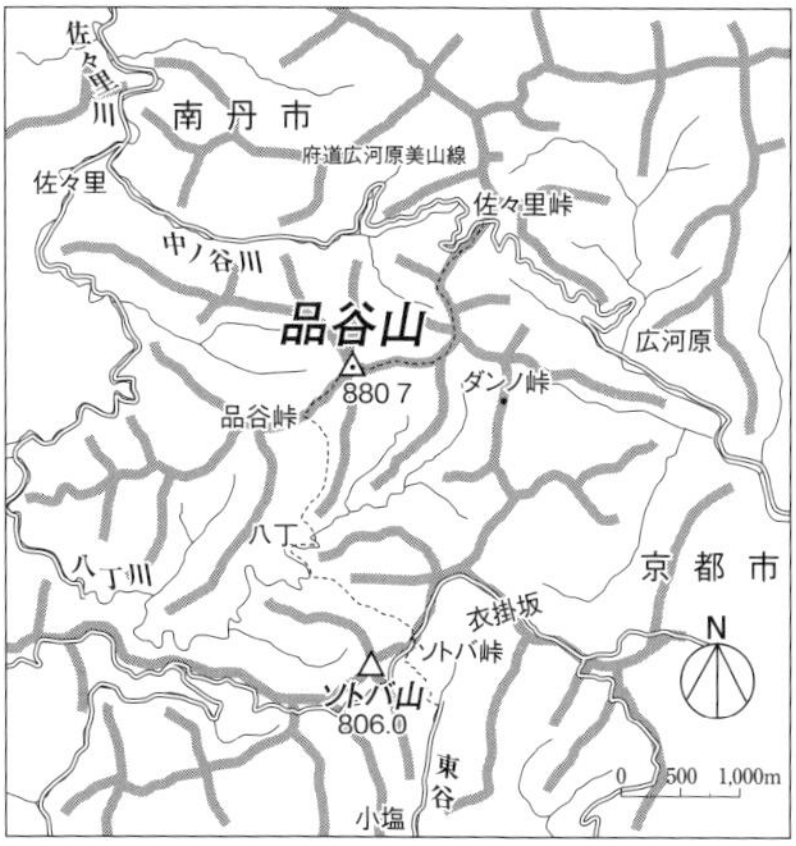

バスを利用して、広河原からダンノ峠を経由（約二時間）するか、府道広河原美山線の佐々里峠から尾根伝いに登る道がある。（約一時間三〇分）。このコースは、稜線伝いに踏み跡を辿るため道迷いに注意が必要である。右京区京北からは、距離は長いが山国小塩からソトバ峠、廃村八丁を経由して登ることができる（約一時間三〇分。交通は自家用車使用）。往時の廃村八丁を偲びながら山頂を目指すには、このコースがよい。

地図　五万図「四ッ谷」二・五万図「中」

⑱ソトバ山　標高八〇六・〇m

別称　衣懸山《きぬかけやま》　滝ノ谷　タキノタニ

淀川水系と由良川水系を分ける中央分水嶺上にある。京都北山の脊梁、鴨瀬芦谷山の東にあり、京都市右京区京北小塩町に位置する。この山のすぐ東には、京北小塩町と今は廃村となった八丁とを行き来するソトバ峠があるが、丹波広域基幹林道の開通に伴い、昔の面影はなくなった。「ソトバ」とは、あまりよい名前ではないが、この峠から八丁川へ少し下ると昔の集落のお墓などが残っており、杉林の薄暗さも手伝ってあまり気分のよいところではない。しかし、名前に反して峠は明るく、気持ちの良い場所である。

登路　小塩町から小塩川東谷を詰め、途中で右岸に渡りソトバ峠に登る。あとは稜線伝いに登ると山頂に着く（徒渉点登山口から約一時間。交通は、自家用車）。

地図　五万図「四ツ谷」二・五万図「上弓削」

⑲ババダン　標高六七六・八m

別称　小塩山《こしおやま》　カラタキ　ユルメダ　パレアナ山

京都北山の脊梁にある衣懸峠付近から、南へ京北小塩町の小塩川の左岸に沿って延びる尾根の中間近くに位置している。東側には京北上黒田町の中食谷が入り込んでいる。

山名「ババダン」の名称は、旧京都府北桑田郡京北町小塩の小字名「馬場谷」によるものである。

登路　小塩側から登るのが近い。登山道はないがどの尾根からでも登ることができるし、下ることもできる。小塩川が東谷、西谷に分かれる二俣の左岸にある尾根を忠実に辿ると山頂に達する。読図必須（約一時間三〇分。交通は自家用車）。

地図　五万図「四ツ谷」　二・五万図「上弓削」

⑭オークラノ尾　標高八二六・三m

別称　大倉谷山《おおくらたにやま》　オノクラ

南丹市美山町の中心部にあり、由良川水系と淀川水系を分ける、中央分水嶺上にある掛橋谷山から北へ延びる尾根にある。しかし、この尾根は分水嶺よりも標高の高い八〇〇mを越える部分が北水無峠付近から最高点のオークラノ尾まで続き、そこから一気に由良川まで落ち込んでいる。この急傾斜の部分には、山頂からカラト谷が深く険しく切れ込み、沢登りに絶好のフィールドとなっている。また、由良川本流には北桑十景の一つ「唐戸の渓谷」をつくりだしている。

登路　美山町江和《えわ》の集落から民ヶ谷林道を詰め、左から谷が合流するところの尾根を登る。登山道は不明瞭であるため注意が必要。読図必須（支谷の出合から約二時間。交通は自家用車）。

地図　五万図「四ツ谷」　二・五万図「中」

⑭ハナノ木段山《はなのきだんやま》　標高七〇三・九m

南丹市美山町佐々里集落から佐々里川を挟んだ西一km地点にある。この山からオークラノ尾までの稜線は、標高八〇〇m台の稜線が続き、ブナやミズナラの気持ちのよい雑木林が続く（登山道なし）。

登路　佐々里川とその支流「道ノ谷」が合流するところから尾根伝いに登るが、全く不明瞭な踏み跡を辿るので、読図は必須である（約一時間二〇分。交通は自家用車）。

地図　五万図「四ツ谷」　二・五万図「中」

⑭② 奥八丁山《おくはっちょうやま》　標高七五二m

この山は南丹市美山町佐々里にある。城丹国境尾根の掛橋谷山から北に延び、オークラノ尾へ至る尾根の東側にあり、東側は八丁川が北に向かって流れている。京都市右京区京北から見れば、現在の廃村八丁の北にある品谷山（八丁山）の奥にあるから奥八丁山と呼ばれたのだろうか。

山頂への登山道はなく適当に登るが、山頂付近はなだらかな地形で三角点もないため、山頂を特定することが難しい。しかし、その分登山者はほとんどなく、静かな登山が楽しめる。

登路　八丁林道に架かる八丁橋の先にある掛橋谷の入口から適当に右の尾根を登る。登山道も踏み跡もないが、ササは枯れており、傾斜もさほどきつくないので困難ではない。読図必須（約一時間一〇分。交通は自家用車）。また、東の山麓にある佐々里スキー場跡からや、丹波広域基幹林道から掛橋谷山を経由しても登れる。

地図　五万図「四ツ谷」　二・五万図「中」

⑭③ 掛橋谷山《かけはしたにやま》　標高七六五・五m

別称　カヤンダン

京都北山の脊梁中心部の、淀川水系と由良川水系とを分ける中央分水嶺にあり、京都市右京区京北と南丹市美山町にまたがる。山頂の西方を国道162号の深見峠がトンネルで通過し、船井郡京丹波町蕨と京都市左京区花脊大布施町を結ぶ、丹波広域基幹林道が山頂の西側を通り、深見峠や八丁峠から林道伝いに登ることができる。

登路　国道162号登山口から男鹿谷を詰めて登るが、近年登る人も少なく注意が必要（約二時間）。深見峠や八丁峠から林道を登ると、共に約一時間一〇分から一時間四〇分。読図必須（交通は自家用車。林道は通行禁止）。

地図　五万図「四ツ谷」　二・五万図「中」「上弓削」

144 鴨瀬芦谷山　かもせあしたにやま　標高七七八・〇m

別称　シライシ　鴨瀬山《かもせやま》

京都北山の脊梁、淀川水系と由良川水系とを分ける中央分水嶺のソトバ山の西にある。ソトバ山と同様に、由良川の支流佐々里川の東へ回り込んだ八丁川の上流域、廃村八丁の南西に位置し、京都市右京区京北上弓削町と同小塩町にまたがっている。近年、丹波広域基幹林道が頂上の真下を通り、林道から数分で登れる。

登路　鴨瀬谷口から八丁林道を行き、八丁大道の登山口から約一時間三〇分、小塩町からコシキ峠経由で約二時間三〇分で登れるが、道は荒れており読図は必須。八丁峠から丹波広域基幹林道を登ることもできる。交通は自家用車。

地図　五万図「四ツ谷」　二・五万図「上弓削」

145 千谷山　せんだんやま　標高六四四・七m

別称　センダン　ハラヤマ

千谷山は「センダン」とも呼ばれる。淀川水系と由良川水系とを分ける中央分水嶺にある鴨瀬芦谷山から、南へ延びる尾根の一角に位置して、京都市右京区京北上弓削町と、同じく京北井戸町にまたがっている。近くには、九重桜で有名な皇室ゆかりの常照皇寺がある。

京都北山の脊梁から離れているため登る人は少ない。山頂付近は自然林が残されており、北方にある京都北山脊梁の山が展望できる。夏はヒルが多い。

登路　自家用車を使用して井戸峠から登るのが一番早い。読図必須（約五〇分。交通・自家用車）。

地図　五万図「四ツ谷」　二・五万図「上弓削」

146 磯木山《いそぎやま》　標高五四五・〇m

別称　タキノタカ

南丹市美山町中の美山町自然文化村の背後にある。京都北山の脊梁の深見峠付近から北に延び、由良川に達する尾根の末端にあり、由良川本流とその支流の河内谷川が合流する位置にある。

由良川流域の山々の中程にあり、標高も周囲の山に比べ低いが、残された自然の林の中にモミの木が多いことからも「深い山」を感じ取ることができる。

登路　河内谷集落の入口に、送電線巡視路の鉄製階段がある。これを登り鉄塔まで巡視路を行く。鉄塔から道はなくなるが、尾根を忠実に登ると山頂に達する（約五〇分。交通は自家用車）。

地図　五万図「四ツ谷」　二・五万図「中」

147 奥東山《おくひがしやま》　標高五八四m

南丹市美山町河内谷集落の南東八〇〇mに位置する、独標である。河内谷を挟んで磯木山と対峙する。山名の由来は定かではないが、集落の東にある独標四八三mを東山とし、その奥にある山からきていると思われる。

登路　南丹市美山・知見口から府道369号に入り、河内谷集落を抜けた送電線の真下が登山口で、送電線巡視路を利用する。急坂ではあるが、オオイワカガミの群生が続き、ジグザグの登りから鉄塔に着く。振り返ると磯木山、南にはホサビ山が望め、東に奥東山が望める。ここから東へゆるやかな尾根を辿るが山道はない。藪漕ぎをするほどでもなく、木々の間を縫って登り、独標四八三mからの尾根と合流して南へ一〇〇m程の緩い登りで山頂に着く。ヒノキ、マツ、雑木林の山頂で展望はない。鉄塔から先は読図を要す（約一時間三〇分）。

地図　五万図「四ツ谷」　二・五万図「中」

148 ホサビ山

標高七五〇・二m

別称　馬谷山《うまたにやま》

南丹市美山町野添と同美山町河内谷にまたがり、美山町安掛《あがけ》の東三・五㎞に位置する。山頂は、由良川沿いから見ると、Ca七五〇m（平屋富士）から左右に延びる尾根が邪魔をするため見えにくい。

山頂からの展望はよくないが、登りの途中にある平屋富士からは南方の展望がよい。。

登路　美山町野添の神社から平屋富士を経由して登る。読図必須（約二時間。交通は自家用車）。

地図　五万図「四ツ谷」二・五万図「中」「島」

149 平屋富士《ひらやふじ》

標高五七〇m

南丹市美山町。由良川と深見川合流点北東四㎞。麓の平屋付近から眺めると富士山のように見えることから名付けられた。

登路　平屋神社から地元の人達によって登山道が整備されている（約一時間一〇分）。

地図　五万図「四ッ谷」二・五万図「島」

150 滝ノ上《たきのうえ》

標高六三五・五m

別称　原山　タジリバタノウエ

深見トンネルの南方の、京都市右京区上弓削町と南丹市美山町原にまたがる尾根上にあるが、山頂は、京北弓削町側にある。点名の脇谷は上弓削の字名である。

山頂からの展望はなく、奥深さを感じさせる。尾根筋に残る大きなモミやミズナラの林から、京都市街に近い北山とはまた違った雰囲気があるのだが、北側斜面を通る丹波広域基幹林道の存在が、違和感を感じさせている。

登路　上弓削の広域基幹林道へのアクセス道を入口から徒歩で約二時間。広域林道から山側へ登れば約一五分で着く（交通は自家用車）。

地図　五万図「四ツ谷」二・五万図「上弓削」

151 ムシンボ

標高六六五・二m

別称　ホソ山

南丹市美山町深見の、国道162号深見トンネルの西側二・六kmにある。登山口の国道162号沿いには大径木のスギを育てる試験林があり、中腹以下には植林が目立つが、尾根筋に登ると自然林となる。山頂は、周囲より高いがほぼ平坦な台地状であるため、クヌギやアセビなどの雑木に囲まれ展望はよくない。登る人も少ない静かな山頂である。

登路　国道162号深見トンネルの美山側にある林道八杉線を行き、送電線巡視路を登る。読図必須（約一時間三〇分。交通は自家用車）。

地図　五万図「四ツ谷」
二・五万図「島」「四ツ谷」

152 滝ノ高《たきのたか》

標高五四八・八m

別称　滝ノ肩

京都市右京区京北室谷町と南丹市美山町原の境にあり、田原川（桂川水系）と原川（由良川水系）の中央分水嶺上に位置する。東西に走る分水嶺の肩付近には、丹波広域基幹林道が水平に延々と続いており、山肌が削り取られている。

三角点は、なだらかな山頂の西端、落葉の自然林の中にある。稜線上の東方には、京都市右京区京北田貫町から同室谷を経て美山町の原へと牛が荷を運んだという峠道がある。府道78号の中佐々江から原峠を越える車道は、土砂、落石、倒木が放置されて、通行不能である。

登路　右京区京北田貫町室谷にある室谷八幡宮から林道と接する鞍部に出る。東への坂道を登り切ったところが山頂である。読図必須（約一時間四〇分。交通は自家用車）。

地図　五万図「四ツ谷」／二・五万図「四ツ谷」

⑮③釜糠《かまぬか》　標高五八八・三m

別称　綾ノ段　綾ノ山　綾嶺　スムギタニ　ニシノダン

南丹市日吉町四ツ谷と同美山町板橋との境界にある。南面は田原川(桂川水系)、北面は原川(由良川水系)の中央分水嶺に位置し、この山の西に海老坂、東に神楽坂の峠道が越えており、稜線に並行して主に北面を丹波広域基幹林道が通っている。

佐々江と原を結ぶ神楽坂は「西の鯖街道」であり、小浜街道の周山から分岐して若狭に向かう高浜街道であったが、今は神楽坂トンネルが貫通している。

神楽坂という名前は、室町時代に火災が多発したため、原村の南の峠に愛宕山が見える場所を探して鳥居を建て、神楽を奉納祈願したところ火災が鎮まったことに由来している。広場に建つ木造の立派な鳥居の向こうに愛宕山が見える。

登路　神楽坂トンネル日吉側入口から登り、丹波広域基幹林道の峠に出る。峠から尾根筋を西へ進むと山頂に達する。読図必須（約一時間四〇分。交通は自家用車）。

地図　五万図「四ツ谷」　二・五万図「四ツ谷」

⑮④倉ノ谷山《くらのたにやま》　標高六二六・一m

別称　アマカゼ

南丹市美山町にあって、西の大岩山と南の海老坂を結ぶ中央分水嶺の中間から、東に伸びる尾根上に位置する。東側山麓は南北に府道19号が走り、北東側には由良川本流が流れ、左岸を府道368号が通っている。

美山町下吉田からの尾根上には自然林が多く、ミツバツツジ、シャクナゲが楽しめる。林床にはツルシキミ、ユズリハ、モミが多い。山頂からは、大岩山や長老ヶ岳など広く見渡せる。

登路　同町下吉田の旧府道368号のヘアピンカーブにある八幡宮から尾根を忠実に登ると山頂に達する。山道は、腐葉土に埋もれて倒木も多いが、土手を左右に迂回しながら歩くことができる。読図必須(約二時間。交通は自家用車)。

同板橋からは、谷沿いの近畿自然遊歩道を進み、海老坂入口先の二股で川を渡って中間の尾根を登ることができる。

地図　五万図「四ツ谷」二・五万図「四ツ谷」

⑮⑤大岩山《おおいわやま》　標高七五八・二m

別称　スムギダニ　ムシボウ　ホソ山

南丹市日吉町四ツ谷と同美山町大野にまたがる、淀川水系と由良川水系とを分ける京都北山の脊梁上に位置する。山頂の北側を丹波広域基幹林道が通り付近の様相は大きく変貌したが、山頂近くには自然の雑木林が残っており、小さな岩場も出てきて変化に富んだ登山が楽しめる。

山頂直下には送電線鉄塔が建っており、北東方向を除く展望が開けている。山頂からは樹木に囲まれ展望はない。

登路　日吉町四ツ谷から海老谷を詰め、シリオ谷出合先の送電線巡視路を登ると山頂に達する。読図必須(シリオ谷出合から約一時間二〇分。交通は自家用車)。

地図　五万図「四ツ谷」二・五万図「四ツ谷」

⑮⑥高モッコ《たかもっこ》　標高五七二・一m

別称　砂迫《すなさこ》

南丹市日吉町四ツ谷にあって、旧五ヶ荘小学校の西北に位置する。東側には海老谷川と海老坂方向への車道があり、南側には田原川に沿って府道19号が通っている。

府道19号の田原から見上げると、独標四七三mのまん丸い山の奥に、対照的な頂が突き出ており、高モッコと言う響きがぴったりだ。山頂周辺は広葉樹林が大半を占めており、展望は優れない。

登路　府道から海老谷へ入り、四ツ谷中組から独標四七三mを経て山頂から続く尾根を登る(約一時間三〇分)。四ツ谷バス停から北進して今谷集落から独標三七八mを経由しても登ることができる。読図必須(約一時間三〇分。交通は、JR園部駅から南丹市営バスを利用できるが、自家用車が便利)。

地図　五万図「四ツ谷」　二・五万図「四ツ谷」

⑮⑦畑ヶ岳《はたがだけ》　標高五八七・九m

南丹市日吉町東胡麻と同町畑郷にまたがる、桂川水系と由良川水系を分ける、丹波高原の中央分水嶺に広がる胡麻高原の東端に位置する。山頂の付近を若狭と京阪神を結ぶ二本の送電線が通り、この巡視路を使用すれば、簡単に山頂に登ることができる。

山頂付近には二本の鉄塔が建っており、ここからは西に多紀アルプス、南に六甲山系、東に愛宕山系から京都北山と、標高が比較的低いにもかかわらず展望がすばらしい。北の長老ヶ岳も近くに見える。しかし山頂からの展望は優れない。

登路　同町東胡麻保谷池から送電線巡視路伝いに登ることができる(約五〇分。交通は自家用車)。畑ヶ岳から鳥ヶ岳への縦走も可能。読図必須。

地図　五万図「綾部」「四ツ谷」　二・五万図「胡麻」

⑮⑧鳥ヶ岳《とりがだけ》　標高五四二m

京都府南丹市日吉町東胡麻にあり、中央分水嶺上にある畑ヶ岳の南に位置する。この山の山頂は、胡麻集落の多くの場所から見ることができるため、地元のシンボル的な山になっている。山頂付近は、松と雑木の林になっており、独立標高点の標柱は松林の中にあるため見晴らしがよくないが、送電線鉄塔からは東方の愛宕山系や西方向にある三峠山など、周囲の山々の展望を楽しむことができる。

登路　東胡麻の林道保谷線を、農業用ため池「保谷池」を過ぎて、林道終点付近の送電線下の右にある浅い谷につけられた巡視路を登る。読図必須(巡視路始点付近から約四〇分。交通は自家用車)。

地図　五万図「綾部」　二・五万図「胡麻」

地図　五万図「綾部」　二・五万図「胡麻」「和知」

159 向山《うしろやま》　標高六九五・四m

別称　砥石山《といしやま》　コウボク　後山

南丹市美山町向山にあって、大野ダムをはさんで長老ヶ岳と対峙する。空山と同じ中央分水嶺の支尾根上に位置し、山頂はマツと雑木の林で、見通しはあまりよくない。送電線が空山と向山との間で支尾根を越えている付近には、雨乞い伝説のある蛇ヶ池があるが、この付近から由良川沿いを平屋にかけて走る肱谷断層の遺産であるかもしれない。また、この山の北側一帯は、京都府立大学演習林となっており肱谷には学舎もある。点名の「向山」は集落名（むかいやま）である。

登路　「向山橋」を渡り、向山集落内の道路を有害鳥獣進入防止柵扉から入り、北尾根東斜面にあるマンガン採掘用の踏み跡を利用して北尾根に登り、尾根を忠実に辿る。

読図必須（約一時間五〇分。交通は自家用車）。なお、山頂から西へ約九〇〇mで丹波広域基幹林道に出る。蛇ヶ池まで林道を利用すれば約六〇分である。

160 萱山《かややま》　標高六四八m

京都府南丹市日吉町。JR山陰線和知駅東南東五・五km。山名の由来は麓の村の萱葺屋根の葺き替え用の萱をこの山に植えていたことから名づけられた。山頂近くに説話が伝わる蛇ヶ池がある。

登路　独標一五八mの北の沢筋に道がある。山道は四一三・四mの三角点の少し上のNHK放送中継所まででで、それから先は尾根上を藪漕ぎで山頂をめざす（約二時間）。

地図　五万図「綾部」　二・五万図「胡麻」

161 空山《そらやま》　標高五九四・九m

船井郡京丹波町下山の高屋川の河岸段丘をはさんで、といし山の東にある。日本海側と太平洋側の中央分水嶺は、南丹市日吉町胡麻の広野集落付近で谷中分水界となっており、その日本海側の支尾根上に位置する。頂上は、測量用切り開き以外は見通しが悪い。三角点の点名「下山」は、南西側の集落名である。下山の蕨地区には国の重要文化財に指定された大福光寺の毘沙門堂と多宝塔および、渡辺家住宅（江戸時代の民家）がある。

南面の下山尾長野集落から同日吉町畑郷へと東西に断層が走っている。太古の時代に地殻変動により中央分水界も変動したようである。

登路 下山の蕨地区にある丹波広域基幹林道のゲートから、林道を標高約二四〇m付近まで歩き、空山南尾根を越えている断層上の峠道から尾根を登る。読図必須（約一時間三〇分。交通は自家用車）。なお、広域基幹林道「丹波美山線」が山頂直下の北面を横切っており、ここから簡単に行ける。

地図 五万図「綾部」 二・五万図「胡麻」

⑯とといし山

標高五三五・九m

別称 日照山 金《かね》（鐘）打山《うちやま》 質美富士

京都府船井郡京丹波町質美《しつみ》と同町中山にまたがり、三峠山から南東に延び、高屋川に終わる尾根の末端付近にある。山頂は、雑木林であまり展望はよくない。

山名の「といし」は砥石のことで、古くから採掘が行われてきた。山頂付近や八合目付近には採掘場跡がある。優美な形から質美富士とも呼ばれる。北面の谷奥には、タングステン鉱床を採掘していた鐘打鉱山跡があるため、金（鐘）打山とも呼ばれている。三峠山からといし山へ続く南東尾根の南側には、ほぼ尾根と平行に三峠断層が走っている。江戸時代初期にといし山付近は質美と旧和知町の間で所有権争いが続いたらしい。

登路 同町下山北久保集落から砥石搬出用の林道を終点まで行き、左の砥石採掘場跡への作業道を登り、尾根の不明瞭な踏み跡を忠実に辿る。読図必須（約一時間二〇分。交通は自家用車）。

地図　五万図「綾部」二・五万図「胡麻」

163 三峠山《みとけやま》　標高六六七・七m

別称　御嶽山《みたけやま》

船井郡京丹波町水呑、質美（旧瑞穂町）および出野《いでの》、稲次《いなつぎ》、安栖里《あせり》（旧和知町）にまたがり、由良川本流と、その支流の高屋川水系に囲まれた地域の中では最も高い標高を有する。由良川の河岸段丘上の安栖里付近から山頂を望むことができ、南側からは国道173号の妙楽寺からも、水呑集落に向かう谷の奥に均整のとれた山頂が望める。

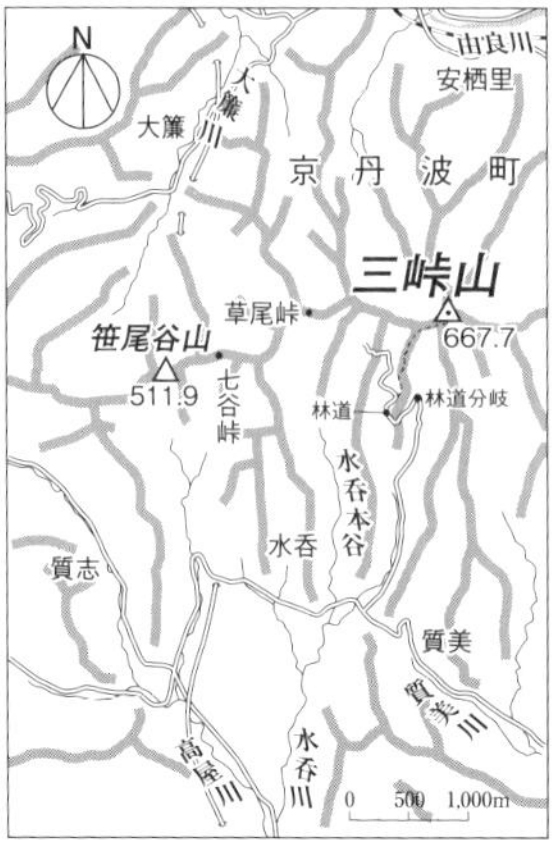

地形図の山名は「みとけやま」となっており、二等三角点の更新された点の記には「みとうげやま」となっている。なお、「三峠山（みとけやま）」とは「御嶽山（みたけやま）」がなまったのではないかと思われる。

西尾根の鞍部に山家藩主が参勤交代のときに通ったといわれる田辺街道の草尾峠が越えている。伊能忠敬の測量分隊も山家から草尾峠を越えて水呑に抜けている。

登路　水呑集落の福田から林道を使い標高約四七〇mで尾根に取り付き、尾根を忠実に辿れば西尾根の分岐点に登り着く。スギの倒木が多い尾根を登り、さらに北に少し登れば山頂に着く。山頂付近はスギの植林が大きく成長し展望はよくない。読図必須（尾根取り付きから約四〇分。交通は自家用車）。山頂直下の北面には京丹波町小畑から同大簾《おおみす》へと林道が続いており、これを使用すれば簡単に登ることができる。質美集落の行佛《ぎょうぶつ》からも途中まで林道を使って登ることもできる。

地図　五万図「綾部」二・五万図「菟原」「和知」

⑯④笹尾谷山　ささおたにやま　標高五一一・九ｍ

別称　明神山《みょうじんやま》

京都府船井郡京丹波町水呑と同町大簾にまたがり、三峠山から西に延びる西尾根上にある。三峠山と笹尾谷山の間には、昔、旧和知町と旧瑞穂町、丹波町との往来に使われた草尾峠と七谷峠がある。

山頂の北側直下には林道が通っていて植林地が多く、山頂からの展望もスギの植林に邪魔をされよくない。三角点の標石は倒木の下になってしまっていた。点名の水呑は、南麓にある旧瑞穂町の字名に基づいている。

登路　水呑・西田集落の水道施設から、水源涵養保安林を七谷峠に登り、三峠山西尾根を西に向かえば山頂に達する。読図必須（約一時間。交通は自家用車）。山頂直下の北面を通っている林道を利用すれば簡単に登れる。

地図　五万図「綾部」　二・五万図「菟原」「和知」

⑯⑤雲石嶽　つくもいしだけ　標高五六六・九ｍ

別称　雲石《つくもいし》　笹尾谷山　寺の上の山

船井郡京丹波町戸津川、同町質志および猪鼻にまたがり五条山の北西に位置する。山頂は広葉樹林に覆われ、冬場なら木々の合間から展望が利く。

東面に深く切れ込んだ谷は、大崩谷・小崩谷と言う。ここに昭和二年に発見された京都府下唯一の「質志鍾乳洞」があり公園化されている。また、「みずほトンネル」のある榎峠付近には石灰岩と大理石の採石場跡がある。少し赤みがかった大理石はマグマの影響が少なかったのかフズリナ化石も発見されている。点名「質志」は東麓の集落名に基づく。

登路　国道173号「みずほトンネル」の上にある榎峠から石灰岩の採石場跡へ通じる道に入り、ＫＢＳ京都の中継局管理道路を使って登り、尾根を辿れば山頂に達する（榎峠から約三〇分。交通は自家用車）。

地図　五万図「綾部」　二・五万図「菟原」

166 五条山 ごじょうやま　標高五六八・四m

別称　岩谷嶽《いわやだけ》　イワヤ

船井郡京丹波町三ノ宮と同町水原にまたがり、由良川水系の高屋川と土師川の分水界に位置する。国道173号を走ると妙楽寺付近から一瞬、谷の奥に山頂を見ることができ、秋になれば山全体が紅葉で覆われる。この山の北側には産業廃棄物終末処理場が設置された。

山頂付近を送電線が通っており、送電線の鉄塔付近は見通しがよい。三角点は、頂上より少し低い位置にある。また、北東に流れ下る谷には不動の滝と岩屋不動尊がある。別称の岩谷嶽の山名は、岩屋不動尊に由来していると思われる。

登路　三ノ宮小山にある不動の滝案内板から谷に入り、滝の手前から巡視路を登る。読図必須（約一時間。交通は自家用車）。

地図　五万図「綾部」　二・五万図「菟原」

167 三角塔 さんかくとう　標高四五八・二m

別称　北山　鷲尾深山

船井郡京丹波町、土師《はぜ》川里集落北西五〇〇mにある。山麓の鎌谷から眺めると尖った双耳峰になっている。山頂の北東尾根にある天狗岩は山岳霊場として鎌谷の人々に崇められ、天狗が住むといわれ信仰の場であった。天狗岩には「宝暦四（一七五四）年戊月」と刻まれた不動明王が祀られていた。

登路　柏本登山口から尾根伝いに山頂へ（約五〇分）。中山天狗岩まで道はあるが、そこからは藪漕ぎとなる（約一時間）。

地図　五万図「園部」　二・五万図「村雲」

168 兜山 かぶとやま　標高四二九m

京都府船井郡京丹波町。京丹波町役場西七・五㎞。山の形が兜に似ていることから名づけられた。

登路　井尻からイガミ谷を登り鞍部に出て山頂へ（約五〇分）。

地図　五万図「園部」　二・五万図「村雲」

⑯⑨西谷山《さいだんやま》　標高五五九・六m

別称　西山

この山の山頂は、京都府と兵庫県の府県境稜線から約三〇〇m東側にずれた船井郡京丹波町八田に位置する。点名の八田は、山の東麓にある集落の字名に由来する。この集落の西側にある谷が西谷（さいだん）で、この奥にある台形の山が西谷山（さいだんやま）となる。なお、国土地理院地形図では西山（さいやま）となっている。雑木林に囲まれており、山頂からの展望はあまりよくない。

登路　国道173号「板坂トンネル」上の、旧道・板坂峠から送電線の巡視路等を辿り、中央分水嶺沿いに送電線鉄塔から東に尾根を進めば山頂に達する。読図必須（板坂トンネル兵庫県側坑口付近から約一時間。交通は自家用車）。

地図　五万図「園部」　二・五万図「村雲」

⑰⓪雨石山《あまいしやま》　標高六一一m

別称　アマイシ　岩尾峰　板坂山　ライオン山

船井郡京丹波町。京丹波町役場南西七・五㎞に位置する。『檜山村誌』に「山頂近く雨乞い神事を行なう大岩がある。大正十三年を最後に雨乞いは行なっていない」とあり、雨乞いの山であった。雨石山の西三〇〇mにある六三〇m峰は西の峰という。

登路　八田簡易水道から曾木谷の踏み跡程度の道を辿り、稜線に出て山頂へ（約一時間二〇分）。

地図　五万図「園部」　二・五万図「村雲」

⑰ 櫃ヶ嶽 ひつがだけ　標高五八二・〇m

別称　羊ヶ嶽　日辻ヶ岳《ひつじがだけ》　火《ひ》(鉄)山《やま》

船井郡京丹波町小野、安井と兵庫県篠山市宮代の府県境界中央分水嶺にあり、西の雨石山、毘沙門山とで連山を形成している。北から西南へと国道173号が板坂峠を越え、南側の集落には県道702号、東南側にはゴルフ場が広がっている。

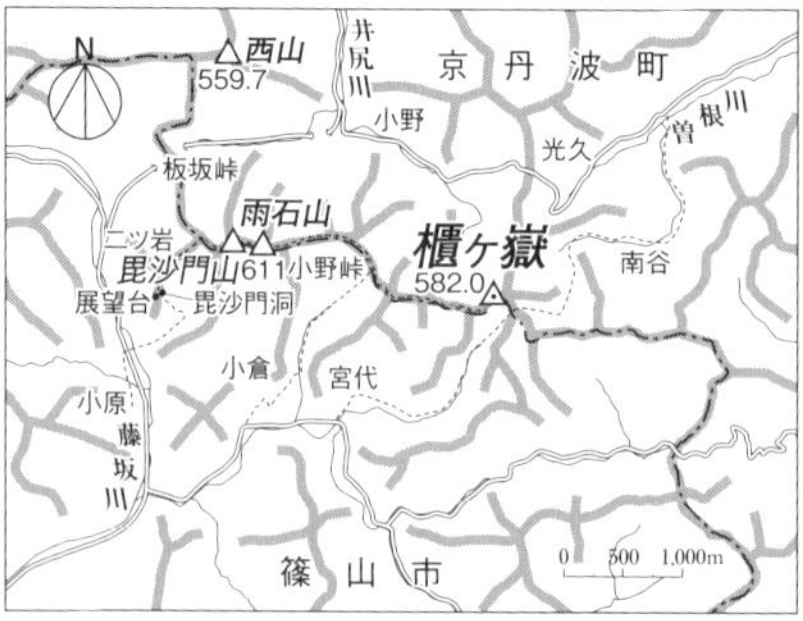

京丹波町の曽根川や井尻川（由良川水系）から見ると、こんもりした山々の中にキリリと聳える櫃ヶ嶽は、ピラミッド型。篠山市の篠山川（加古川水系）の角度から見ても、三角錐の尖りが際だっている。稜線付近は、アカマツ、アセビ、クヌギ、ツツジなどの自然林が多い。頂上は明るいが眺望はあまりよくない。

未年になると「羊」に因んで登山者が増える。南側麓の宮代の集落では、里山保全活動が定着し、公民館を「ひつヶ嶽の里」と呼んで、山への愛着と誇りを持っている。

小野峠を挟んで西隣にある雨石山（六一一m、ライオン山）はなだらかな稜線が続くが、毘沙門山（六三〇m）は、急峻な岩壁の連続で荒々しく、アカマツとヒカゲツツジが目立つ山頂付近は、アルプスの雰囲気がある山である。三つの山は丹波層群チャートが連続しており、とくに毘沙門山の南山腹にある毘沙門洞は、内部が大きく広がったチャートの洞窟である。一帯は小原自然公園として整備されている。

登路　京丹波町光久から櫃ヶ岳東側の府県境にある峠に登り、右へ自然林の尾根を進むと頂上に着く（約一時間三〇分。交通は自家用車）。

篠山市の宮代からは、集落に入ると山頂案内標識が立っているので標識どうりに登るとよい。

地図　五万図「園部」二・五万図「村雲」「園部」

⑰② 雲取山《くもとりやま》

標高九一一・〇m

別称　二ノ谷山

京都市右京区京北芹生《せりょう》にあり、東は寺山峠のある尾根で左京区花脊《はなせ》に接する。地域的には丹波の山だが、北山の中心に位置しているため、京都の岳人にとっては馴染み深い山である。花脊一帯は藪山のイメージが強かったが、近年は粽《ちまき》用のミヤコザサの採取も難しくなった。尾根にはリョウブの林があり、夏は白い花に彩られる。

桑谷山から見る雲取山

花脊別所にはスキー場があって賑わったが、二〇〇〇年に閉鎖された。現在は、プライベートゲレンデとして再開している。安定した積雪があった戦前は、旧花脊峠から鞍馬まで滑走する楽しみが花脊スキー場の良さだったという。周辺の谷間には大学ワンダーフォーゲル部の山小屋が点在し、入門の山として多くの人に親しまれている。

芹生は、古くから北山らしい山里として知られ、歌舞伎浄瑠璃「菅原伝授手習鑑」で寺子屋の段の舞台となった寺子屋跡（武部源蔵屋敷跡）がある。その伝説に因み、勢竜天満宮が建立された。

登路　花脊高原前バス停より、旧スキー場を左手に見ながら寺山峠へ登る。西へ下ると一ノ谷に出合い、ハタカリ峠（フカンド峠・雲取峠）を経て山頂へ約二時間。竹次谷《たけち》（武知谷・武地谷）出合からハタカリ峠を経て山頂へ約三時間三〇分。芹生から先は、芹生峠を越えて貴船へ。あるいは、京見坂から旧花脊峠へ行くことができ、興味や時間に合わせて歩くことができる。芹生からは、二ノ谷もしくは三ノ谷をつめて山頂へ約二時間。

地図　五万図「北小松」　二・五万図「花脊」

⑰③ 灰屋山《はいややま》　標高七三二・八m

別称　フキ谷峠北　津之谷《つのたに》

京都市右京区京北灰屋町と同京北宮町との中間にあり、旧丹波の国と山城の国を隔てる城丹国境尾根の石仏峠付近から北へ延び、桂川（上桂川）に落ちる尾根のほぼ中間地点に位置している。東側には灰屋川を挟んで雲取山がどっしりと陣取っている。点名の「宮」は、旧宮村の南方に位置するところから付けられたものであるが、現在、地元や登山者の間では「灰屋山」と呼ばれている。

登路　灰屋集落の東林寺バス停先の橋の際を右へ入り、二本の谷に挟まれた尾根を登る。途中まで作業道があり、あとは尾根の踏み跡をたどると山頂に達する。夏はヒルが大変多い。読図必須（約一時間二〇分。交通は自家用車）。

地図　五万図「四ツ谷」　二・五万図「上弓削」

⑰④ ジョウラク　標高六七一・三m

別称　井戸山《いどやま》

京都市右京区京北井戸町の南、城丹国境尾根の飯森山から北に延びる尾根の中ほどにあり、桂川左岸の支流「井戸祖父谷」の左岸に位置する。山頂の南側には、山国と京の都とを結ぶ「ジョウラク峠」が通り、山名のジョウラクもそこから来ているのだろうが、峠の由来はわからない。点名の「長子」は、井戸の小字名である。

旧京北町は林業が盛んで、この山も北面は山頂まで植林がされている。南面だけ自然林が残り、冬枯れの時期は木々の合間から桟敷ヶ岳付近を望むことができるが、展望はよくない。

登路　小祖父谷林道のヘアピンカーブの所から尾根に取り付いて登るのが早い（約五〇分。交通は自家用車）。ジョウラク峠を経由して登ることもできる。どちらも踏み跡程度で読図必須。
地図　五万図「四ツ谷」　二・五万図「上弓削」

⓱⓹ 黒尾山　くろおやま　標高五五五・七ｍ

南丹市日吉町生畑《きはた》と京都市右京区京北宇野町とにまたがる位置にある。この付近に三つある黒尾山のなかで一番北にあり、宇野町の南西にある持越峠を挟んで標高五六九ｍの黒尾山と対峙している。

付近は、京北町の他の地区同様に林業が盛んでスギやヒノキの植林が多く、その手入れのための作業道が山頂の近くまで深く入り込んでいる。山頂の展望はよくないが、西側斜面にはクヌギやリョウブなどを主とした自然林が残されている。

登路　宇野町から登るのが近い。宇野町の薬師堂の東にある谷を詰め、林道終点から作業道を利用して登る（薬師堂から約五〇分。交通は自家用車）。
地図　五万図「四ツ谷」　二・五万図「四ツ谷」

⓱⓺ 東俣山　ひがしまたやま　標高六七〇・四ｍ

別称　ナカマタ

京都市右京区京北にあり、河原《こほろ》峠と茶呑峠がこの山の南北を越える。茶呑峠から南下する城丹国境尾根は、伏見坂・雲月坂を経て笠峠で愛宕の山塊へ続くが、この山は周山側に派生した尾根に山頂がある。桂川（上桂川）支流の稲荷谷・河原谷の源流にあたり、下・栗尾と大森・余野をむすぶ峠道が近くを通る。

登路　大森西町から茶呑峠へ達し、稜線を南へ山頂まで約一時間三〇分。余野から余野川を遡って河原峠に登り、山頂へ約一時間三〇分。
地図　五万図「京都西北部」　二・五万図「周山」

⓱⓻ 黒尾山　くろおやま　標高五〇九・三ｍ

別称　東黒尾山

京都市右京区京北下熊田町にあって、周山から西へ約二kmの位置にある。北西には熊田川に沿った府道365号、南は桂川に並行して国道477号が走っている。山頂からは、地蔵山や龍ヶ岳など、南方向への展望がよい。京都・文化の森（ヒノキ林）など、美しい植林地が多い。京都一周トレイルの京北コースが山頂を通っており、周山と結ぶ城山コースには、明智光秀によって築城された周山城跡があって、石垣や井戸の跡が残っている。山域全体に山道が細かく分かれていて紛らわしいが、トレイルコースには標識が付けられている。

西約四kmの南丹市日吉町との境界には、同名の黒尾山（五六九ｍ）があるが、西黒尾山とも呼んで区別されている。

登路　トレイルのコースを利用すると便利。北麓の京北下熊田町、南の京北柏原町から山頂へ（共に約一時間。東麓の周山から城山を経て、尾根道伝いに山頂へ（約一時間三〇分）。

地図　五万図「京都西北部」
二・五万図「周山」「殿田」

178 白岩山　しろいわやま・しらいわやま　標高五四〇ｍ

京都市右京区京北宇野町の南、同下宇津町との境界付近に位置する。白岩山の山名は、東西両隣の山が「黒尾山」であるのに、この山だけが白岩とは、山頂付近に白い色をした凝灰岩が露出していることに由来しているのだろう。

山頂は鹿除けネットに囲まれたブッシュの中にあるが、三角点がないので判別しづらい。展望は南から東方向が開けており、地蔵山、龍ヶ岳から桟敷ヶ岳にかけての京都北山を望むことができる。

登路　京北宇野町から下宇津町に向かって一つ目の谷を登る。中ほど付近の倒木がひどいので、左の尾根に取り付き、尾根伝いに登ると山頂に達する（約一時間。交通は自家用車使用）。下宇津町から殿谷林道を詰めても登ることができる。ともに読図必須。

地図　五万図「京都西北部」二・五万図「殿田」

⑰⑨ 黒尾山《くろおやま》　標高五六九m

京都市右京区京北宇野町と南丹市日吉町中世木とにまたがり、持越峠の南八〇〇mに位置する。黒尾山と名前の付いた山は、この山の北と東に合計三つあるが、標高はこの山が一番高い。また、右京区京北周山の背後にある黒尾山が東黒尾山と呼ばれ、この山が三つの黒尾山の要になる山といってもよい位置にある。

山頂の展望はよくないが、登りの途中、南方向の地蔵山や龍ヶ岳、北西の方向の山々が望める場所がある。

登路　右京区京北宇野町と日吉町中世木を結ぶ持越峠から尾根を忠実に辿る。読図必須（約五〇分。交通は自家用車）。

地図　五万図「京都西北部」　二・五万図「殿田」

⑱⓪ 嶽山《だけやま》　標高五五七・七m

別称　嶽

南丹市日吉町中世木にあって、右京区京北下宇津町の宇津峡公園からは西方向に位置し、南丹市日吉町中世木と下宇津町を結ぶ人尾峠の南西にある。

山頂の南東方向にある貞任峠に因む阿部貞任伝説によると、遺体が七つ裂きにされ人尾峠には貞任の腰や足が、貞任峠には首が埋められているといわれ祠が祀られている。人尾峠と山頂の間にあるピークには、明智光秀によって宇津城とともに攻め落とされた嶽山城跡がある。

山域の大半がスギの植林地で、終始、杉葉を踏みしめての歩行となる。複雑に枝分かれした林道がくねくねと続いており、山頂の三〇m横まで延びている。

登路　下宇津町から人尾峠に登り、尾根道を南へ進むと嶽山城跡があり、西への尾根道が林道と交わるようになると、山頂に達する。読図必須（約一時間二〇分。交通は自家用車）。下宇津町から貞任古道案内ポールを起点に、貞任峠を経由しても登ることもできる（約一時間四〇分）。

地図　五万図「京都西北部」　二・五万図「殿田」

⑱西ノ谷《にしのだん》　標高五一二・一m

別称　西谷山

京都市右京区京北細野町にあって、東側を南北に走る国道162号（周山街道）の栗尾峠から南へ約五〇〇m、細野（旧細野小学校前）からは北西約七〇〇mに位置する。

細野は、京都一周トレイル京北コースの起点・終点であり、山頂の西側と南側をコースが取り巻き、北側の林道もエスケープルートとなっている。マツやヒノキ林の山頂からは展望がなく、山頂から東南、南、南西方向は、藪漕ぎの果てに急下降の尾根となる。

登路　国道162号の関西電力京北開閉所入口の三叉路から、一〇〇m周山寄りにある林道入口の付近から小径に入り、道沿いに進めば小高い台地の山頂となる。読図必須（約三〇分。交通は自家用車または西日本JRバス）。

地図　五万図「京都西北部」　二・五万図「周山」

⑱尾山《おやま》　標高五三八・五m

別称　弁天山《べんてんやま》

京都市右京区京北細野町にあって、大堰川《おおい》（桂川）と、その南側支流の細野川との間に位置し、北東側には、弓槻トンネルの府道362号が通っている。山頂からは、南西方向に千歳山、鎌ヶ岳が見える。西へと続く尾根道は、碁石（五二八・七m）へと続いている。

薪炭、磨き丸太などの林業で栄えてきた、山村に密着した里山である。

登路　細野川に沿った府道363号の上長野バス停から東へ進み、民家の外れの林道から尾根に上がる。尾根道を一直線に急登すると、山頂に達する。読図必須（約四〇分）。稜線を西に進むと碁石の山頂に至る。

地図　五万図「京都西北部」　二・五万図「殿田」

⑱③碁石《ごいし》　標高五二八・七m

別称　長野勝林寺山《ながのしょうりんじやま》　森ヶ谷ノ頭　家の上

京都市右京区京北細野町にあって、北面は京北栃本町、西面は南丹市八木町神吉に接しており、西へと流れる大堰川（桂川）と、その南側支流の細野川との間に位置する。登山に使う碁石坂は、京北栃本町と八木町神吉を最短距離で結び、通学や郵便配達などで使われた。昭和まで主要な生活道路であった。

山頂は南東の京北細野町長野の集落にも近く、少林寺の裏山になる。山頂から東に伸びる稜線には、栃本と長野を結ぶ長野坂と呼んだ峠道があった。今は栃本橋南二〇〇mからの林道が上部まで延びているものの、サルトリイバラと鹿除けネットが進路を塞ぐ。長野側は苔むしてはいるが、明確な小径が今も生きている。山域一帯は、薪炭、磨き丸太などの林業で栄えた山村と一体の里山である。

登路　大堰川に並行する国道477号の栃本バス停から、栃本橋を渡って道なりに直進すると尾根への分岐に着く。碁石坂を登って送電線巡視路を辿って山頂へ。読図必須（約一時間三〇分。交通は自家用車）。また、細野町長野から長野坂に入り、沢を詰めて峠から稜線を西へ辿り登ることもできる。

地図　五万図「京都西北部」　二・五万図「殿田」

⑱④三頭山《みつづこやま》　標高七二八・〇m

別称　みつづかやま　さんとうざん

山頂は京都市右京区京北細野にあり、右京区嵯峨越《こし》畑《はた》および京都府南丹市八木と隣接する。愛宕山塊の北西に位置し、地蔵山から下る尾根は芦見峠を経て再び大きく盛り上がる。東面は細野川の一大支流である芦見谷が北へ流れ、南西側は三俣川となって大堰川へ注ぐ。

山名は、越畑・細野・神吉《かみよし》（八木）からの尾根が合わさる場所で、ピークが三つに分かれるからとされる。かつて、この付近は「ミツコ塚」と称していた。山頂から神吉に下る尾根には鎌ヶ岳がある。その中間に星峠があり、長野（細野）と神吉（八木）をむすぶ峠道として古くから歩かれてきた。

登路　越畑から芦見峠へ登り、芦見谷側から尾根を北へ向かう。山頂は星峠への尾根より東に張り出した台地にある（約一時間三〇分）。

地図　五万図「京都西北部」　二・五万図「殿田」

185 龍ヶ岳　りゅうがだけ　標高九二一m

京都市右京区京北細野にあり、愛宕山塊では地蔵山・愛宕山に次ぐ九〇〇m峰（愛宕三山の一峰）。愛宕山から地蔵山への稜線は、途中で芦見谷と滝谷を分ける尾根を北へ分岐し、その北端に山頂がある。南はなだらかな尾根が愛宕山へ続くが、北面に急斜面があるので遠くからでも認識しやすい。他の二山に比べ、辺りは静寂さが支配する。分岐点付近は広いスロープになっており、戦前に開かれたスキー場の跡である。

城丹国境の稜線にはダルマ峠とサカサマ峠（首無地蔵）があり、高雄や清滝へ向かう道として使われている。また、林業や採石（砥石）用の作業道もよく発達している。付近の尾根と谷には、シャクナゲとクリンソウの群生地がある。

登路　愛宕神社から愛宕山の三等三角点の西側を通り、尾根伝いに山頂へ約一時間。清滝から梨ノ木谷（堂尻《どうじり》川・堂承《どうしょう》川）を遡ってサカサマ峠に達し、芦見谷源流を経て北東面から山頂へ三時間二〇分。

地図　五万図「京都西北部」
二・五万図「京都西北部」

186 鎌ヶ岳　かまがだけ　標高六二三m

愛宕山から地蔵山・三頭山と続き、桂川にある日吉ダムで終わる尾根の末端近くにあり、京都府南丹市八木町神吉と京都市右京区京北細野町の境界をまたぐ位置にある。この付近の山は、中腹までの植林に対し上部はマツ混じりの雑木林が多く、秋のマツタケシーズンには入山を規制される山が多い。山頂付近はマツと広葉樹が混交する雑木林であるが、周囲の見晴らしはよくない。

登路　八木町神吉下区と京北細野町上長野を結ぶ星

峠から西へ尾根を辿ると登りやすい。読図必須（神吉下区から約五〇分　交通は京阪京都交通バス、または自家用車）。

地図　五万図「京都西北部」　二・五万図「殿田」

⑱⑦千歳山《ちとせやま》　標高六二二・一m

京都府南丹市八木町神吉にあって、集落の北正面に鎮座し、里山住民の生活を見守っている。山頂から西五〇〇mには独標六一三mピークがあって、双峰を成す台形の山容である。三角点は、独標六二七mの山頂から南三〇mのヒノキ林の中にある。西のピークへの広い尾根は、間伐や枝打ちがなされたスギやヒノキの植林で、展望は山頂よりも山腹の樹間からのほうがよい。

登路　神吉集落の里道から山に入るが、民家の裏などどこからでも山道に通じている。尾根上をいくつかの道と合流しながら登って行くと山頂に着く（約五〇分。交通は自家用車または京阪京都交通バス）。

地図　五万図「京都西北部」　二・五万図「殿田」

⑱⑧諸木山《もろぎやま》　標高四九六・八m

南丹市八木町。JR園部駅東北東五・五㎞。諸木山の麓の諸畑村は、昔は諸木《もろぎ》村と畑中村に分かれていたが、明治九（一八七六）年に合併し、両村から一字ずつ取って新しい村名にした。この山は合併以前の諸木村が所有する山なので諸木山という。

登路　諸畑村福本から尾根道が山頂までである（約二時間）。

地図　五万図「京都西北部」　二・五万図「殿田」

⑱⑨竜王ヶ岳《りゅうおうがだけ》　標高四九八・五m

京都府亀岡市。神吉日吉神社西南西一・八㎞。山名から地元の雨乞いに関係した山だと考えられる。神吉から眺めるとこんもりとした山姿である。

登路　神吉から農道を行き、奥田池から送電線の巡視路を登り鉄塔の先が頂上（約五〇分）。

地図　五万図「京都西北部」二・五万図「殿田」

190 筏森山　いかだもりやま　標高二九四・九ｍ

京都府南丹市八木町。ＪＲ山陰本線吉富駅東四・三km。昔、この地方は赤い湖水であった。この湖水を流し出し穀物を作れる平野にできないかと大国主命は湖水の真ん中にある「いかだもり山」に請田神社、鍬山神社、持籠神社の三人の神様を呼び寄せて相談された。「山々を切り開き、湖水を保津川へ流す以外にない」との結論になった。大国主命の陣頭指揮に請田神社は工事の費用を引き受け、鍬山神社は鍬で掘る仕事、持籠神社は籠で土を運び、最後の大国主命が保津の山を切り開くと湖水は流れ出し、豊かな土地が現われたという伝説の山である。

登路　池上集落から池上院参道を登り寺の墓場から山頂へ（約四〇分）。

地図　五万図「京都西北部」二・五万図「殿田」

191 三郎ヶ岳　さぶろうがだけ　標高六一三・四ｍ

別称　竜峰《りゅうみね》　寺山《てらやま》　千年山

亀岡市千歳町の東側に位置し、桂川水系の七谷川と三俣川に取り囲まれているが、山の地積は亀岡市馬路町に属する。

三郎ヶ岳一帯は、千歳町江島里・中・北谷・出雲・小口の集落の背後に連なり、総称して「千年山」と呼ばれており、その北端の最高峰が三郎ヶ岳と呼ばれている。千年山の名の由来については、昔この山に住んでいた翁に村人が年齢を聞いたところ「千年ばかり住んでいる」と答えた翁の言葉から名付けられたといわれ、山麓に連なる村々を総称して千年郷と呼ぶようになったということである。またこの山麓にある出雲大神宮〔和銅二年（七〇九）年創建〕を千年社、東光寺（文禄年間創建）を千年寺とも呼ばれたきた。千年山は、古くから聞こえた名所であり、古歌にも多く詠まれている。なお、山麓には古墳が群集し、一帯で古代の人々が暮らしを営んでいたことが伺える。

馬路町平沢の池から見る三郎ヶ岳

昭和五〇年代末、この山で発生した山林火災により広い範囲を消失したが、亀岡盆地側の山肌は、山麓を除きクヌギ・マツを主とした雑木林に覆われて、ほとんどその痕跡は見られなくなった。

地質は、中生代、古生代の砂岩レンズ状岩体を含む泥岩を主としたチャートが広く分布しているが、出雲大神宮の裏山付近には、砂岩・泥岩互層が東西に分布している。ここから湧き出る水は出雲の名水として市民に親しまれ、日本一の小豆「丹波大納言」の生産にも影響を与えているようだ。

秋のよく晴れた朝には、牛松山同様に丹波の朝霧に浮かぶ山々を、海上の小島のごとく眺めることができ、近年山頂近くにつくられたパラグライダーの離陸場からは、丹波高原西部や、多紀から北摂にかけての山々がよく見わたせる。

登路　JR亀岡駅北口から「ふるさとバス」に乗車し「出雲台」で下車。少し進むと小さな川沿いに林道が山手へ向かって続いている。これを辿ると千年山の稜線に達し、左へ進むと三郎ヶ岳の山頂に達する。七谷川から登ることもできるが、出雲台からの登山道は展望も良く、明るい雰囲気の中を登ることができるのでお勧めである（山頂まで約一時間三〇分）。

地図　五万図「京都西北部」　二・五万図「亀岡」

⑲② 牛松山《うしまつやま》　標高六三六m

別称　金比羅山《こんぴらさん》　丹波富士《たんばふじ》　三角点　標高六二九・〇m

亀岡市保津町と同千歳町にまたがり、山頂近くに祀

保津川畔から牛松山を望む

られている金刀比羅神社にちなんで親しみを込めて「こんぴらさん」と呼ばれている。牛松山は、古代には牛を生け贄にして祀った山とされ牛祭ヶ嶽ともいわれていた。「牛祭」が訛って「石松」から現在の牛松山になったと考えられる。ＪＲ亀岡駅の展望テラスから見る堂々とした姿は、まさに丹波富士の名にふさわしい。

最高点には比叡山からのテレビ電波を受けるアンテナが設置されている。三角点は最高点ではなく、南西方向の千歳町国分からの登山道近くに見つけることができる。

牛松山の金刀比羅神社（寛延年間一七四八～五〇勧請）は、山頂にしては大きな社が建てられ、昔から保津川下りの守護神として崇められているため、保津川下りの船を模した小船が奉納されている。毎年一月一〇日と一〇月一〇日には、船頭さん達がお参りに訪れる。また、亀岡市民に広く親しまれ、保育園児の登山や、健康をかねて毎日登る人もいる。山頂からの展望はあまり良くない。保津登山口からの途中、三箇所だけ亀岡方面や京都市内の展望を楽しめる場所がある。

地質は、保津川左岸から北側一帯に広く見られる中生代の砂岩レンズ状岩体を含む泥岩を主としたチャートである。山全体は、スギ・ヒノキの植林や、アカマツを含む雑木林が多い。日本海側に分布するといわれているイワナシを登山道の脇に見つけることができるし、タニウツギの花を見ることもある。

登路　良く整備されており、桜の季節など子供連れでも気軽に登山することができる。

保津または千歳町国分登山口から山頂を目指す。保津登山道は金刀比羅神社の参道で比較的緩く、一丁目から一八丁目まで一丁（一丁＝一〇九ｍ）ごとに標石が建てられ、登山の目安となる。

千歳町国分からの登山口には、愛宕神社が祀られており、愛宕山の愛宕神社とともに毎年四月二三日の鎮火祭には大勢の参拝者で賑わう。こちらの登路は傾斜も急で滑りやすいので注意が必要である。どちらから登っても山頂まで一時間余り。

地図　五万図「京都西北部」　二・五万図「亀岡」

⑲みすぎ山　標高四三〇・一m

亀岡市篠町（山本）にあり、亀岡盆地の東側に位置する。保津峡がはじまる、保津川（大堰川）右岸の山なみの一峰。南西面は保津川支流の鵜ノ川、北東面は保津川本流へ流れ出す。

京都市西京区下山田と篠町王子をつなぐ尾根道を唐《から》櫃《と》越といい、山陰街道（老ノ坂）の間道として知られていた。みすぎ山はその西端にあたる。なお、別称は天蓋峠越ともいい、大枝山（大江山）越を唐櫃越とする説もある。

登路　山陰本線馬堀駅から鵜ノ川に沿って篠町山本へ向かい、宝泉寺から取り付いて山頂へ約一時間三〇分。送電線が通っているため、愛宕山などの展望は良好である。

地図　五万図「京都西北部」　二・五万図「亀岡」

⑲行者山《ぎょうじゃやま》　標高四三〇・八m

別称　朝日山

亀岡市に位置し、ＪＲ山陰本線千代川駅西南西二・二km。山上近くの洞窟に役行者が祀られ、行者信仰の霊場になっている。かつては七堂伽藍が建っていた朝日山浄蓮寺跡がある。役行者は、舒明天皇六（六三四）年、大和の南葛城郡茅原に生まれ、三十二歳の時、葛城山に登り修行。岩窟に孔雀明王を定置し、草衣木食して呪術でもって真理を把握し、神通力を身に付けたという。『続日本紀』には、彼は民心を惑わすものとして、伊豆に流罪になったが、三年後に赦免され大和に還り、大峰山に霊場を開き、多くの弟子を育てた。この役行者を開祖とする伝承が広まり、多くの霊山は彼が関係したようにされている。

登路　〈参道コース〉ＪＲ千代川駅から千代川小学校を左に折れ、京都縦貫道を潜り、参道を登る。行者燈、鳥居、行場を過ぎると山頂（約二時間）。〈尾根コース〉京都縦貫道を潜って左に曲る地点の右側に尾根への登山口がある。その支尾根の山道を辿って稜線に抜け、左に進むと山頂に着く（登山口より一時間三〇分）。

地図　五万図「京都西北部」　二・五万図「亀岡」

⑲⑤朝日山　あさひやま　標高四六〇ｍ

亀岡市にあり、ＪＲ山陰線亀岡駅西七㎞。登り口に朝日山神蔵寺《じんぞうじ》がある。山名は山号から付けられたと考えられる。神蔵寺は延元(七八二)年最澄が開いた寺で、源頼政が挙兵の際この寺の僧兵は平氏と戦った。そのため頼政敗死後、寺領は平氏に没収され、寺は荒廃したが、嘉禎元（一二三五）年達源が再興し、僧房は二六もあったという。その後、天正元（一五七三）年明智光秀の兵火により消失したが、承応二（一六五三）年願西が建立した。

登路　神蔵寺から谷道に入り、尾根に出て山頂へ（約一時間二〇分）。

地図　五万図「京都西北部」　二・五万図「亀岡」

⑲⑥高山　たかやま　標高三七二・一ｍ

南丹市園部町。ＪＲ山陰線園部駅西南西三・二㎞。『ふるさと口丹波風土記』（吉田証著）に「高山の雨乞い——園部町で一番高い山が半田の高山である。この高山の峠、神坂峠《こうさか》を登ると山の中腹に大きな岩が五つと小さい祠がある。土地の人は行者岩と呼び、昔、この岩で行者が修行した岩だという。行者道を登ると山の頂上に雨乞い場がある。日照りが続くと村人が薪をもって山に登り雨乞いをする」と出ており、昔は雨乞いの山だった。

登路　口人《くちうど》の西の登山口から登り、中腹の行者岩への道を見送り山頂へ（約三〇分）。

地図　五万図「園部」　二・五万図「埴生」

197 胎金寺山　たいこんじさん　標高四二三・四m

南丹市園部町。JR山陰線園部駅西南西五・五㎞。『京都府の地名』（日本歴史地理大系二六）に、「江戸時代当社（魔気神社）の別当寺であった胎金寺（消失、現存せず）の本寺、船坂の九品寺《くほんじ》の僧快真が明暦三（一六五七）年に著した『吉祥山縁起』や……」と記されて、山名はこの寺に由来する。

登路　魔気神社から「胎金寺山口の天狗杉」を過ぎて登り口（谷の奥には「胎金寺山奥の天狗杉」がある）から右の尾根を登り、半円を描くように尾根道を辿って山頂へ（約二時間）。

地図　五万図「園部」　二・五万図「埴生」「園部」

198 八ツ尾山　やつおさん　標高四六五・八m

亀岡市と南丹市の境。JR山陰線八木駅西四・五㎞。砥石が採取された山である。登り口の大内の名の由来は、白河天皇のご病気の平癒を楽音寺のご本尊薬師如来に祈願され、快癒後この地に住まわれ亡くなられた。後白河天皇もこの地で亡くなられた。このように天皇との関わりが深いので、大内という地名は内裏からきている。

登路　楽音寺から口司《こうし》へ越える峠から、稜線伝いに山頂へ（約一時間二〇分）。

地図　五万図「園部」　二・五万図「埴生」

199 高山　たかやま　標高五二〇m
別称　嶽筋《だけすじ》

南丹市園部町天引と兵庫県篠山市西野々の府県境尾根、国道372号の天引峠の南西に位置する。園部町半田には、同名の高山（三七二・一m）があり、山頂で雨乞いの行事が行われたといわれる。

一方、こちらの高山は、名峰「深山」の北尾根にある一つのピークで、中世には高山砦があったとされる。また、深山登山の登り口に当たる篠山市の「ささやまの森公園」に近接した山として位置づけられる。三角点があるのは嶽筋であり、展望はよくない。その南にある鉄塔の東側に位置し、一段高くて明るいピーク（五二〇ｍ）が高山である。

登路　国道372号「るり渓口バス停」から、旧道を天引峠へと登り、峠の西側にある山道から南へ入ると、尾根に取り付ける。送電線巡視路に沿って稜線を進むと、西に伸びる尾根上に三角点がある。府県境に戻って南へ進むと高山の山頂に達する（約一時間三〇分。交通は自家用車）。

地図　五万図「園部」　二・五万図「埴生」

200 深山《みやま》　標高七九〇・六ｍ

京都府南丹市園部町と大阪府の最北端、豊能郡能勢町との境界上にある高原状のボリュームのある緩やかな山である。その山麓には、「関西の軽井沢」と称されるるり渓高原が広がり、温泉、宿泊施設などさまざまな施設がある。

るり渓高原から見た深山の稜線

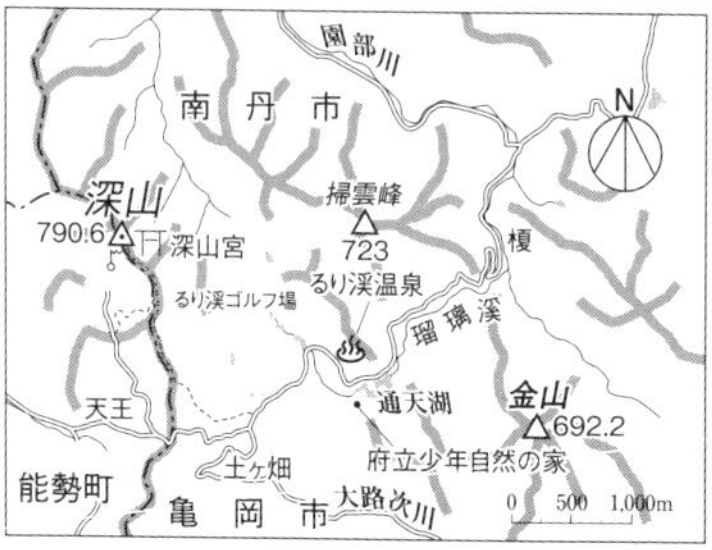

山頂からは南東に園部川が流れ出し、景勝「瑠璃渓」がある。北面からは淀川水系の桂川と加古川の支流篠山川、西面は武庫川、また南面からは猪名川へと、低山にしては珍しい四つの水系を持っている。

地質は、半国山から瑠璃渓一帯を広く形成する同じ中生代の流紋岩、石英安山岩凝灰岩で、水はけのよい山である。つい近年まで登山口の峠から山頂付近までクマザサに覆われていたが、最近ササが枯れてしまい、登山口付近の雑木林を過ぎると、るり渓ゴルフ場から続く背の低い灌木の目立つ高原状の尾根になった。その分展望もよく、夏の暑い最中でも風通りがよく、気持ちのよい登山ができる。山頂の北面に入ると、西面と同様に広葉樹のクヌギやリョウブ、アセビなどの雑木林が広がり、新緑の頃や秋の季節には、気持ちの良い場所を提供してくれる。

山頂には、国土交通省の深山レーザー雨量観測所と深山神社の鳥居がある。展望は遮るものがなく、すぐ近くに横尾山や剣尾山、半国山を望め、反対側には弥十郎ヶ嶽や多紀アルプスを望むことができる。

登路　府道亀岡天王線の、るり渓温泉と亀岡市畑野町との境にある峠から尾根伝いに登る（約一時間）。

他に、府道亀岡天王線の天王峠の能勢町寄りから、深山レーダー雨量測候所管理道路を登ることもできる（約四五分）。交通は、南丹市営バスも利用できるが、自家用車の方が便利である。

地図　五万図「園部」　二・五万図「埴生」

201 掃雲峰《そううんぽう》　標高七二三m

別称　天狗岩

京都府南丹市園部町。瑠璃溪の北西一km。雲に聳える高い峰の意味で、山頂の天狗岩で火を焚いて雨乞い神事を行なった。

登路　瑠璃溪の通天湖の北から山道がある（約一時間一〇分）。山頂から天狗岩まで約一〇分。

地図　五万図「園部」　二・五万図「埴生」

202 金山《かなやま》　標高六九二・二m

別称　犬石《いぬいし》　グミノ木

「丹波の名峰」半国山から西に延び天王峠に至る尾根上にあり、京都府亀岡市畑野町千ヶ畑と南丹市園部町大河内の境界に位置する。南面には、畑野町を西から東へ流れる猪名川水系の大路次川が流れ、北西には桂川水系の園部川上流の名勝の瑠璃溪がある。

北麓には三角点の点名でもある大河内の榎、杉ヶ沢の集落がある。この山には、道や踏み跡はなく、大小の花崗岩が露出した籔の多い支尾根をコンパス片手に登るため、読図が必須となる。展望は山頂東側では半国山や天狗岩が、西では剣尾山や横尾山がアカマツやアセビの樹間から望める。

登路　杉ヶ沢にあるりんご園のネットを越えたところから取り付き、尾根を辿ると独標六〇二m、さらに尾根を忠実に進むと山頂に着く（約九〇分）。るり渓温泉前のバス停からは、通天湖南側の自然探索歩道を通って独標六五〇mに登り、藪に入って尾根を東に進むと山頂に着く。読図必須（約一時間二〇分）。交通は南丹市営バスが利用できるが、自家用車が便利）。

地図　五万図「園部」二・五万図「埴生」

⑳③ 半国山　はんこくさん　標高七七四・二m

別称　半国山（はんごくやま　はんごくさん）

亀岡市畑野町、同本梅《ほんめ》町、同宮前《みやざき》町、同東本梅町と南丹市園部町に周囲を囲まれているが、その山頂は亀岡市にあり、山頂が亀岡市内にある山では最高峰である。三方を桂川水系の園部川とその支流の本梅川が取り囲み、南面は猪名川水系支流の大路次川の源流域をなしている。北面にある小さな支流「音羽渓谷」には、音羽の滝をはじめいくつかの小さな滝があり、夏、地元の子供達が沢登りを楽しむ姿も見られる。

山名の由来は、丹波、摂津、播磨の三国がそれぞれ半分見られるとか、三国にまたがっている山だからとかいわれている。その名のとおり東は近江の山、南は六甲山系から大阪湾まで望むことができる。

中腹には、国指定の重要文化財「五重の石塔」（鎌倉時代建立）と、「絹本著色仏涅槃図」があり、亀岡市内の展望がすばらしい天台宗修験道の寺である金輪寺（延暦二（七八三）年創建）が静かにたたずんでおり、背後には神尾（かむのお・かみお）山城跡がある。

半国山はかつて霊場半国として修験の山であったようだが、今は金輪寺以外にその痕跡を見ることは少ない。山頂の線刻の不動明王は、昭和八年に法常寺（畑野町千ヶ畑　一六四一年開創）など十ヶ寺によって建

竜尾山から見る半国山

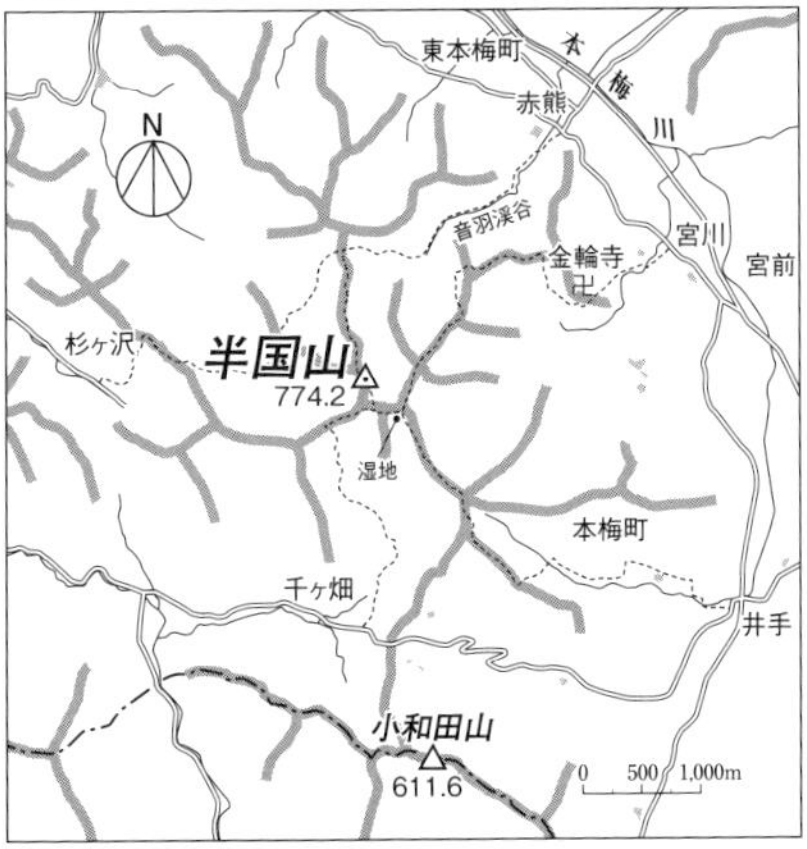

立されたものである。

地質は、南西面の畑野町広野付近には花崗岩の石切場などを見ることができるが、山の大部分は本梅川左岸一帯を広く形成する中生代の流紋岩、石英安山岩凝灰岩である。

以前、山頂直下南側の台地付近は、背の低いササに覆われ展望も良かったが、今はササが枯れてしまい、植林されたヒノキが大きくなり、見通しは利かなくなった。同時にササ原の中には、雨の多い時期には水がたまり池になる湿地があったが、近年、乾燥化が進み消滅してしまったようだ（ヒノキ林を少し畑野町側に入ると、その窪地がある）。

春、雑木林の中に咲くツツジやヤマザクラ、また、秋に日当たりの良い場所で見られるリンドウ等は、植林の多い山中にあって一服の清涼剤となる。

登路　本梅町赤熊から「音羽渓谷」沿いに登るか、宮前町宮川から登るのが一般的である。どちらも登りか下りに金輪寺を経由するとよい（登り約一時間四〇分、下り約一時間三〇分）。交通は、ＪＲ亀岡駅から京阪京都交通バスまたは自家用車を使用）。

園部町の瑠璃渓や畑野町千ヶ畑、東本梅町井手から登るコースもあるが、あまり登られていない。

地図　五万図「園部」　二・五万図「埴生」

204 横尾山　よこおやま　標高七八四・八ｍ

別称　ホンヨコ　脇山　笠山

京都府亀岡市畑野町土ヶ畑《どんがはた》と大阪府能勢町宿野の府境尾根にあって、南東の剣尾山へと尾根が続く。横尾山の山頂は、下生えのない雑木に囲まれている。山頂から西、さらに北へと伸びる府境尾根は、ササ原、ススキから分厚い落葉、松葉の絨毯へと変化し、自然が豊かである。展望もよく、巨岩が点在する剣尾山からは、大阪湾、北摂の山、愛宕山、比叡山が見わたせる。

剣尾山伝説では「不動岩に空から利剣が舞い降りた」とされているが、利剣が実際に下ったのは、横尾山とする説がある。月峯寺の建立やその賑わいによって、本家の剣尾山という名が横取りされ、横尾（よこを）向いたためといわれている。いずれにせよ、能勢の代表である剣尾山と横尾山は、セットで縦走して尾根の展望と自然を味わいたい山である。

登路　府道731号の京都府と大阪府の境界にある峠、天王峠から府境の尾根を南進し、送電線鉄塔で東進する。境界には赤色プラ杭が打ち込んであるため迷うことはない（二時間三〇分）。大阪府側からは、能勢の郷「二一世紀の森」から北に岩とマツの多い尾根を登る（約一時間五〇分。交通は共に自家用車）。

地図　五万図「園部」「広根」　二・五万図「埴生」

205 小和田山 こわだやま　標高六一一・六m

別称　クラボ

京都府亀岡市本梅町と大阪府豊能郡能勢町の境界にあり、東西約四km、南北約二km程度のなだらかな山塊の最高峰である。山名は、南面にある能勢町の集落「小戸」と「和田」の二つの地名を重ねてつけられた。平成五（一九九三）年、皇太子と現皇太子妃（小和田雅子さん）の婚約を機に一躍脚光を浴び、全国各地から大勢の登山者がこの山を訪れたことは記憶に新しい。その後はあまり登られていないようだ。

地質は、岩石峠付近を境に、半国山は流紋岩、石英安山岩凝灰岩、小和田山から横尾山にかけては花崗岩となっている。西面では露出した花崗岩の大岩をいくつも見ることができる。

山の北側山麓にはゴルフ場があり、その上部の雑木林の中に、西加舎《にしかや》の集落から見ると文字を書いたように植林がなされているのが分かる。その部分を除けばマツが点在する広葉樹の自然林である。比較的雑木林が多く、ヤマザクラ、ツツジ、タニウツギ、タムシバ等の花が彩りを添え、秋には色とりどりの紅葉とマツや植林の緑が入り混じり、里山の雰囲気を醸し出している。

山頂は雑木林の中で展望は良くない。北面からの登山道にある鉄塔からは、向かいの半国山をはじめ愛宕山から牛松山、三郎ヶ岳、朝日山等、亀岡方面の山がよく見える。

登路　京都側からは、亀岡市本梅町と畑野町を結ぶ岩石峠から続く送電線巡視路を利用して登るとよい（約五〇分）。

本梅町から見る小和田山

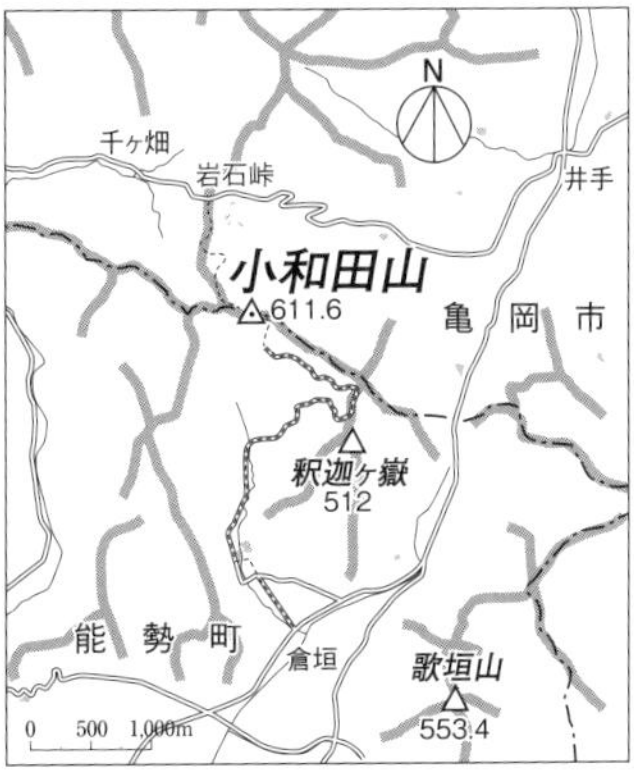

大阪府の能勢町側からは、小戸から林道を行き、終点から浅い谷（一般向きではない）を詰めて主稜線に出る（林道終点から約三〇分。交通は共に自家用車使用）。

地図　五万図「広根」「園部」　二・五万図「妙見山」

㉖⑥ 霊仙ヶ岳　れいせんがだけ　標高五三六・二m

亀岡市曽我部町と西別院町にまたがる。亀岡盆地の南西角に聳え、市内からもよく見ることができる。北側には桂川の支流犬飼川が流れ、東の山麓には亀岡と大阪府池田市を結ぶ国道423号の法貴《ほうき》峠がある。

鈴鹿や比良にある「霊仙山」の読みは、「りょうぜんざん（やま）」であるが、こちらは「れいせんがだけ」と読む。

登路　山の南側は山頂の直下までゴルフ場となっているので、登山には北面の曽我部町犬飼の集落にある滋雲寺の裏手からの道を利用するとよい（約六〇分）。亀岡駅から京阪京都交通バスが利用できる。

地図　五万図「京都西南部」二・五万図「法貴」

207 明神ヶ岳　みょうじんがだけ　標高五二三・四m

亀岡盆地の南側にある大阪府との境界尾根の一角にあり、京都府亀岡市篠町と大阪府高槻市田能とにまたがる。明神ヶ岳については、享保四（一七二九）年に書かれた「盥之魚《たらいのうお》」に出てくるところから、地元では昔からよく知られていたのだろう。

山頂三角点は雑木が刈り払われているので、すぐ見つかるが、展望はよくない。山頂から東へ万寿峠に向かって府境尾根を進むと、北に愛宕山や三郎ヶ岳、牛松山を背に亀岡市街の中心部がよく望め、南にポンポン山、竜王山がよく見える。

登路　亀岡市篠町の上寒谷と高槻市の中畠を結ぶ万寿峠から登るのがよい（峠から約一時間。交通は自家用車）。昇尾峠から登ることもできる。

地図　五万図「京都西南部」二・五万図「法貴」

208 烏ヶ岳　からすがだけ　標高四三八・九m

烏ヶ岳は、亀岡市の中心部から見ると南南西の方向にあるが、同程度の標高の山が連なるため、同定するのは難しい。淀川水系の支流である保津川（桂川）と同じ安威川の分水嶺に位置し、保津川側は亀岡市矢田町、安威川側は同じく東別院町に属する。

登山口となる東別院町小泉の集落は、亀岡市と茨木市を結ぶ府道の峠をなしている。マツと雑木・スギ等に覆われた緩やかな山並みは、集落の標高が三〇〇m余りであるため、高さを感じさせない。そのため、裏山歩きの気分でのんびりと楽しめるが、登山道はない。展望は、山頂手前のピークから東方向の小塩山やポンポン山等が見わたせるが、山頂から北方向はあまりよくない。

登路　亀岡市東別院町小泉にある春日神社の境内から尾根の踏み跡に入り、右手に亀岡市ゴミ焼却施設の煙突を見ながら尾根を忠実に北へ辿る。幾つかのピークを越え、右下に林道が見えてくると、いったんコルに下り、登り返すとまもなく山頂に達する。

下りは、北へ尾根を辿り、林道が尾根の側まで近寄ってくるコルから左の谷へ下りると、簡単に神原の集落へ下ることができる（登り約五〇分、下り約一五分　交通は自家用車）。読図必須。

地図　五万図「京都西南部」　二・五万図「法貴」

㉐黒柄岳　くろがらだけ　標高五二六・七m

京都府亀岡市東別院町と大阪府高槻市田能との府境界に位置し、東にある明神ヶ岳と昇尾峠を挟んで対峙している。黒柄岳については『亀岡神社誌』の鍬山神社由緒に記載されているし、東別院町峠にある春日神社の由緒にも「春日神社は唐下東掛渋谷の黒柄嶽に大きな神社があったが、後に里に降り分散した」とある。

山頂にはＮＴＴの電波塔があり、三角点は少し東の雑木の中にある。見晴らしはあまりよくないが、ポンポン山や木々の間から霊仙ヶ岳と半国山が見える。

登路　旧昇尾峠から電波塔の管理道路を登るとよい（約五〇分。交通は自家用車）。

地図　五万図「京都西南部」　二・五万図「法貴」

㉑高岳　たかだけ　標高五五五・七m

別称　長尾

京都府亀岡市の南西に位置する西別院町神地《こうじ》と大阪府豊能郡能勢町野間、豊能郡豊能町牧地内との境付近に位置するが、山頂は府境より少し北へ入った京都府側にある。付近には、国道423号を挟んで東側に鴻応山があり、北方には歌垣山がある。山名の由来は、国道423号が開通していない頃、豊能町へ行き交うためにこの山麓につけられた道から野間峠を越えていたが、道が峠よりも高かったことから「高岳」と呼ばれるようになった。

登路　西別院町神地にある民家の裏から適当に稜線に出て登る（約四〇分。交通は自家用車使用）。

地図　五万図「広根」　二・五万図「妙見山」

㉑鴻応山《こうのやま》　標高六七八・七m

別称　鴻応山（こうおうざん）

京都府亀岡市の南端にある西別院町と大阪府豊能町との境界に位置している。山名の由来は、西別院地区の古老によると、昔この山麓にコウノトリが住んでいたところからこの一帯を「鴻の里」と呼んでいた。それに伴い「こうのやま」と呼ぶようになったらしいが、山頂の地籍は、豊能町寺田小字鴻應山（こうおうざん）となっているところから、豊能町側では「こうおうざん」と呼ばれている。国土地理院の地形図では「鴻応」（こうの）となっている。市立西別院小学校の背後にあるこの山は、校歌の歌詞にも「こうのみね」として歌われ、また、「こうの山」と名付けられた学校だよりも発行されている。この山が子供の頃から野外研究や学習の場を提供するとともに、広く町民に愛されていることがよく分かる。

　地質は、砂岩・泥質岩互層であるが、山頂付近の一部で珪岩が東西方向に分布している。山全体はスギ・ヒノキの植林や雑木林で、秋から冬にかけての落葉期でも、木々の合間から亀岡盆地の向こうに愛宕山や牛松山等が望まれるだけで、展望は期待できない。山頂から北側の尾根を少し下ると、植林の中に珪岩の巨岩が露出しており、場違いの景観が味わえる。

西別院町犬甘野から見る鴻応山

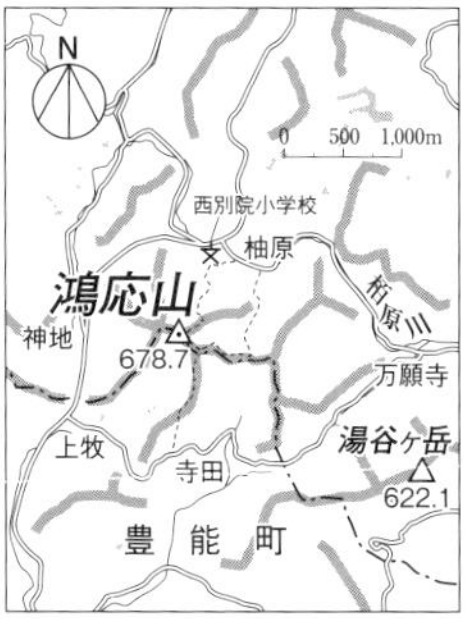

登路　京都側からは、国道423号柚原信号を左折し、二〇〇メートルほど進んだところから右に細い林道を登ると大阪府との境界稜線に出る。稜線を右に辿ると豊能町牧からの道と合流し山頂に達する（約一時間一〇分）。西別院小学校の裏から巨岩の側を通り登る道もある

が、雑木や雑草が生い茂って、一般向きではない。大阪府豊能町寺田からは、比較的明瞭な登山道が続いている（約四〇分）。

下山はどちらから登るにしろ、往路を戻る。

地図　五万図「京都西南部」　二・五万図「法貴」

㉑㉒ 湯谷ヶ岳《ゆやがたけ》　標高六二二・一m

大阪府境に近い京都府西別院町湯谷地内の背後に位置する山で、山全体にスギやヒノキの植林がなされている。山頂はこのヒノキの林の中にあるため、晴れた日でも薄暗く展望はまったく利かない。
山の名前は、中腹の集落「湯谷」からきていることは間違いないが、湯谷の由来については、集落にある玉依神社について「……当地は往古に温泉の湧き出たことがある。即ち祭神玉依姫命は温泉の守護神である」と記されている。
登路　湯谷集落にある福泉寺から登れる（約三〇分）。西別院町柚原の鴻応山への登山口である林道を進み、左へ尾根を外さないよう読図をしながら稜線を登る。交通は自家用車使用が便利。
地図　五万図「京都西南部」　二・五万図「法貴」

森本次男『京都北山と丹波高原』

「京都北山と丹波高原」自序（全文）

京都三條の大橋の欄干に凭つて、見はるかす水上にたたなはる山脈を見たのが始めであの重なり合つた深い山脈の奥には、どんな自然とどんな人間生活が隠れて居るかとたづね入つてから、もはや何年の星霜がたつたことだらう。

悠然として私には他人に見せる様なまとまつた収穫は無いが、自分自身の心の糧としては非常に大きなものを得た。

其處には氷雪の嶺もなければ、雲を越ゆる頂も無い。あるものは深い緑の森林と美しき溪谷、そこはかとなき小徑と古くなつかしき峠、素朴な山棲人と緑の波に漂ふ小島の如くも侘しき山村である。

蕪雑な此の山旅案内が、此の高原に入らうとする人達に些かの足しになって、立派な収穫を得られるであらうことを私は願って居る。

森本次男（もりもと・つぎお）1899〜1970

群馬県前橋市に生まれる。スキーで有名な猪谷六合雄の従弟。岳父は乃木大将の副官。のちに京都へ移住する。男山八幡宮宮司森本家に入籍。京都三中、京都高等工芸学校卒。一九一三（大正2）年、京都一商教諭、定年まで教鞭をとる。一九三五（昭和11）年、北山に麗杉荘を建設。翌年、登山雑誌『関西山小屋』の発行と共に倶楽部創設。「京都山岳会」「京都山岳協会」初代会長。著書多数。『樹林の山旅』は不朽の名著。

京都府339山

山城北部89山

山城北部89山

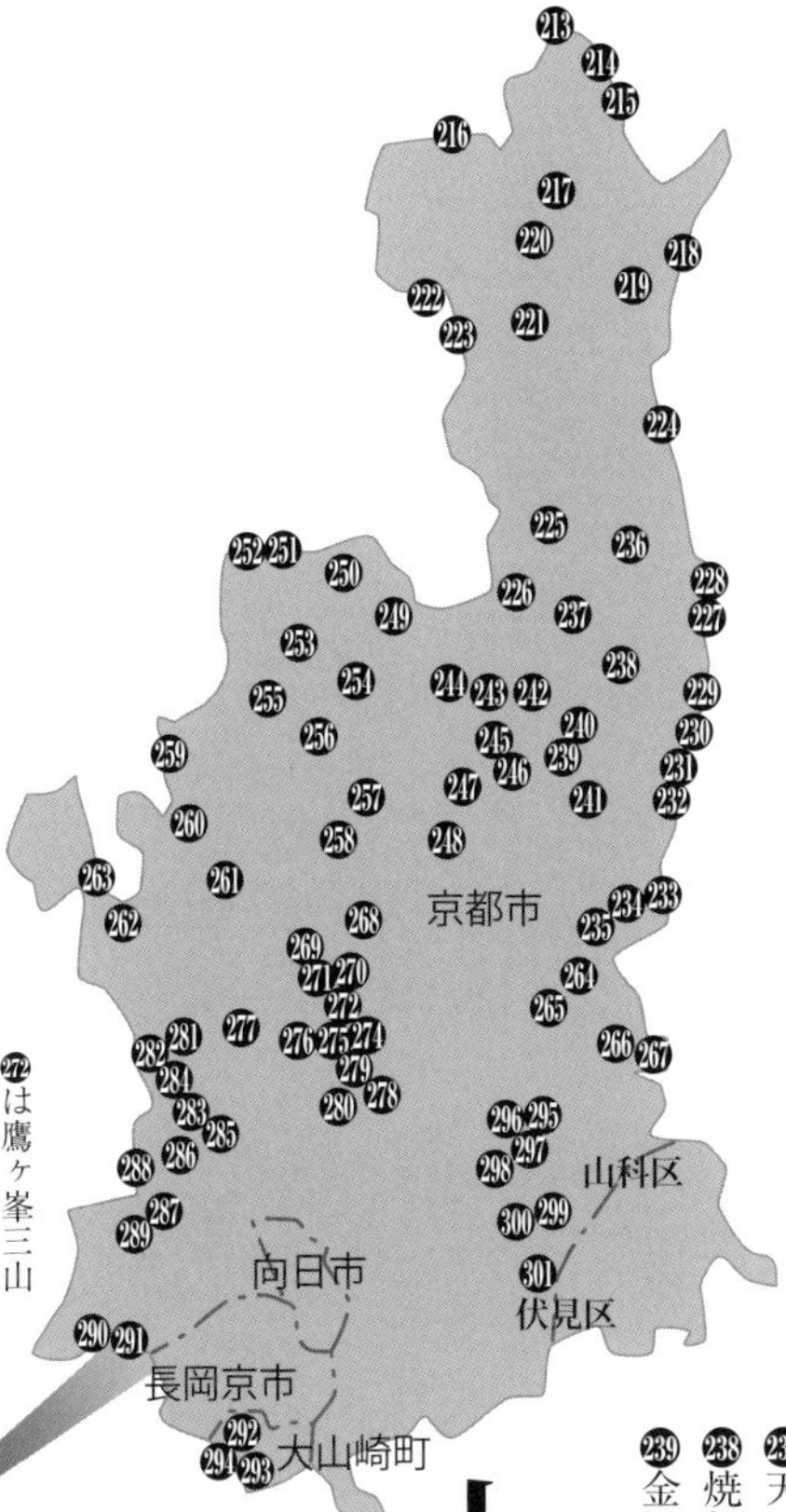

213 三国岳
214 経ヶ岳
215 イチゴ谷山
216 小野村割岳
217 フカンド山
218 鎌倉山
219 峰床山
220 桑谷山
221 チセロ谷山
222 鍋谷山
223 湯槽山
224 皆子山
225 滝谷山
226 天狗杉
227 魚ノ子山
228 宮メズラ
229 梶山
230 小野山
231 水井山
232 横高山
233 比叡山・大比叡
234 比叡山・四明ヶ岳
235 てんこ山
236 ナッチョ
237 天ヶ岳
238 焼杉山
239 金毘羅山
240 翠黛山
241 瓢箪崩山
242 戸谷峰
243 鞍馬山
244 貴船山
245 竜王岳
246 箕ノ裏ヶ岳
247 向山
248 神山
249 魚谷山
250 桟敷ヶ岳
251 飯森山
252 天童山
253 岩屋山
254 惣谷山
255 半国高山
256 白木谷山
257 十三石山
258 城山
259 鷹ノ巣山
260 朝日峯
261 峰山
262 愛宕山
263 地蔵山
264 瓜生山
265 吉田山
266 大文字山
267 如意ヶ岳
268 釈迦谷山
269 沢山
270 桃山(天ヶ峰)
271 吉兆寺山
272 鷹ヶ峯
273 鷲ヶ峯
274 大文字山
275 成就山
276 白砂山
277 長尾山
278 船岡山
279 衣笠山
280 雙ヶ岡
281 小倉山
282 山上ヶ峰
283 嵐山
284 烏ヶ岳
285 松尾山
286 沓掛山
287 大枝山
288 老ノ坂
289 小塩山
290 ポンポン山
291 釈迦岳
292 小倉山
293 天王山
294 十方山
295 花山
296 清水山
297 六条山
298 阿弥陀ヶ峰
299 二石山
300 稲荷山
301 大岩山

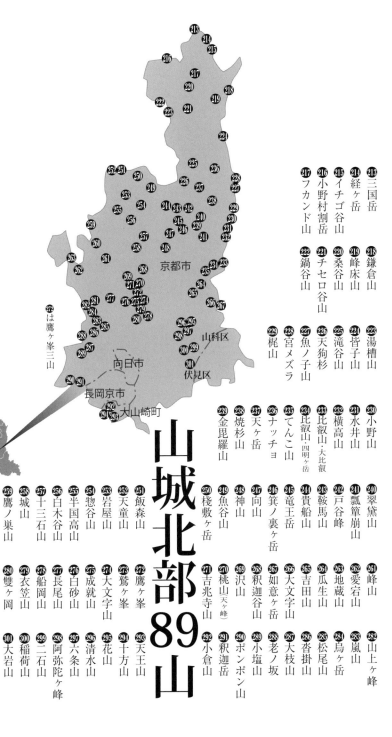

㉑③三国岳 さんごくだけ

標高九五九・一m

別称　みくにだけ　久多三国《くたみくに》

京都市左京区久多と京都府南丹市美山、滋賀県高島市朽木《くつき》にまたがり、二等三角点のある山頂は京都側に位置する。府県境のピークは九〇四m。京都府・福井県・滋賀県の境界にある三国峠から南下する中央分水嶺は、地蔵峠・岩谷峠を経て三国岳につながり、主稜線は天狗峠（天狗岳）・小野村割岳へと九〇〇m台の標高を維持して続く。西面は由良川水系で、大谷にはいくつもの滝が懸かる。東面と南面は、琵琶湖へ注ぐ安曇《あど》川の上流にあたり、針畑川と久多川の水源になっている。

白倉山の稜線から見た三国岳

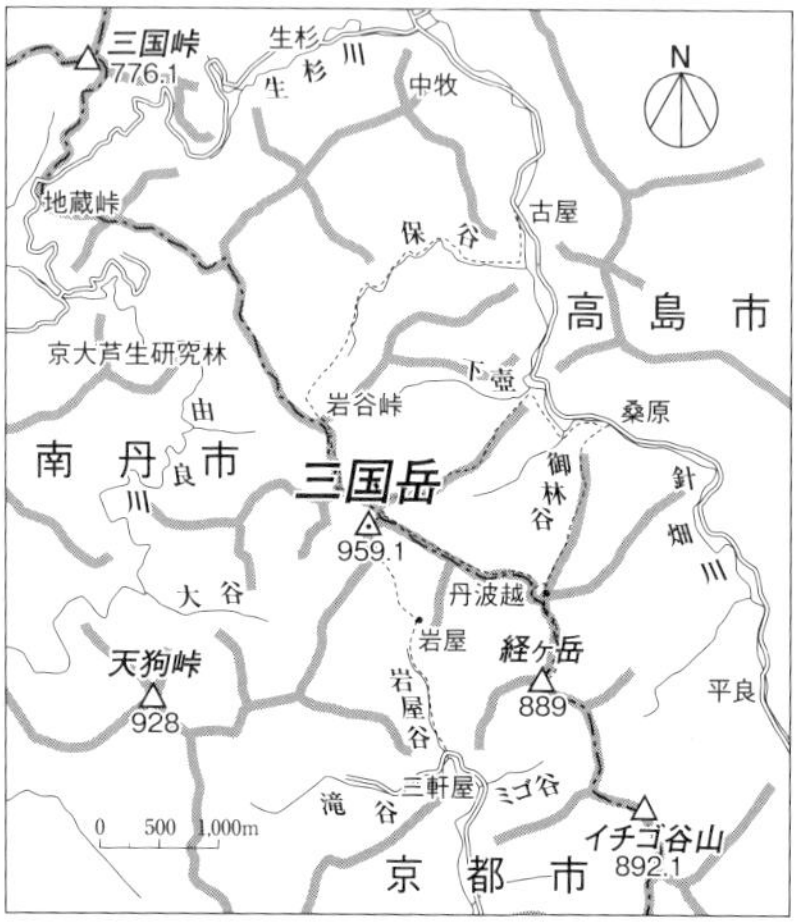

由良川の上流域には、京都大学芦生研究林が開設されている。そのため、ブナ・ミズナラ・カツラなどを主体とする落葉広葉樹林になっており、ところどころにアシウスギの巨樹が混じる。北山では、もっとも原生の姿をとどめているエリアであろう。久多側は滝谷を中心に京都府立大学久多演習林で、林内には道が整備されている。針畑側は植林地があるものの、二次林が山麓まで広がり、特徴ある風景を見せている。なかでも、紅葉の時期は一見に値する。

山名の呼称は、ながらく「みくにだけ」とされてきたが、現在は朽木側で使われる「さんごくだけ」と称す場合が多い。北側に位置する三国峠（みくにとうげ＝三国岳）との混同を避ける意味でも、今後は主流になるものと思われる。

由良川源流の野田畑《のだばた》や中山を中心として、木地山や三軒屋なども含め、周辺には木地屋（木地師）の痕跡が各所に残っている。その根源地である蛭谷（滋賀県東近江市）の「氏子駈帳」には、この付近の聚落名が数多く記されている。当時は、岩谷峠など彼らが使う道が張り巡らされ、若狭・丹波・山城・近江への往来が容易にできたものと思われる。

久多川の上流にあたる岩屋谷には三つの岩屋があり、不動明王と役行者が祀られている。地元では「不動参り」と呼ぶ岩屋巡りが行なわれ、不動明王の命日にあたる四月二八日にはお供えをして家内安全を祈るという。

登路　久多上の町から久多川を遡る。滝谷出合から京都府立大学演習林管理舎を経て岩屋谷へ入り、三の岩屋から支尾根に取り付いて山頂へ約二時間三〇分。滋賀県側からは、針畑より三本のルートがある。一つは、桑原から経ヶ岳への道を使い、御林谷《おはやしだに》峠（丹波越）を経て山頂へ約三時間二〇分。二番目は桑原から下壺へ入り、滝谷右岸の尾根を直登すれば約二時間で達する。そして、古屋から保谷を遡れば、岩谷峠を経て山頂まで約二時間三〇分。

地図　五万図「北小松」　二・五万図「久多」

214 経ヶ岳　きょうがだけ　標高八八九m

京都市左京区久多と滋賀県高島市朽木（桑原）の境にあり、山頂に経塚があることから名付けられた。

三国岳からイチゴ谷山への府県境尾根にあり、東面は針畑川、西面は久多川の流域で、ともに安曇川へ流出する。山頂北側の鞍部は御林谷峠（丹波越）と呼ばれ、近くに茶店があった。小入谷《おにゅうだに》から桑原を経てこの峠に登り、久多から能見《のうみ》越（久多越）・花脊峠を越えて京都へと続く道は、古い「鯖街道」ではないかといわれている。朽木の針畑地域には、京都との結びつきを示す言葉や伝承が残っている。

各所に植林地も点在するが、この地域の特徴はミズナラやアシウスギ・ブナを中心とする自然林の美しさである。とくに、紅葉期の

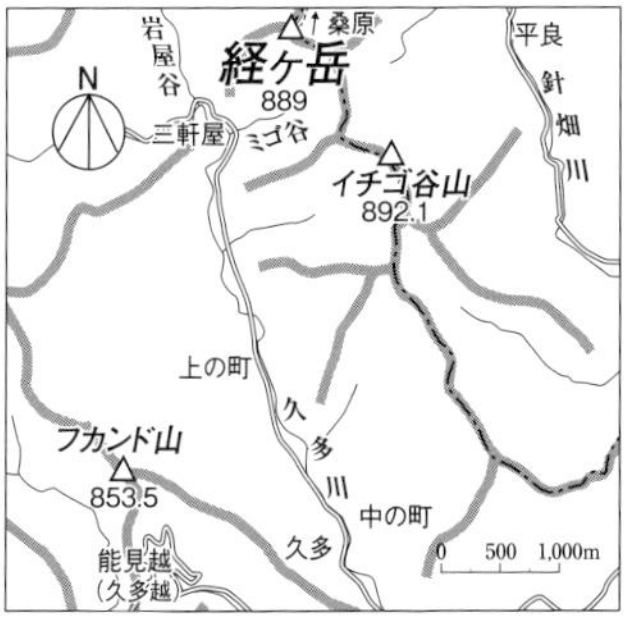

彩り豊かな色合いは見事だ。
登路　かつて通じていたと思われる久多岩屋谷・三軒屋からの道は現存せず、京都側からの登頂は容易でない（約三時間）。高島市桑原から御林谷と俵谷の間の尾根を登り、茶店跡から稜線に出て山頂へ約二時間四〇分。
地図　五万図「北小松」　二・五万図「久多」

㉑⑤イチゴ谷山　標高八九二・一m

別称　市後谷山《いちごだにやま》　ヘラ谷奥　オキナ谷峰

京都市左京区久多と滋賀県高島市朽木の間にある。三国岳から久多川合へ下る尾根の中央にあり、その最高峰である。西は久多川、東は針畑川へ流出する。西面の谷をイチゴ谷といい、山名の由来となった。朽木側はヘラ谷が北東へ、オキナ谷が東へ流れる。
登路　久多上の町のイチゴ谷出合から、谷道を使うか右岸の尾根を利用するが、明瞭な道はない（それぞれ約二時間四〇分）。平良からヘラ谷の右岸尾根に踏跡があり、上部は植林の作業道が使える（約二時間三〇分）。なお、最高地点は南のピーク（九〇九m）で、イチゴ谷山から往復するのに一時間はみておきたい。
地図　五万図「北小松」　二・五万図「久多」

㉑⑥小野村割岳《おのむらわりだけ》　標高九三一・七m

京都市左京区広河原と南丹市美山にまたがる。一九五七（昭和三二）年まで、北桑田郡京北町に属す丹波の山であった。現在は南側が京都市左京区。

三国岳から佐々里峠へつづく中央分水嶺に位置し、北面は由良川水系で日本海へ。南面は桂川水系（上桂川・大堰川）で大阪湾へ流出する。

この山の北面は、京都大学芦生研究林として自然環境が保持されてきたため、近畿でも有数のブナを主体とする落葉広葉樹林に覆われている。面積は二〇〇〇ヘクタールほどあり、アシウスギを含むトチノキ・カツラ・ミズナラの巨木が目立つ地域である。稜線には、伏条更新する台杉の巨樹が数多くあり、独標９５１

m（光砥山《こうどうやま》）に付近最大の大スギや、板取りの跡が残るもの、他の樹木と一体になったものなど、多様な姿を見ることができる。

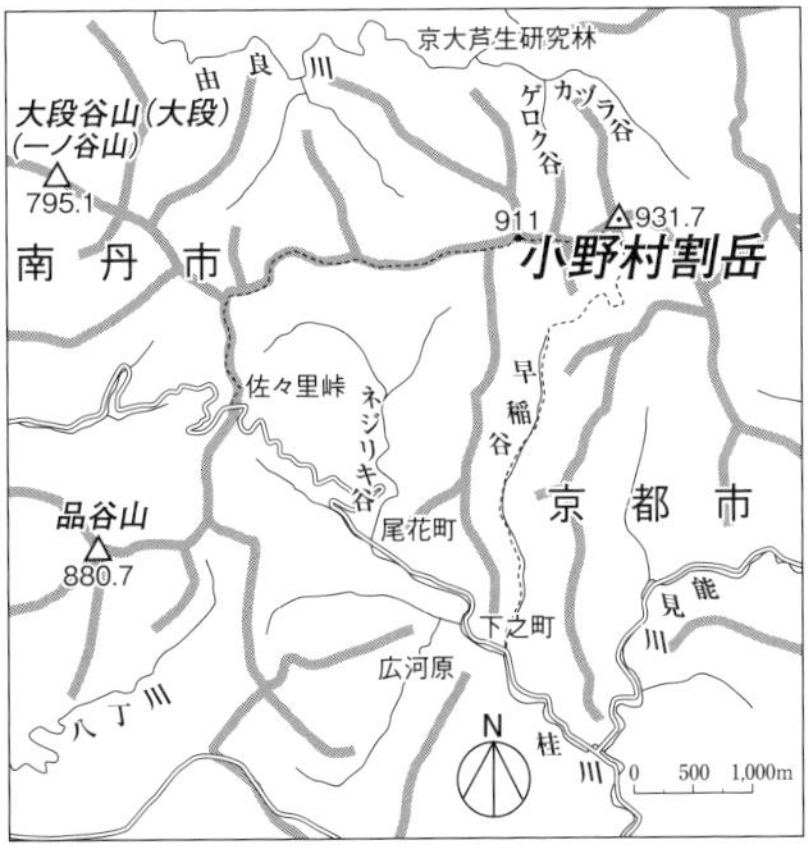

登路　広河原下之町から早稲谷を遡り、林道終点から尾根に取り付いて直接山頂へ立つことができる（約二時間二〇分）。佐々里峠から中央分水嶺を辿り、独標九一一mピークを経て行くことも可能（約三時間三〇分）。そのほか、谷を溯行するなら、由良川支流のカヅラ谷本流やゲロク谷（左俣・右俣）、ネジリキ谷（大堰川源流）などが使える（いずれも経験者向）。

地図　五万図「北小松」　二・五万図「久多」

㉑⑦ フカンド山　標高八五三・五m

別称　深雲洞山　深洞山《ふかんどさん》

京都市左京区久多と広河原の間にあり、桑谷山との鞍部を能見越（久多越）が通る。京都市の最北部を構成する山嶺のひとつで、西面は大堰川（上桂川）の水源にあたる。東面は久多川となって安曇川へ流れ出る。かつては、落葉広葉樹林に覆われていたが、高圧送電線の敷設や人口造林地の拡大に伴って、府道久多広河原線の沿線を中心に、自然林は少なくなっている。

登路　フカンド谷から支谷を詰めるか、能見越（久多越）の峠から尾根伝いに登ることができる（約一時間三〇分）。

地図　五万図「北小松」　二・五万図「久多」

218 鎌倉山《かまくらやま》　標高九五〇・五m

別称　鎌倉谷山　鎌倉の頭

京都市左京区久多と大津市葛川にまたがる。峰床山から北東へ延びる府県境の尾根にあり、葛川坊村で安曇川に流れ込む鎌倉谷が山名の由来であろう。南西にあるオグロ坂との間は美しい樹林が広がり、ブナやシャクナゲが目立つ場所もある。安曇川を挟んで、東に連なる比良山系が間近に眺められる山として知られている。

登路　坊村より、鎌倉谷左岸の尾根に取り付いて山頂へ約二時間二〇分。久多下の町からオグロ坂の峠を経て約三時間三〇分。

地図　五万図「北小松」二・五万図「花脊」

㉑⑨峰床山　みねとこやま　標高九六九・九m

京都市左京区久多にあり、南は大原（尾越《おごせ》）に接する。京都府内では、皆子山に次ぐ標高を有する。天狗峠（天狗岳）の南、中央分水嶺から派生した稜線は能見越（久多越）を経て桑谷山を起こす。さらに、東へ方向を変えた先にこの山は位置し、北東へ分かれた尾根は鎌倉山へ続く。南へ向かう尾根は、俵坂を経て桂川（上桂川）と安曇川の分水界となり、花脊と大原の地域を分ける。北側は久多川へ、東から南は江賀（伊賀）谷と芦火（足尾）谷で、すべて安曇川に注ぐ。西側は桂川水系の流域である。

東麓の標高八〇〇mには高層湿原の八丁平があり、都市近郊にある貴重な自然として特筆できる。湿原には、盛り上がるようにミズゴケやスゲ類が繁茂し、周りはミズナラ・クリ・ブナなどの落葉広葉樹で覆われている。新緑や紅葉がすばらしく、レンゲツツジやショウブなども見られる。名称は、周囲が八丁（約九〇〇m）あることに因む。「峰床」は高地と平坦を表わし、八丁平と一体になった山名と考えられる。

峰床山と鎌倉山の間にある鞍部をオグロ坂が越えており、「六尺道」と呼ばれ「鯖街道」の一部と考えられている。久多から鞍馬へ続く山中のルートは、いったん峠へ登ると高低差の少ない道が続き、安曇川筋より安定していた。峠には小祠があり、ブナ林とともによい雰囲気を醸し出している。道は尾越・大見・花脊峠へとつながる。戦前のスキー場開設や、一九七〇〜八〇年代の林道敷設計画に伴う反対運動などを経て、一帯は京都市の「山村都市交流の森」になり、花脊八桝町にかけての区域が整備・保護されるようになった。京都丹波高原国定公園の中心エリアである。

登路　「山村都市交流の森」には多くの道が整備されており、八桝の案内所から「ちしょろ尾根古道」と俵坂を経て約四時間で山頂に到る。大悲山口からは、寺谷を遡ってナメラ谷で俵坂に達し、山頂へ約二時間四〇分。久多下の町からオグロ坂の峠を経て約二時間四〇分。大津市葛川中村から江賀（伊賀）谷右俣を遡り、中村乗越を経て八丁平に下り、クラガリ谷から山頂へ約三時間二〇分。大原尾越町からフノ坂もしくはフジ谷峠を経て八丁平に入り、クラガリ谷から山頂へ約二時間。そのほか、八桝《やます》川（チショロ谷）からチショロ峠へ登り尾越に達する道や、芦火（足尾）谷を遡行するルートもある（経験者向）。

地図　五万図「北小松」　二・五万図「花脊」

皆子山からの峰床山

㉒⓪ 桑谷山　くわたにやま　標高九二四・九m

別称　経塚山

京都市左京区花脊（原地）と広河原（能見）の境に位置し、南へ延びる尾根に大悲山（七四七m）があって、中腹には舞台造の本堂を持つ峰定寺が建っている。天狗峠から峰床山へ続く稜線は、能見越（久多越）の峠でいったん標高を落とすが、この山で再び九〇〇mまで高度を盛り返す。山頂は、東峰と三角点のある西峰の双耳峰で、経典を埋めたとされることから経塚山とも呼ばれる。山名は、南西へ下る桑谷の源頭にある意であり、点名の「長戸」は西側の谷名である。

　北東面だけ、安曇川へ流出する久多川（宮谷）の源流にあたり、ほかは能見川・寺谷から桂川（上桂川）へ流れ出る。

登路　大悲山口から寺谷に沿って峰定寺方面へ歩き、桑谷の林道で登山口へ。送電線の巡視路を使って東峰に達し（約二時間）、西峰へはさらに約二〇分かかる。
地図　五万図「北小松」　二・五万図「久多」

221 チセロ谷山《ちせろだにやま》　標高七一五・六m

別称　八桝山《やますやま》

京都市左京区花脊にあり、峰床山から南西へ延びる尾根の先端に位置する。谷名由来の名称にするなら、チショロ谷山であろう。
　西側を桂川（上桂川）が流れ、北面は寺谷川、南面は八桝川（チショロ谷）の各支流に囲まれている。八桝から峰床山・八丁平にかけては、京都市によって「山村都市交流の森」が開設され、散策道の整備と古道の復元がなされている。
登路　府道京都広河原美山線の八桝にある花脊交流の森前から、よく踏まれた歩道を使って天神の森へ。山頂まで約一時間。
地図　五万図「北小松」　二・五万図「花脊」

222 鍋谷山《なべたにやま》　標高八五九m

別称　井ノ口山　井ノ口谷山

京都市左京区広河原（杓子屋）と右京区京北（片波）の間に位置する。佐々里峠・衣懸坂から南下する尾根の中央部で、付近には八〇〇mを超える峰々が連なる。

　元来、広河原も含め丹波国であり、京北地域の最奥部にあたる。桂川（上桂川）の本流および支流の片波川に囲まれ、周辺はアシウスギの巨樹が数多く残っている。
花脊原地へ井ノ口谷が流れ出るが、山頂より東にある等高線八四〇ｍが源頭であり、そのピークを井ノ口山とする場合も多い。井ノ口谷の左岸尾根に七七九・〇ｍの三角点「西丁子」があり、台杉やヒノキの古木など、この山の樹林は内容的にも素晴らしい。
山頂から西側の尾根を中心に、約一〇六ヘクタールは京都府自然環境保全地域に指定され、入山が制限されている。なかでも、独標八六一ｍピークを最高点とする約三六ヘクタールは、特別地区「野生動植物保護区」として立入禁止になっている。その南側にあたる、標高約五〇〇～約七〇〇ｍに伏条台杉群生地がある。「平安杉」と呼ばれる幹周一五ｍ以上の台杉をはじめ巨木が林立し、観察コースも整備されている。

登路　原地町杜若《かきつばた》付近から井ノ口谷に入り、三角点を経て鍋谷山まで約二時間。片波川源流域には、林道片波広域線（丹波広域基幹林道）が敷設され、西谷の観察路入口から伏条台杉群を周回することができる（約一時間）。このコースの最高峰は二ノ峰（六八五ｍ）。

地図　五万図「北小松」　二・五万図「花脊」

223 湯槽山《ゆぶねやま》　標高七六三・一ｍ

別称　片波山　湯船谷山

京都市左京区花脊と右京区京北（片波）にまたがる。山名になっている湯槽（湯船）は、三角点峰から東峰（七五六ｍ）を水源として大布施町へ下る谷名で、片波は京北側の集落・河川名である。鍋谷山から南へ延びる尾根の末端にあり、林業地帯だけに作業道があちこち付けられている。尾根筋を中心に台杉も点在する。

登路　大布施町から湯槽（湯船）谷に入り、林道で尾根に出たのち三角点のある山頂へ約一時間四〇分。もしくは、原地町のナベ（鍋）谷からナベ谷峠へ登り、山頂まで約一時間二〇分。
地図　五万図「北小松」　二・五万図「花脊」

㉔皆子山《みなごやま》　標高九七一・三m

別称　みなこやま

京都市左京区大原と大津市葛川にまたがる。丹波高原の特徴そのままに、重畳と連なる山なみから山頂を見出すのは困難である。山容は東西に大きな翼を広げ、奥深い印象を与える。京都府の最高峰として登山者には知られているものの、一般に答えられる人は少ないであろう。

峰床山の稜線から見る皆子山

　安曇川の水源は花脊峠（京都市左京区）付近にあり、花折断層によって、比良山系の西側を直線的に流れるが、平（大津市）から上流は南西へ方向を変える。その屈曲点に位置するのがこの山である。安曇川流域の峰々が比較的高い標高を有しているのは、丹波帯と呼ばれる中生代三畳紀・ジュラ紀のチャートや砂岩・頁岩など、堅い岩の性質によるものとされる。

　山頂付近は、ミズナラとリョウブに覆われ、かつてのクマザサは見る影もない。山腹はブナ・トチノキ・カツラなどの落葉広葉樹林が広がるものの、東面を中心にスギの植林地も多い。

　名称は、旧制第三高等学校山岳部の部員らが、周囲の谷名や地元の呼称を参考に名付けたという。安曇川へ流出する谷の中で、唯一流域全体が京都側にあるのは皆子谷である。したがって、命名の心情もわかる気がする。なお、「ミ」は川の上流に広がる美しいという意味があり、「ナゴ」は白いガレの見える平地に由来するという説や、「ミナ」（南）「ゴ」（川）という説が唱えられてる。安曇川筋には思古淵（志子渕）神が各集落にあって、川を司り筏師を守る神として信仰されてきた。最源流の百井《ももい》（左京区）にもあって、川を介した文化的な結びつきを強く感じる。

登路　もっとも登りやすいコースは、平から東尾根を

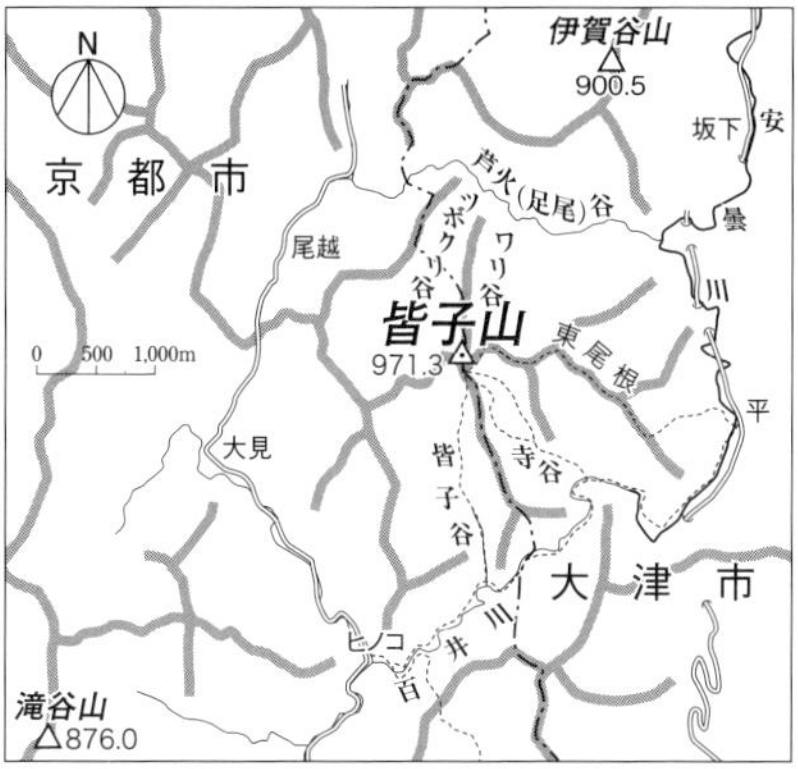

使うもので、仲平橋を渡り寺の背後から支尾根に取り付く。八三七mと九四一mの独標を経て登頂する（約二時間一〇分）。皆子谷・寺谷とも以前からよく歩かれる道で、谷の出合よりそれぞれ約一時間三〇分。寺谷は上部で二つのルートに分かれる（右俣と左俣の巻き道）。芦火（足尾）谷からツボクリ谷を遡る道は、滝や岩が点在して急斜面を登るため、経験者向（約三時間）。かつては、その東側にあるワリ谷もよく利用された。

地図　五万図「北小松」　二・五万図「花脊」

㉕ 滝谷山　たきだにやま　　標高八七六・〇m

別称　別所山《べっしょやま》

京都市左京区花脊と大原を分ける大見尾根の最高峰。大原側は平均標高が高く、高原状の平地に百井などの集落がある。高度経済成長期に入るまで、大見は製炭が主要な産業であった。花脊峠から大見まで、幅員二mほどの道で結ばれており、「鞍馬炭」として京都へ出荷していた。道は山頂部を外してトラバースする。

登路　花脊峠を出発点にすれば、緩い起伏の先に山頂がある。途中の杉ノ峠には石仏も残る（約五〇分）。大布施《おぶせ》から小野谷峠を越え、大見へ出たのち二ノ谷から尾根を辿って山頂へ約二時間四〇分。

地図　五万図「北小松」　二・五万図「花脊」

㉖ 天狗杉　てんぐすぎ　　標高八三七・〇m

別称　天狗杉山

京都市左京区花脊にあり、京都市街から見ると花脊峠を挟んで電波塔と対峙する峰である。城丹国境の稜線から北東へ延びる大見尾根の最南部に位置する。西側に旧花脊峠、東側に花脊峠が尾根を越えており、比較的簡単に登ることができる。旧花脊峠には、歴史を偲ぶ大日如来堂が建っている。

登路　旧花脊峠から尾根伝いに約一五分。周囲はリョウブの美しい林である。

地図　五万図「京都東北部」二・五万図「大原」

㉗魚ノ子山《うおのこやま》　標高五五二・二m
㉘宮メズラ《みやめずら》　標高五六〇m

京都市左京区と滋賀県大津市の間にあり、魚ノ子は大津市伊香立北在地の字名である。比叡山系の最北に位置し、西側は高野川、北側から東側は和邇《わに》川の流域にあたる。

京都北山とは国道367号が通る途中越でつながり、山腹に砕石場があるため北面は地形が変貌している。全山がほぼスギ・ヒノキの植林に覆われ、一部でブナやシャクナゲを見ることができる。伐採後の二次林からは、ナッチョ（天ヶ森）方面の展望が得られる場所もある。

登路　三谷口から途中越近くの林道を使えば、稜線まで簡単に達することができる。また、途中越から尾根に取り付くと、稜線の山道に出合って二つのピークをつなぐことができる（約一時間）。

地図　五万図「京都東北部」二・五万図「大原」

㉙梶山《かじやま》　別称　童髯《どうぜん》山　標高六八一・一m
㉚小野山《おのやま》　標高六七〇m

京都市左京区と滋賀県大津市にまたがる。左京区大原と大津市伊香立《いかだち》・仰木の背後にあって、両山とも地元とのつながりが強い。比叡山北主稜の中央部に位置し、琵琶湖側からはよく目立つ山塊である。梶山は伊香立南庄《みなみしょう》の小字である。国土地理院の地形図では「大尾山」と記載され、出典が明らかでないため誤称とされている。また、別称の童髯山は、京都一中の川喜田二郎氏が地元で採集し、その流れを汲む洛北・鴨沂高校山岳部では「北山五十山」「北山三十山」のひとつとして山名が伝承されてきた。

小野山は、歴史的には愛宕《おたぎ》郡小野にある山の意で、大原の東側に連なる山なみを指し、今日のように特定のピークに使われるのは最近のことである。

　西側は高野川へ流れ込む支谷が多く、なかでも律川《りつせん》の音無ノ滝は古来より有名だ。近くには三千院や来迎院があり、四季を通じて人の姿が多い。また、亀甲谷の源頭には仰木峠があって、義経の伝説が残っている。東側は真野川・天神川の流域で、上流には棚田の風景が広がる。

登路　大原の来迎院から音無ノ滝を経て梶山の西尾根に登るコースは、中流に二ノ滝・三ノ滝と呼ぶ小滝やナメがあり、上流で支尾根に取り付き梶山へ到る（約一時間二〇分）。古知平の新伊香立橋から京都大原ゴルフ場を経て主稜に達し、山頂へ行くこともできる（約一時間三〇分）。野村別れから峠道（東海自然歩道）を仰木峠に登り、北進すれば小野山へ約一時間四〇分。梶山と小野山の間は、頂嶺部を除き林道が敷設されている（約四〇分）。

地図　五万図「京都東北部」二・五万図「大原」

㉛水井山　みずいやま　標高七九三・九m
㉜横高山　よこたかやま　標高七六七m
別称　釈迦ヶ岳　阿弥陀ヶ峰　小比叡《おびえ》　波母《はぼ》山

京都市左京区と滋賀県大津市にまたがり、京都市街からは比叡山の北側にラクダのコブのようなピークが望める。北側が水井山、南側が横高山である。比叡山の北主稜では最も標高の高い山域である。

　西面の高野川へ流れ込む水井谷が、山名の由来であろう。横高山は、延暦寺では釈迦ヶ岳で通じる。東側の山腹を行く峰道（西塔から横川へ到る）に二宮《にのみや》釣垂岩《ちょうすいいわ》（にのみやたいつりいわ）があり、この地主権現の本地仏が釈迦如来であることからそのように呼ばれている。小比叡明神社跡には礎石が残る。ただ、横高山の名称は一九〇八（明治四二）年測図の五万分の一地形図にも既に記載されており、こちらが一般的

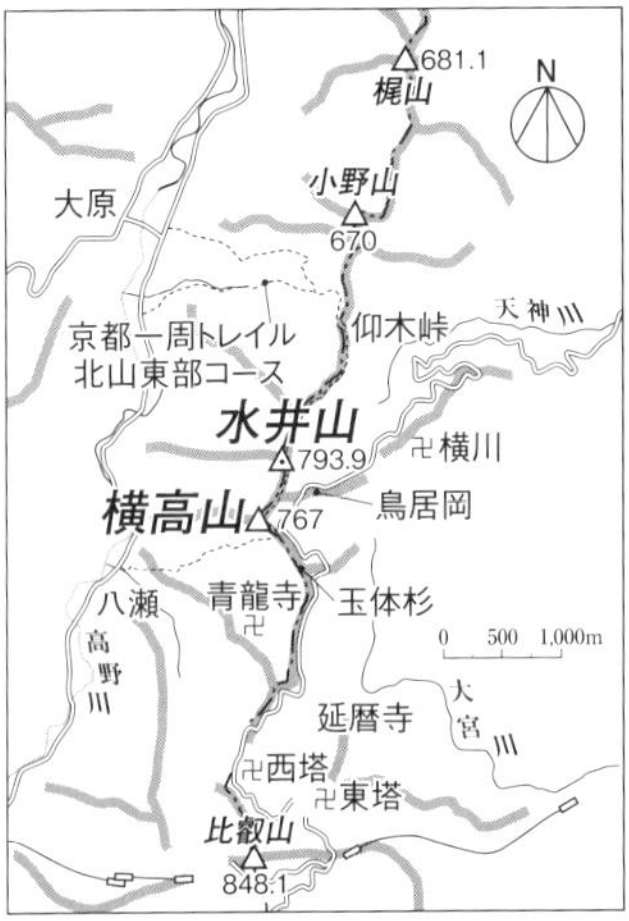

金毘羅山Ｙケン尾根から見た水井山（左）と横高山

である。水井山南端の東側には、天神川水系（脱ヶ尾谷）と大宮川水系（地主谷）を分ける支稜が横川へ向けて下っており、玉体杉から山腹をたどってきた峰道が、その鳥居岡《とりいこう》で合流する。

仰木越の峠道や回峯行の道、八瀬・大原から横川に通じる元三大師道は両山の山頂をはずしてつけられ、戦前まで主稜に明瞭な道はなかった。八瀬秋元町の長谷出（走出＝はせだし）は、青龍寺への参詣道と元三大師道の基点で、それらの標石がいくつも現存する。なかでも、寺院名に「掃除場」と刻まれたものは一七〇〇年前後の建立で、当時の盛んな巡礼を彷彿とさせる貴重なものだ。主稜は京都一周トレイル北山東部コースになっている。

登路　八瀬からは、元三大師道を登って釈迦・多宝石仏（せりあい地蔵）で峰道に達し、北西へ急坂を上れば横高山である（約二時間）。大原からは、峠まで仰木越の道を使い、標高差二二〇ｍほどの主稜を登りきると水井山だ（約一時間四〇分）。両ピークの間には明瞭な鞍部があり、西側は落葉広葉樹の林が広がる（両ピークの間は約一五分）。

地図　五万図「京都東北部」　二・五万図「大原」

比叡山《ひえいざん》

㉓大比叡　標高八四八・一ｍ
㉔四明ヶ岳　標高八三八ｍ

別称　叡山　日枝山《ひえ》　天臺山《てんだい》　都富士《みやこのふじ》　北嶺《ほくれい》

京都市左京区と滋賀県大津市にまたがり、東の大比叡に府県境があって、西側に四明ヶ岳が並ぶ。比叡山の山なみは、琵琶湖の西岸を南北に連なる比良山地の南部にあたる。和邇川が高野川と安曇川の分水域へ達しているため、安曇川右岸の比良山系とは区別される。南部の山域を比叡山系と呼び、その中央に位置する最高峰である。

　西面の水系は高野川で、比較的規模の大きい音羽川と白川以外は支谷が直接本流へ流入する。東面は小規模な河川が琵琶湖へ流れ出し、湖西の狭い平地では扇状地が南北に連続する。大宮川の一部は渓谷を形成している。

高野川畔からの比叡山（四明ヶ岳）

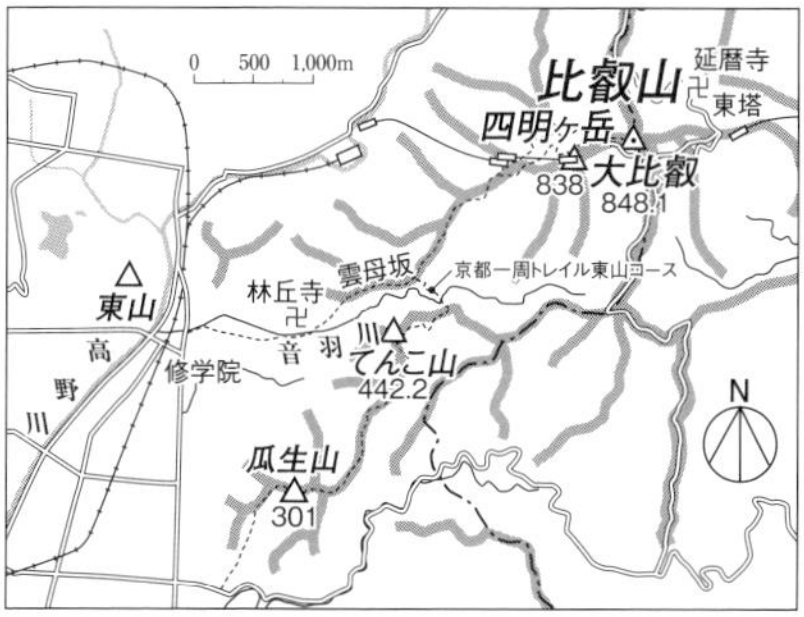

　地質は、丹波帯と呼ぶ中生代三畳紀からジュラ紀の地層に、中生代白亜紀末から新生代古第三紀にかけて貫入した花崗岩（比叡山花崗岩）によって、特徴的な地形を見ることができる。山頂部に鞍部があるのは、その部分に花崗岩が侵入し、大比叡と四明ヶ岳だけが高く残ったためだ。また、北北東〜南南西方向の断層（花折断層）が走り、高野川から安曇川に沿って、直線的な断層谷を形成している。

　動物は、ニホンザル・シカ・イノシシ・イタチなどが山中に広く棲息している。なかでも、ニホンザルは延暦寺の守護神である日吉大社で、神猿《まさる》（神の使い）として守られてきたため山頂付近で出合うことも多い。また、鳥類の種属も多く、昭和五年に鳥類繁殖地として天然記念物の指定を受けている。

　山麓から中腹まではアカマツ林が多く、延暦寺領を中心にスギ・ヒノキの植林も目立つ。コナラ・クヌギなどの落葉広葉樹林やアラカシ林もみられ、モミやツガ・イヌブナが優占するところもある。クリンソウやカキノハグサなど、季節を代表する花も各所で楽しめる。エイザンスミレ（エゾスミレ）・エイザンユリ（ヤマユリ）のように、「叡山」がつく植物も多い。

伝教大師最澄による七八八（延暦七）年の比叡山寺開創が山名の由来である。大比叡は、その象徴として日枝・日吉から転訛した。四明ヶ岳は、留学で訪れた中国浙江省南部にある天台山の四明岳に因むとされる。延暦寺は標高六〇〇m付近に堂宇が集中しており、一乗止観院（根本中堂）のある東塔《とうどう》、転法輪堂（釈迦堂）のある西塔《さいとう》、横川《よかわ》中堂のある横川の三つのエリアに分れる（三塔）。

登路　大比叡には一等三角点（補点）があり、四明ヶ岳は「比叡山頂遊園」として親しまれてきた。平将門が天下を手に入れようとした将門岩（ホルンフェルス＝熱変成岩）もその園内にある。ケーブルとロープウェイ、あるいはドライブウェイを使えば、簡単に山頂へ立つことも可能だ。

登山道は比叡山を越える雲母越が一般的で、修学院と東塔、そして坂本を結ぶ古くからの重要な道であった。京都側の坂を雲母《きらら》坂（勅使坂・西坂）といい、勅使が走り僧兵が都へ強訴する道でもあった。現在でも、最も利用される道である（登山口より大比叡まで約二時間四〇分）。林丘寺南側の音羽川左岸を遡り、尾根を急登する。水飲から上部は、掛橋（一乗寺）から横断してきた京都一周トレイル東山コースであり、回峯行者が赤山苦行や京都大廻りに使う道筋でもある。

地図　五万図「京都東北部」

二・五万図「京都東北部」

㉟てんこ山　標高四四二・二m

別称　天高山

京都市左京区一乗寺にあって、修学院山と葉山の間に位置する。「てんこ」は頂上あるいはてっぺんの意で、山上にあった山城（一乗寺山城）からつけられた山名であろう。一乗寺堀之内町には土豪渡辺氏の居城があり、一乗寺城と呼ばれていた。山頂の周辺には曲輪跡の平坦地が連続する。

三角点の点名は「掛橋」である。これは北東側にある字名で、現在も辯財天道の二ノ鳥居が立っている。また、北側の急斜地一帯がカマクラで、かつて石切丁場や音羽ノ滝があった。坂本と京都を結ぶ白鳥越も横切り、歴史的には興味深い山である。

登路 京都一周トレイル東山コースが山頂直下の東面をトラバースしており、掛橋やトレイルコースから簡単に行くことができる。市街地からは、曼殊院と一乗寺北墓の間を山に向けて登れば、いちばん近い(約五〇分)。

地図 五万図「京都東北部」 二・五万図「京都東北部」

236 ナッチョ

標高八一二・五m

別称 天ヶ森 高谷山

京都市左京区大原百井と小出石の間に位置し、比叡山系と北山をつなぐ尾根上の一峰である。高野川流域では、比叡山に次ぐ標高を誇る。

尾根はさらに「鯖街道」で知られる花折峠に至り、その途中に三谷峠(見谷峠)がある。小出石から大見・尾越など、大原の最北部をつなぐ道としてよく利用された。山頂の南西には小出石と百井を結ぶ前ヶ畑峠がある(国道477号)。かつての峠道は、高谷を使う八丁坂と北谷の出合から尾根を登る「トンボユリ」の二本があった。山域は北山だが、比良山系の雰囲気に包まれる。

登路 小出石から国道477号を北へ向かい、二ノ瀬橋を渡って登山口に着く。小さな谷から尾根に取り付き、百井への分岐を経て山頂へ約二時間。三谷口から三谷峠(見谷峠)へ登り、比良山系や琵琶湖の眺望に優れる尾根を辿って約二時間四〇分。

地図 五万図「京都東北部」 二・五万図「大原」

237 天ヶ岳《あまがだけ》

標高七八八m

別称 てんがだけ

京都市左京区大原にあり、百井峠から金毘羅山へ延びる山稜の主峰。水系で見ると、高野川と賀茂川の分水界にあたる。小出石・古知谷・大原・静原・鞍馬・百井から道が通じ、北山ではポピュラーな山のひとつ。

高谷と岩尾谷を分ける「シャクナゲ尾根」は、シャクナゲとツツジの群生が見事で、花の時季には多くの人が訪れる。高野川支流の畑ヶ谷から入山するか、逆に天ヶ岳から尾根を下る。

登路　もっとも簡単に登るルートは、鞍馬街道の百井岐れから百井峠を経て達するもので、山頂は薬王《やっこ(う)》坂へ下る尾根へ少し入ったところにある（約一時間二〇分）。小出石から「シャクナゲ尾根」を登れば、約三時間。薬王坂から戸谷峰を経て山頂へ約三時間。

地図　五万図「京都東北部」　二・五万図「大原」

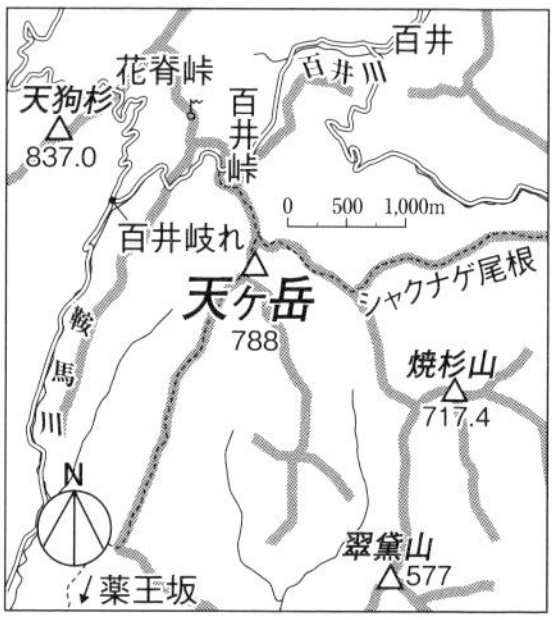

㉘238 焼杉山　やけすぎやま　標高七一七・四m

京都市左京区大原の寂光院北方に聳える。東麓には古知谷阿弥陀寺がある。「大原三山」の一峰として、金毘羅山・翠黛山と連なる山稜の最高峰。高野川と賀茂川の流域を分ける尾根から東へ派生した支尾根にあり、シャクナゲやヒカゲツツジの多い山として知られる。

登路　寂光院からミチバタ谷を登り、天ヶ岳へ向かう途中より分かれて登頂する（約一時間三〇分）。古知谷から阿弥陀寺の山門をくぐり、尾根に取り付いて山頂へ約一時間四〇分。天ヶ岳と一緒につないで登ることもできる。

地図　五万図「京都東北部」　二・五万図「大原」

239 金毘羅山　こんぴらやま　標高五七二・五m
別称　こんぴらさん　（最高点標高五八〇m）

240 翠黛山　すいたいさん　標高五七七m

金毘羅山は、大原盆地の西側に岩場を擁する突兀とした山容が特徴である。京都市左京区大原と静市にまたがり、神の座す山であり雨乞いもながらく続けられてきた。古くは江文《えぶみ》山と称し、山麓に大原八郷の鎮守である江文神社がある。山中には琴平新宮社や金毘羅大権現が祀られ、頂上近くには火壺・風壺・雨壺の三壺大神もある。付近に神代文字の一種とされる阿比留《あびる》文字の碑が立つ。山名は、讃岐国で憤死した崇徳天皇の霊を慰めるために、祭祀したことからとされる。

　登山の世界では、山中に点在する岩場がロッククライミングのゲレンデとして知られ、江文神社の上部にあるYケン尾根・北尾根周辺と金毘羅山頂直下にある奥壁群に大別できる。

　翠黛山はその北側の峰で、寂光院と結んで歩かれる場合が多い。

　両山とも天ヶ岳から派生する尾根にあり、大原盆地の西を限る山なみは大原の里を演出する重要な景観である。両山を総称して小塩山ともいう。「シオ」は奥深い入江を表わす。

登路　大原の井手・野村・草生《くさお》の背後だけに、各集落より道が通じている。金毘羅山へは、井手から江文神社の馬場と本殿を経て山頂まで約一時間四〇分。江文峠より琴平新宮社の参道を登ることもできる（約一時間）。翠黛山へは、寂光院より約一時間。両山の間は三〇分程度。
地図　五万図「京都東北部」　二・五万図「大原」

㉔① 瓢簞崩山　ひょうたんくずれやま　標高五三二・〇m

京都市左京区岩倉と八瀬にまたがり、北山の前衛峰として岩倉盆地の北東間近に位置する。岩倉花園町へ下る尾根の末端に、紅葉で知られた「八塩《やしお》の岡」（八塩山）がある。

　おもしろい山名の由来は定かでないが、歴史にかかわる旧跡が周辺に多い。なかでも、山頂西側の寒谷峠は小野炭などを都へ運んだ古道として知られる。峠からトラバースして八塩山へつづく道は、その名残りのようだ。金毘羅山から江文峠へ下った尾根は、再び標高五〇〇mまで盛り上がり、途中で箕ノ裏ヶ岳への長い尾根を西へ分ける。

　登路　大原の戸寺から井出町を通って長谷に入り、寒谷峠を経て山頂へ約一時間三〇分。寒谷峠では、尾根通しと山腹を山頂南側へ迂回する道に分かれる。叡山電鉄鞍馬線の岩倉駅より、長谷町を経て寒谷峠へ約二時間。途中には、「聖護院門跡廟所」「朗詠谷」の石碑（藤原公任が『和漢朗詠集』をここで撰した）が立つ。また、花園町から八塩山を経て山頂へ約二時間二〇分。八瀬の和所や秋元町などからも登ることができる。

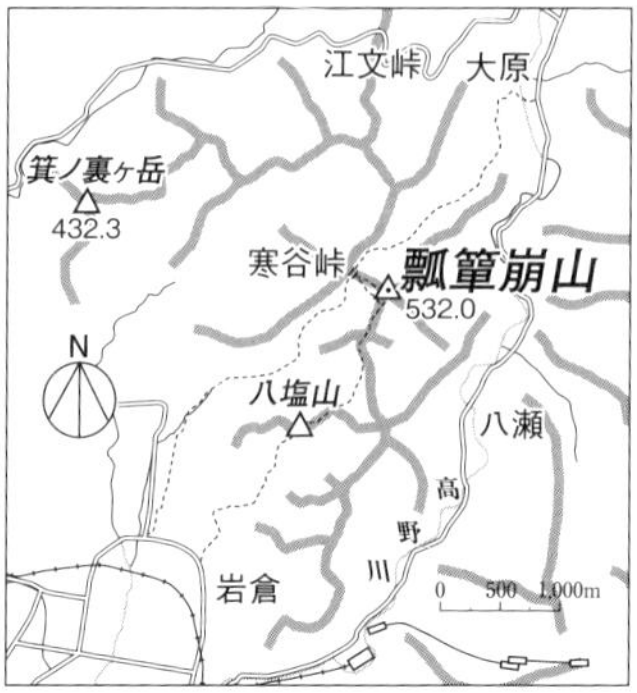

地図 五万図「京都東北部」 二・五万図「大原」

242 戸谷峰《とだにみね》 標高五二四・八m

別称 トタニ

京都市左京区鞍馬と静市の間にあり、薬王坂から天ヶ岳へ向かう尾根の中央部にある。点名は「戸谷」で、

東へ分かれる尾根の先端を城谷山といい、静原城跡が山頂部にある。また「シロヤマ」と呼ぶ尾根の末端にも石垣の遺構が残っている。

登路 薬王坂から、白土峯経塚のある尾根を北上して最初のピークにあたる（約一時間）。天ヶ岳から鞍馬へのルートとして使われるケースが多い。

地図 五万図「京都東北部」 二・五万図「大原」

243 鞍馬山《くらまやま》 標高五八四m

京都市左京区鞍馬にあって、鞍馬寺の境内とその周辺を表わす山名。二・五万図には、経塚のある五八四m峰に記載されているが、これまでは五六九m峰として通用してきた。

旧花脊峠から南下する尾根の中央部にあり、東側を鞍馬川、西側を貴船川が平行して南下する。川筋には、花脊峠へ向かう鞍馬街道（京都広河原美山線）と芹生峠へつづく道があり、古くより京都と丹波をつなぐ往来として知られていた。古くは、闇（くらぶ）山・暗

部（くらぶ）山とも呼ばれ、「水は幽陰の物なれば闇といふ」とその由来を述べている（『山城名勝志』）。

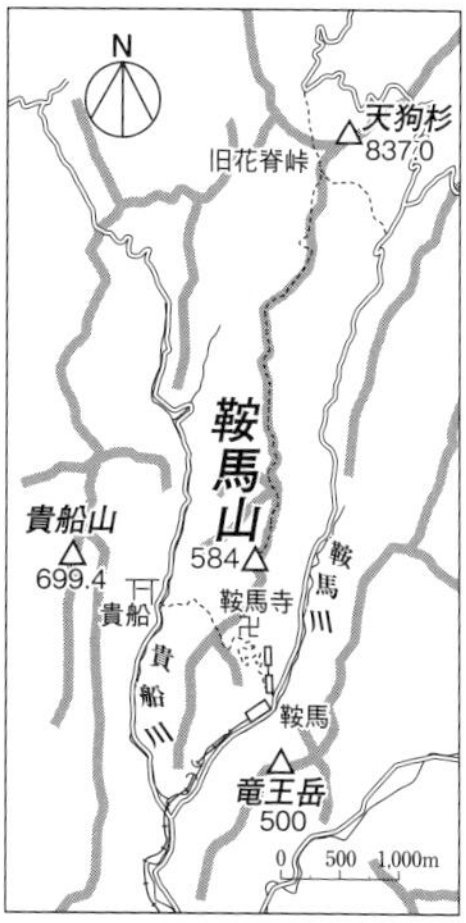

登路　旧花脊峠から「鞍馬尾根」を通って（約一時間四〇分）。鞍馬寺の境内から、山頂部への立ち入りは禁止されている。叡山電鉄鞍馬線の鞍馬駅から、鞍馬寺へ向かい、奥ノ院参道から貴船へ約一時間二〇分。

地図　五万図「京都東北部」　二・五万図「大原」

244 貴船山《きぶねやま》　標高七一六m

（三角点＝六九九・四m／最高点＝七二二m）

別称　貴布禰山

京都市左京区貴船にあり、狭義の「北山」の中心部に位置する。鴨川の上流にあたり、東は貴船川、西は中津川や長谷など、雲ヶ畑川の支流に囲まれている。美しい杉林と清らかな水流に魅せられ、市街地に近いこともあって多くの人達が訪れる。とくに、滝谷峠と二ノ瀬をつなぐ「二ノ瀬ユリ」は人気が高い。「ユリ」は山腹をトラバースする道で、水にかかわる地形語。仕事や生活のための道が登山にも利用されてきた。

登路　山頂の南西側に樋ノ水峠があり、「二ノ瀬ユリ」から簡単に登ることができる（二ノ瀬より約一時間五〇分）。二・五万図では三角点のあるピークの北側に山名が記載されており、独標七一六mピークを貴船山とする人も多い。この付近の最高点は、さらに北側の独標七二二mピークである。

地図　五万図「京都東北部」　二・五万図「大原」

245 竜王岳《りゅうおうだけ》　標高五〇〇m

京都市左京区の鞍馬と静市にまたがる。天ヶ岳から南西に下る尾根の末端近くにあり、北側を鞍馬と静原を結ぶ薬王坂（奴坂・薬甲坂）が越える。この峠道は、伝教大師の姿が薬王菩薩のように見えたことから付いたといわれ、義経や弁慶にまつわる伝説も残る。さらに東へ、江文峠から仰木峠に繋がっており、鞍馬から近江へ通じる重要な道であった。江戸時代の巡礼では、比叡山から鞍馬寺をめざす道として薬王坂の往来が盛んで、それらの標石が各所に残る。また、静原側には南北朝時代の弥陀二尊板碑もある。頂上の台地には、元禄と貞享年間の経塚が二箇所ある。

登路　鞍馬寺山門の下から街なみを数分北上し、鞍馬川を左岸へ渡って取り付く。薬王坂の峠から尾根伝いに山頂へ約一時間。

地図　五万図「京都東北部」　二・五万図「大原」

246 箕ノ裏ヶ岳《みのうらがだけ》　標高四三一・三m

別称　藤ヶ森

京都市左京区静市と岩倉の間にある。南西に繁見坂、北東に静原の墓地がある坂原峠の道が越える。大原から木野へ連なる尾根上のピークで、周辺は複雑な地形が続く。広葉樹の林と植林地が入り交じり、多くの山道が交錯している。北面と西面は静原川が流れ、東から南は岩倉川の流域となる。

登路　岩倉実相院前から繁見坂への道を辿り、途中から林道を使って山頂南側の支尾根へ。山頂までよい道が続く（約一時間三〇分）。峠谷の源頭にある静原の墓地から、尾根伝いに山頂まで約四〇分。

地図　五万図「京都東北部」　二・五万図「大原」

247 向山《むかいやま》　標高四二六m

京都市左京区静市（市原町・野中町）にあり、鞍馬川を挟んで神山と向かい合う。

貴船山より南下する尾根の末端で、その間に東海自然歩道と京都一周トレイル北山西部コースの通る夜泣峠がある。この峠道は、鞍馬街道の二ノ瀬と雲ヶ畑街道の大岩を結ぶもので、惟喬親王の伝説で知られている。親王が幼少の頃、この峠を越えられる時に夜泣きされた。そこで、乳母が峠の松の樹皮を枕の下に敷いたところ、泣き止まれたというものである。二ノ瀬の登り口には森谷（守谷）神社があり、親王を祭神とする。母（紀静子）を祀る冨士神社が隣に並ぶ。

登路　二ノ瀬から夜泣峠へ登り、尾根伝いに山頂へ約五〇分。賀茂川と鞍馬川の合流点近くに架かる山幸橋から、京都一周トレイル北山西部コースで約五〇分。京都市の東北部クリーンセンターに設けられた遊歩道からも行くことができる。

地図　五万図「京都東北部」「京都西北部」
二・五万図「大原」「周山」

㉔⑧ 神山《こうやま》　標高三〇一・二m

京都市北区上賀茂にあって、独立した山塊を形成する。その丘陵は原峠で本山（二二八m）・神宮寺山（一七五m）につながり、ケシ山から深泥池の北縁を東走して西山（一三〇・五m）・東山（一八六m）に到る。

北から東にかけては左京区静市に接し、大半が国有林になっている。西方に賀茂川本流が南下し、北西の十三石橋付近で鞍馬川が合流する。山頂に磐座があり、別雷神の降臨地とされている。上賀茂神社の神体山である。

登路　柊野《ひらぎの》の夫婦岩から立命館大学柊野総合グラウンドを経て登ることができる（約四〇分）。

地図　五万図「京都東北部」「京都西北部」
二・五万図「京都東北部」「京都西北部」

249 魚谷山《いおだにやま》　標高八一六・〇m

別称　うおたにやま　万之丞山

京都市左京区鞍馬と北区雲ヶ畑の間に位置し、北東は右京区京北（芹生）に接する。「京都北山」の中心部を構成する山峰のひとつで、山名は旧雲ヶ畑村の大字を使っている。北側にある医王沢にも魚谷がある。

灰屋川（大堰川・桂川水系）と中津川（賀茂川・鴨川水系）を分ける稜線には、山中に点在する集落を結ぶ峠道がよく発達している。雲ヶ畑から松尾谷（魚谷）を遡って医王沢へ越える峠を魚谷峠（松尾峠）と呼び、山頂の東側には柳谷峠がある。

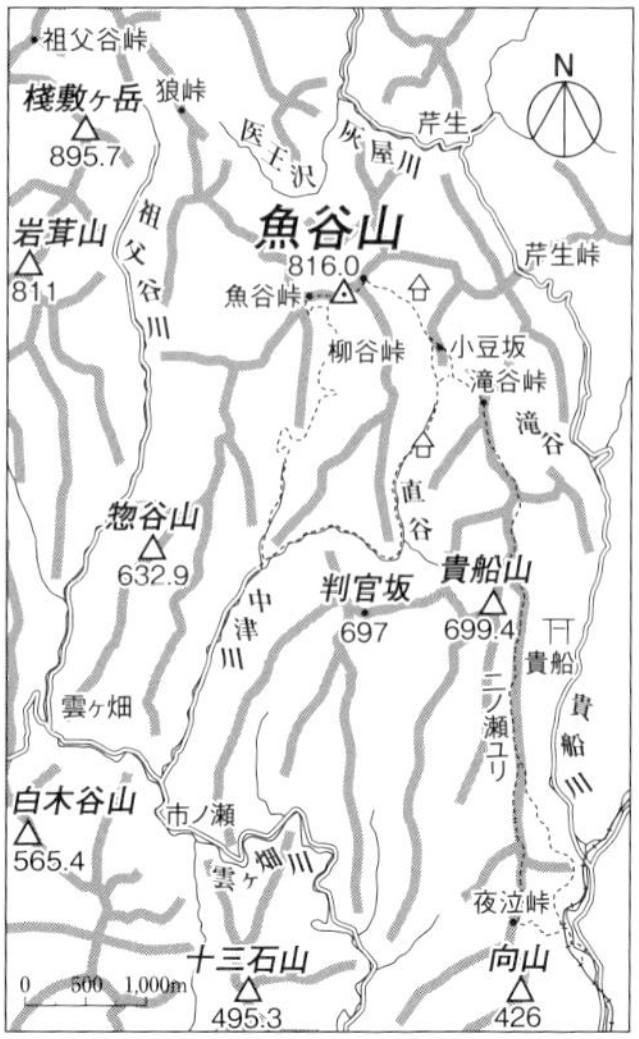

別名の万之丞山は、ピーク周辺の土地を所有した人名だといわれている。なお、以前は「うおだに」で通用していたが、その古い読み方から、現在では「いおだに」と呼ぶ人が多い。

芹生峠・柳谷峠・小豆《あずき》坂・滝谷峠・狼峠などの峠と山を組み合わせれば、北山らしい雰囲気が深く味わえる。とくに、山頂から直《すぎ》谷上流にかけては自然林が広がり、四季それぞれに美しさを楽しめる。かつては、谷筋に設けられた木馬道（伐採した木材を搬出する桟道）と渓流、笹に覆われた尾根の風景が印象的だったが、今では林道とスギの植林が全域のイメージである。

直谷には、かつて四棟の山小屋があり、ここから登山や探険の世界ではばたいた人も多い。第三の山小屋は早く無くなり、最下流の直谷山荘も現存しない。現在は、下流の麗杉《れいざん》荘（昭和一〇年建造、京都二商・西京商業・紫野高校）と上流の北山荘（昭和一七年移転新築、第三高等学校・京都一中・洛北・鴨沂高校）の二棟だけである。小豆坂と直谷の道が合流する上部に、京都の登山をリードした今西錦司氏のレリーフが自然石に嵌め込まれている。近くには、移転される前の北山荘の位置を示す標識もある。

登路 雲ヶ畑の出合橋から中津川・松尾谷を遡り、魚谷峠（松尾峠）を経て約二時間。あるいは、直谷から柳谷峠へ登り山頂へ約二時間四〇分。二ノ瀬から「二ノ瀬ユリ」を使って貴船山の東側を通り、滝谷峠から小豆坂を使っても直谷上流へ入ることができる。

地図 五万図「京都西北部」 二・五万図「周山」

250 桟敷ヶ岳 さじきがだけ 標高八九五・七m

京都市北区雲ヶ畑と大森の間にあり、北西の分水界で右京区京北井戸と接する。石仏峠から西へ延びる稜線は山城と丹波を分ける国境尾根で、ナベクロ峠付近より南下する尾根の北端にあたる。岩屋山の中腹にある志明院には、市の天然記念物に指定されているシャクナゲの群落がある。

東面は賀茂川（鴨川）の源流にあたり、京都市街からは川筋の奥に岩茸山から桟敷ヶ岳の山容がよく目立つ。西面は清滝川の水系に属し、大森川の支流が何本も流れ下る。かつては、全山ササに覆われていたが、現在は雑木林と植林が目立つ。

桟敷ヶ岳（将軍塚のある大日堂から）

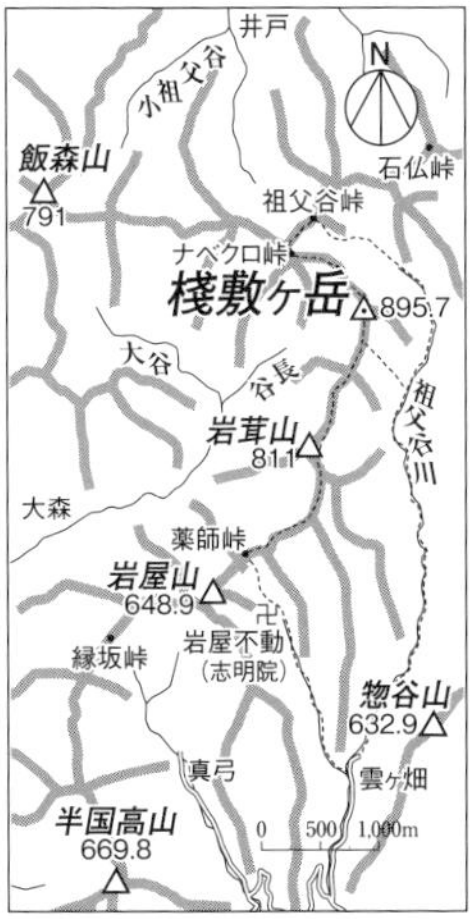

山中の「都眺めの岩」や薬師峠にある墓石は惟喬親王にかかわる伝承が残り、雲ヶ畑岩屋橋には惟喬神社と落飾した高雲寺もある。もっとも、京都の北部は親王とのかかわりが深く、静市や大原にも様々な歴史が伝わっている。親王は文徳天皇の第一皇子だが、藤原良房の娘＝明子との間に生まれた第四皇子の惟仁親王との皇位継承に敗れ、各地に隠棲した。木地師の根源地である君ヶ畑や蛭谷にも移り住み、彼らは親王の綸旨を手に樹木を求めて全国を渡り歩いたとされる。

山名は、山頂に小亭（桟敷）をつくって都を眺めたことに由来するとされる。この岩は、『都花月名所』によれば、「南方一面に晴て平安の万戸鷲峰笠置或ひは生駒葛城の高根も眼中の客となりぬ」とあり、その眺望のよさを表わしている。だが、「桟敷」は、古い朝鮮の語である「サシキ」に由来するという説もあり、これによれば焼畑（サシ）の場（キ）を指しているという。

登路　雲ヶ畑岩屋橋から、志明院（岩屋不動）の門前を通って薬師峠に登り、岩茸山を経て山頂へ約三時間。祖父谷を狼峠の登り口まで遡り、北東斜面を直登して約二時間三〇分。あるいは、祖父谷峠まで足を延ばし、ナベクロ峠を経て山頂へは約四時間。

地図　五万図「京都西北部」　二・五万図「周山」

column 5

北山の分水嶺

平安京をして「山河襟帯、自然に城をなす」と、東山、北山、西山に取り囲まれた好立地が称えられ、そのすばらしさは今も変わることはない。その中心は北山。鴨川、桂川、安曇川、そして日本海へ流れ出る由良川の四つの川の水源地帯である。それらの分水嶺が骨格となって、定高性を特徴とする見事な隆起準平原地形の山々が並び立っている。これを鴨川の橋の上から眺め、山の向こうへ憧れて、京都の岳人は羽ばたいて行くのである。

まずは鴨川と桂川の分水嶺へ立ち、眼前に広がる山また山の茫洋とした風景に心ときめかし、北へ北へと歩を進める。そして東西にのびる中央分水嶺を越えると由良川の源流部、原生林の広がる芦生の森へたどり着く。この森の北側には若丹国境尾根があり、若狭越の最後の関門となる。

中央分水嶺は三国岳から胡麻の分水界へ至る長大な山の連なりである。鴨瀬芦谷山以西は尾根上を丹波広域基幹林道が通り登山対象となりにくいが、それ以外はアシウスギとブナ、ミズナラの混生林で覆われ、旧きよき北山の面影を残した緑の回廊で歩きがいがある。

地元で光砥山《こうどうやま》と呼ぶ独標951は、皆子山、峰床山、三国岳に次ぐ府下第四位の高さであり、中央分水嶺の名峰として改めて注目されている。山上からは北山を見渡すことができ、多くの峰が立ち並ぶ様は圧巻だ。よく見るとわずかだが西に低く東に高いことがわかる。高い部分は京都市左京区エリアであり、桂川（上桂川）源流域に別所・花背・広河原、安曇川源流域に久多・百井の、古い歴史を伝える五つの山里がある。

この北山分水嶺を歩いてみると、北山の全体像を摑みやすく、高低差が少ないことから誰にでも親しみやすい。春夏秋冬、何度足を運んでも北山は多彩で飽きることはない。

（檀上俊雄）

中央分水嶺上に立つ光砥山の大杉

山城北部

column 6

山城三十山《やましろさんじゅうざん》

明治時代創立の京都府中学（のち京都府立京都第一中学校）に「山岳部」ができたのが一九一五（大正四）年。日本各地に山岳会がつくられた時代と重なり、当時は教師の引率による日本アルプスなどが登山の対象だった。

一九一八（大正七）年に今西錦司ら十人の仲間によって学内に「青葉会」が結成され、自分たちで登る目標・指針として「山城三十山」を選び登頂の数を競い合った

一九二〇（大正九）年の三十山は、次のとおりである（〔 〕内は五万分の一地形図の図幅名）。

三国岳〔北小松〕／比叡山・横高山・水井山・大文字山・金毘羅山・瓢箪崩山・箕ノ裏岳・貴船山〔以上、京都東北部〕／十三石山・桟敷ヶ岳・半国高山・城山・沢山・朝日峯・峰山・愛宕山・地蔵山〔以上、京都西北部〕／音羽山・高塚山・千頭ヶ岳・喜撰山・大峰山〔以上、京都東南部〕／ポンポン山・釈迦岳〔以上、京都西南部〕／鷲峰山・御林山・大焼山・三上山・三ヶ岳〔以上、奈良〕

山の選定は実状に合わせて時代とともに改訂され、一九四八（昭和二三）年の学制改革で旧制中学がなくなるまで続く。一中山岳部員が移った新制の鴨沂高校山岳部で「山城四十山」（のち「北山三十山」）、学校が新設され分かれた洛北高校山岳部で「北山五十山」に引き継がれていく。故郷の山々に傾けた部員の情熱が今も伝わってくる。

そこには、陸地測量部（のち国土地理院）の五万分の一地形図を使って山に向かい、三角点を踏んで踏破の記録をまとめるスタイルが継承されてきた。代表的な刊行物に『山城三十山記　上篇』（京一中山岳部部報第三號　昭和九年）と『山城三十山記　下篇　峠』（京一中山岳部部報第四號　昭和一〇年）があり、山岳部の「ルーム日誌」で各時代の様子を読み取ることができる。

（竹内康之）

◎参考図書

『山城三十山』日本山岳会京都支部　平成6年　ナカニシヤ出版

㉑飯森山《いいもりやま》 標高七九一m
別称 飯盛山

252 天童山《てんどうさん》 標高七七五m
別称 伝土《てんど》山

京都市北区大森と右京区京北中江にまたがる稜線の山々。山城と丹波の国境にあたり、桟敷ヶ岳の西側ではもっとも標高が高い。南面は清滝川（大森川）の流域で、北面は桂川（上桂川）本流へ直接流れ込む。祖父谷峠から笠峠へつづく稜線には、京都の北西部と周山や遠く若狭を結ぶ峠道がいくつもあり、現在もその多くを歩くことができる。

天童山と東俣山の間には茶呑峠があり、江戸時代中頃の地蔵菩薩が祀られている。大森西町から峠へ登り、鳴ノ堂・竜ヶ坂を経て山国（辻）に降りる道は、往時の雰囲気をよくとどめている。

天童山の名は伝土（京北町中江の小字名）の転訛だといわれ、京北では「天童（てんど）山」と呼ばれている。

登路 大森西町から茶呑峠を経て天童山へ約一時間四〇分。飯森山へは東に約五〇分。桟敷ヶ岳の北西にあるナベクロ峠から城丹国境尾根を飯森山へ約二時間一〇分。そのほか、大森東町から大谷を遡って飯森山へ登るコース（約二時間）や、牛滝谷を経由する道（約一時間四〇分）もある。

地図 五万図「京都西北部」 二・五万図「周山」

253 岩屋山《いわややま》 標高六四八・九m（最高点＝七二三m）

京都市北区雲ヶ畑と大森・真弓にまたがり、桟敷ヶ岳から半国高山へつづく尾根の中央部に位置する。

北東には薬師峠、南西には縁坂峠がそれぞれの集落へ越えており、雲ヶ畑側の中腹には岩屋不動と呼ばれる岩屋山志明院（金光峯寺《きんこうほうじ》）がある。山全体が修験《しゅうけん》の山岳道場。四月二九日には、「石楠花祭」と称す大法要が行なわれる。

登路 雲ヶ畑岩屋橋から岩屋川を遡り、岩屋不動の入口手前より薬師峠への道に入る。六体の地蔵と惟喬親王墓のある峠から南西へ広葉樹の林を登ると三角点(約一時間三〇分)。最高点は少し先にある。

地図　五万図「京都西北部」　二・五万図「周山」

㉔惣谷山　そうたにやま　標高六三二・九m

別称　そうだにやま　キズラシ　祖父谷山

京都市北区雲ヶ畑にあり、惣谷の源流に位置する。賀茂川は、上流で中津川と祖父谷に大きく分かれるが、惣谷はその間にある支流である。魚谷峠から南へ張り出す支尾根の一峰。

雲ヶ畑白梅橋と魚谷峠の間は林業用の作業道が敷設されており、それらを使えば比較的容易に登ることができる。大半がスギの植林地。

登路　雲ヶ畑中畑町から惣谷を遡り、尾根に出る地点から南西にある山頂へ約一時間。

地図　五万図「京都西北部」　二・五万図「周山」

255 半国高山　はんごくたかやま　標高六六九・八m

京都市北区小野・真弓の境界にあり、縁坂峠など周辺には京都と丹波を結ぶ峠道が発達している。桟敷ヶ岳から、岩屋山を経て供御飯《くぐい》峠へ延びる尾根の南端にあって、東面は真弓川、西面は清滝川の流域である。真弓川は杉坂口で清滝川と合流する。

岩屋山との間にある縁坂峠は、鷹峯《たかがみね》から大森・周山・山国に通じる古道が通っていた。西賀茂から雲ヶ畑・大森を経由する道が接続する持越《もちこし》峠で二つの道はつながり、目的地に応じて選べる峠道の体系ができていた。

供御飯峠は、現在の周山街道(国道一六二号)が開通する前の峠で、鞍部には地蔵石仏が御所の方を向いて祀られている。小野は平安時代より開かれ、小野荘・小野山と呼ばれた。皇室との関係が深く、供御役を勤め、貢納米を

運んだ。

登路　小野郷の岩戸落葉神社から岩谷峠に達し、尾根伝いに約一時間三〇分。杉坂口から大谷に入り、供御飯峠を経て山頂へ約一時間三〇分。

地図　五万図「京都西北部」　二・五万図「周山」

256 白木谷山　しらきだにやま　　標高五六五・四m

別称　しらきたにやま　スリバチ奥

京都市北区雲ヶ畑・真弓・杉坂にまたがる。岩屋山から氷室へつづく尾根の中間にあり、鴨川水系と桂川（清滝川）水系を分ける長大な尾根の一峰。北側に雲ヶ畑と真弓・杉坂を結ぶ持越峠があり、雲ヶ畑で死者が出ると、柩はこの峠を越えて真弓に運ばれたという。

北山杉の美林に覆われ、現在は尾根上にダラノ坂へ向かう林道が通る。途中の独標五一九mピークをスリ鉢と呼ぶ。

登路　持越峠から山腹を絡む林道を辿って山頂へ約四〇分。

地図　五万図「京都西北部」　二・五万図「周山」

257 十三石山　じゅうさんごくやま　　標高四九五・三m

京都市北区西賀茂と雲ヶ畑にまたがる。白木谷山から氷室へ南下する尾根（ダラノ坂）の支稜にあたり、賀茂川上流の雲ヶ畑川へ突き出た尾根の最高峰である。流れ下る谷は、どれも雲ヶ畑川・賀茂川に入る。

南東側の盗人谷と北西側の早刈谷（早川谷）は、雲ヶ畑川沿いの道路ができる前の岩屋不動（志明院）への参詣道であり、丹波へつづく峠道でもあった。

西賀茂の取付き付近を車坂といい、開けた山稜に畑が見られ景観も好ましい。満樹峠（万寿峠・饅頭峠）は参道の重要地点だが、小峠とダラ坂（ダラノ坂）は氷室への道としても利用されてきた。したがって、この山は満樹峠・車坂と一体になった名称と言えよう。

山城北部

山名は、土地争いによって雲ヶ畑から上賀茂神社へ十三石を渡したというような伝説があるものの、「こく」は曲がるの意味もあって、屈曲の多い道を表現しているともされる。

南西にある氷室は、京都の周辺に六箇所設けられた室のひとつで、標高三〇〇ｍを超える山中にあり、室跡の窪地が三箇所残っている。氷室の守護神として祀られた氷室神社には、千鳥破風を備えた拝殿を見ることもできる。氷室と地名と神が揃うこの地は貴重である。

登路　山幸橋から京都一周トレイル北山西部コースで小峠に登り、満樹峠（万寿峠・満寿峠）を経て山頂へ約二時間。

地図　五万図「京都西北部」　二・五万図「周山」

㉘ 城山《しろやま》　標高四七九・六ｍ

京都市北区西賀茂にあり、鷹峯から氷室へ向かう長坂越・氷室旧道が山頂近くを通る。賀茂川と清滝川を分ける尾根上にあり、古来より京都と周山・若狭をつなぐ峠道が完備していた。山中に散らばる集落どうしの交通を確保するため、京見峠・満樹峠・ダラノ坂のほか、尺八池へ通じる船山を越える道がある。

山名は、周山を居城にした明智光秀が築城したことに因む。

登路　鷹峯から長坂越を登り、京見峠を経て山頂へ約一時間二〇分。釈迦谷口から船山の肩へ登り、ユリ道で氷室の南端へ出たのち山頂へ約二時間。

地図　五万図「京都西北部」
二・五万図「京都西北部」

259 鷹ノ巣山《たかのすやま》　標高六五三・八ｍ

別称　タカノス

京都市右京区小野と京北細野の間にあり、城丹国境尾根上に位置する。

国道162号が通る笠トンネル（笠峠）から南は愛宕山の山塊で、旧峠道をはじめ林道や作業道が縦横についている。南側には、昭和一七年頃に廃村になった田尻と小野をむすぶ田尻峠がある。

登路　笠峠・田尻峠から尾根伝いに登るが、明瞭な道はない（笠峠から約一時間一〇分、田尻峠から約一時間一〇分）。

地図　五万図「京都西北部」　二・五万図「周山」

260 朝日峯　あさひみね　標高六八八・一m

京都市右京区梅ヶ畑の最北部に位置し、北側は北区小野、西側は右京区京北（細野）に接する。愛宕山塊の北部にある最高峰で、京都市内からもよく目立つ山である。

城丹国境にあるため、東面が清滝川、西面が桂川水系へ流れ出る。山頂の南側には松尾峠があり、かつては右京区花園と京北周山を往き来する道として利用されていた。峠から少し下った地点に鎌倉時代とされる地蔵菩薩があり、その証となっている。市街地の近くにありながら、奥深い印象を与える山である。

登路　高雄バス停から清滝川の川縁へ下り、右岸に渡って谷山川を遡る。林道から外れ（谷山第６橋）、旧道を使って松尾峠に達し、国境尾根の山道を辿って山頂へ約二時間三〇分。栂尾から峰山を登れば約三時間四〇分。京北細野にある愛宕道（細野口バス停）から田尻谷を遡り、松尾峠を経て約二時間三〇分。

地図　五万図「京都西北部」　二・五万図「周山」

261 峰山　みねやま　標高五三七・四m

京都市右京区梅ヶ畑（川西・谷山）にあり、清滝川の渓流が東麓を南下する。
　愛宕山から北東へ下る尾根を三尾（高尾（高雄）・槇尾・栂尾」と呼び、それぞれの末端に神護寺・西明寺・高山寺がある。朝日峯から南東へ下る栂尾の一峰で、北山杉を育てる林業の作業道があちこちに付けられている。山頂部は、一部に自然林が残っている。
登路　高山寺から急坂を登りつめ山頂へ約一時間三〇分。ピーク周辺は地形が複雑で、進行方向に注意が必要。
地図　五万図「京都西北部」
　二・五万図「京都西北部」

㉖② 愛宕山　あたごやま　標高九二四m（三角点＝八八九・八m）

京都市右京区嵯峨にあり、山頂に火伏の神（迦遇槌命）として有名な愛宕神社がある。三角点のあるピークはその北側で、北面は右京区細野に属する。

　笠峠から南下する主稜は、愛宕三山（地蔵山・龍ヶ岳・愛宕山）の山塊を起こしたあと、牛松山を経て亀岡盆地に没する。亀岡と嵯峨の間には保津川（大堰川）の峡谷があり、穿入蛇行地形によって西山の山域と分かれている。

　東面は清滝川、西面は水尾川、北面は芦見谷から細野川となって、いずれも大堰川（桂川水系）へ流出する。

　地質は、丹波帯と呼ばれる古生代から中生代の地層で、チャートなど硬い岩石で造られている。清滝川と保津川の合流点を落合といい、左岸にある書物岩では放散虫（プランクトン）の化石を見ることができる。したがって、深海で堆積した岩石で形成されていることがわかる。かつては、砥石や硯石の産地としても知られていた。

　「伊勢へ七度、熊野へ三度、愛宕さんへは月参り」と唄われるように、「あたごさん」は庶民に親しまれる存在であった。なかでも、七月三一日から八月一日にかけての「千日詣り」（通夜祭）には、参拝登山をする人の列が絶えない。この日は、千日分の功徳があるとされ、表参道に電球が吊り下げられる。また、歩行前の幼児がお参りし、樒を供え祈祷してもらえば一生火事にあわないともいわれ、家族連れの姿も多い。

全国にある愛宕神社は八〇〇社を超え、関西を中心に「愛宕講」が数多く組織されている。各地にある「愛宕山常夜燈」がその信仰を今に伝える。

比叡山（丑寅＝東北）と対をなす愛宕山（戌亥＝西北）も警戒すべき方位で、そのため愛宕神社にはイノシシとかかわるものが多い。一一月の亥の日には、「亥の子まつり」（火臼祭）も行なわれる。愛宕神社の社務所前広場には、かつて朝日峰白雲寺があり、将軍地蔵が安置されていた。武家の崇敬を集め、明智光秀が本能寺の変を前にこの寺へ詣で、連歌百韻を催したことが知られている。

松尾山の尾根から愛宕山を見る

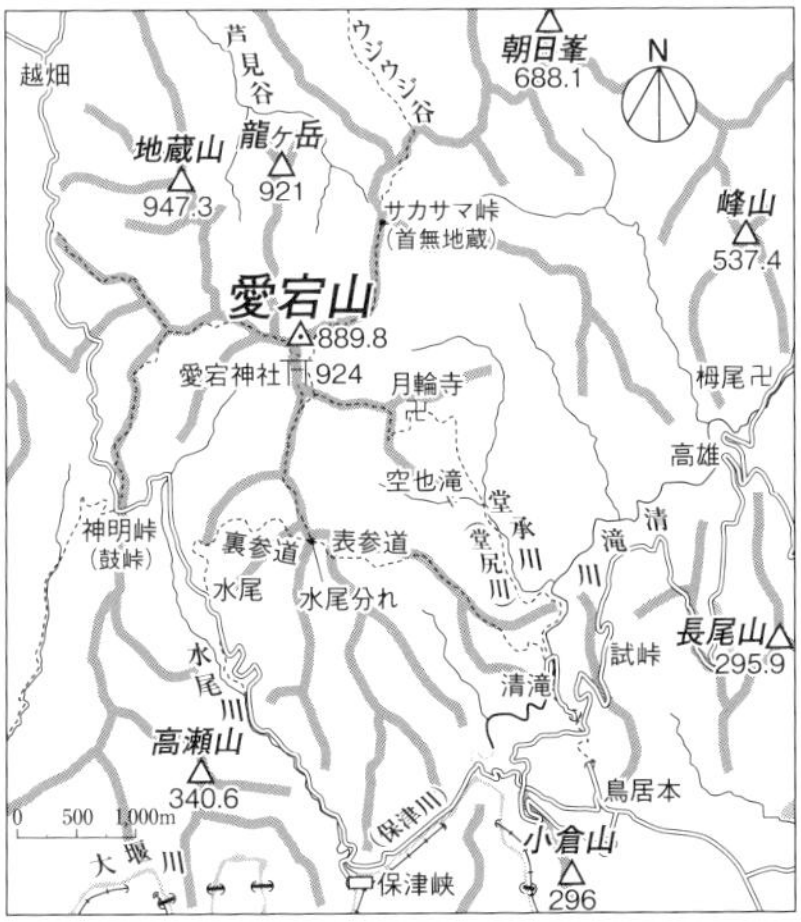

市街地から遠望してもわかるように、山上にはスギの巨木が多く、周辺にはアカマツやアセビも多い。北面の谷を中心に、クリンソウの群落を見ることもできる。一九二四（昭和四）年に開通した愛宕山鉄道は、嵐山から清滝までの平坦線と清滝から延長二〇三〇mの鋼索線があった。中腹には遊園地とホテルも営業していた。戦中に撤去されたが、試峠のトンネルやケーブルの駅舎跡などを今も確認することができる。

落合付近より長坂谷へ入り、清滝川右岸の支尾根（「ツツジ尾根」）を越えて水尾・樒原《しきみがはら》・越畑へつづく道がある。「米買道」と呼ばれ、鞍部は荒神峠（庚申峠・長坂峠）といい、十八丁峠とも称す。一方、鳥居本と落合の間にある峠は六丁峠である。

登路　表参道は清滝の二ノ鳥居（十三丁）から石段がつづき、丁石を数えながら水尾分れを経て愛宕神社へ約二時間三〇分。三角点へは、地蔵山方面に月輪寺への分岐を過ぎて約一〇分。なお、本来は試峠を越えて清滝に入るのが道筋で、鳥居本に一ノ鳥居と「一丁」地蔵を見ることができる（二ノ鳥居まで約五〇分）。

裏参道（女坂）は、柚の里として知られる水尾からのもので、保津峡駅から歩けば表参道七合半で表参道と合流。約三時間三〇分で愛宕神社へ達する。

また、清滝から堂承川（堂尻川）へ入り、月輪寺を経て登る道（約三時間）やサカサマ峠（首無地蔵）を経由する道（約三時間）などがある。

丹波からの参道には、次のようなものがある。京北細野の愛宕道を起点に、ウジウジ谷を遡るルートは約三時間二〇分で山頂へ。亀岡から保津橋を渡って神明峠（鼓峠）に登り、地蔵山分岐を経て愛宕神社へ約三時間五〇分。このルートは、江戸時代に盛んだった西国三十三所観音巡礼の寄り道コースで、第十九番札所の革堂から愛宕神社へ登り、第二十一番札所の穴太寺へ向かう巡礼道（逆打）であった。

樒原に建つ鳥居から参道を登り、神明峠からの道に合流して愛宕神社へ約二時間。

地図　五万図「京都西北部」
二・五万図「京都西北部」

263 地蔵山《じぞうやま》　標高九四七・三m

京都市右京区嵯峨樒原と京北細野にまたがり、愛宕山塊の最高峰である。京都府では、皆子山・峰床山・三国岳・鎌倉山に次ぐ標高を有している。

京都の市街地からは、愛宕山が前に控えているため山容を認めることはできないが、周囲の山に登れば姿を現わすことも多い。大きな山姿が特徴的で、強い傾斜の龍ヶ岳と好対照をなしている。城丹国境の稜線にあるため、丹波・丹後にある多くの山々からも望むことができる。

北面のスロープには戦前に越畑スキー場が開設され、南面にも同様の笹原が広がる。東面は細野川の支流である芦見谷が懐深く入り、西面は三俣川と七谷川が

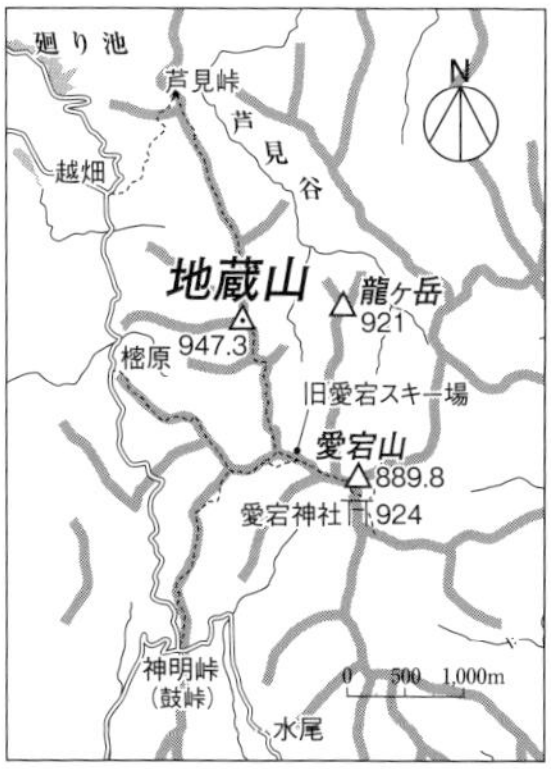

大堰川へ流れ出る。樒原・越畑の盆地は標高三〇〇mほどあり、緩やかな斜面に棚田や萱葺き民家が点在する。九世紀頃から拓かれたとされ、「日本の里百選」にも選ばれている。

登路　越畑から芦見峠に登り、西向地蔵を経て山頂へ約二時間。樒原からは愛宕山への道を辿り、旧愛宕スキー場付近より北へ向かって山頂へ約二時間。愛宕山からは、龍ヶ岳への尾根分岐を経て尾根伝いに約一時間二〇分。

地図　五万図「京都西北部」
　二・五万図「京都西北部」「亀岡」

264 瓜生山《うりゅうやま》　標高三〇一m
別称　うりゅうざん

京都市左京区一乗寺と北白川の間にあり、白鳥越が通る尾根の先端に位置する。西側は市街地が広がり、白川の上流にあたる。山中には「白川石」を切出した石切丁場跡があって、粗加工した石材が道沿いに残されている。

キュウリを好む牛頭天王（八坂神社の祭神）が、初めこの山に鎮座したのが山名の由来。南北朝～戦国時代には、山城や砦が各所に築かれ、『二水記』『太平記』などにその様子が描かれている。山腹には将軍地蔵が祀られている（元は山頂にあった）。

登路　北白川仕伏町から清沢口に入り、「白幽子巌居之址」碑と石切丁場跡を経て山頂へ約四〇分。そのほか、一乗寺下り松から狸谷不動尊を経て三十六童子の祠を巡る道（約五〇分）や、金福寺から石川丈山の墓を経由する道（約五〇分）、地蔵谷の身代り不動尊から登る道（約三〇分）もある。さらに、京都一周トレイル東山コースが新旧二つのルートで通過する（山頂へは新コースで）。

地図　五万図「京都東北部」
　二・五万図「京都東北部」

column 7

京都一周トレイル

　京都盆地を取り囲む山々に設けられた「京都一周トレイル」。二〇一六年春の時点で、総延長82㎞（季節ルートは別）の道が整備されている。別に、旧北桑田郡京北町（京都市右京区京北）内を一周する約45㎞（支線を含む）のコースがある。

　トレイルの構想は、京都市民の健康増進に寄与しつつ、美しい景観と歴史的な遺跡や文化財に触れながら周回する観光需要を創出する事業として計画された。

　京都府山岳連盟をはじめ、交通事業者と京都市・森林管理署で構成する「京都一周トレイル会」が維持管理を行ない、標識の設置やトレイルマップ（「東山コース」「北山東部コース」「北山西部コース」「西山コース」「京北コース」）を発行している。

　六コースがあり、それぞれで通し番号が振られている。トレイルマップと照合すれば、誰でも安心して歩くことができる。

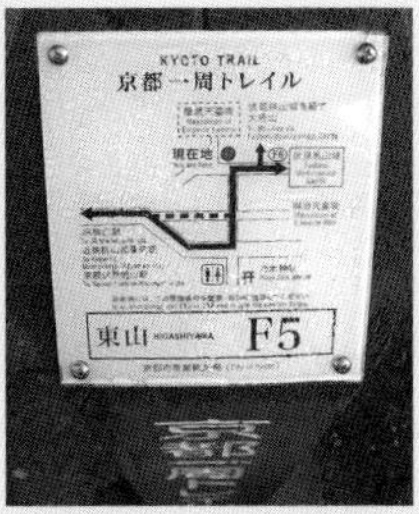

・東山コース　伏見・深草ルート（伏見桃山駅〜伏見稲荷大社・奥社＝9・5㎞）（標識＝東山F1〜F35）
　伏見桃山駅〜伏見桃山運動公園〜八科峠〜大岩山展望所〜大岩街道〜嘉祥寺〜青木ヶ滝〜伏見神寶神社〜伏見稲荷大社奥社

・東山コース（伏見稲荷駅〜ケーブル比叡駅＝24・6㎞）（標識＝東山1〜74）
　伏見稲荷駅〜伏見稲荷大社〜四つ辻〜泉涌寺〜剣神社〜清水山〜東山山頂公園〜粟田神社〜蹴上〜日向大神宮〜楼門の滝〜法然院〜白川天神宮〜瓜生山〜水飲〜ケーブル比叡駅

・北山東部コース（ケーブル比叡駅〜二ノ瀬＝17・9㎞）（標識＝北山1〜46）
　ケーブル比叡駅〜浄土院〜玉体杉〜横高山〜水井山〜仰木峠〜戸寺〜江文峠〜静原〜薬王坂〜鞍馬〜二ノ瀬

・北山西部コース（二ノ瀬〜清滝＝19・3㎞）（標識＝北山47〜94）
　二ノ瀬〜夜泣峠〜向山〜山幸橋〜氷室〜京見峠〜沢ノ池〜栂尾〜槙尾〜高雄〜清滝

・西山コース（清滝〜苔寺谷＝10・7㎞）（標識＝西山1〜51）
　清滝〜落合〜六丁峠〜鳥居本〜亀山公園〜嵐山渡月橋〜松尾山〜苔寺谷

・京北コース（細野（起点）〜細野（終点）＝35・4㎞、K1〜K19＝5・5㎞、D1〜D4＝1・6㎞）（標識＝京北1〜92、K1〜K19、Y0-1〜Y5）
　細野〜滝又の滝〜余野〜大森〜茶呑峠〜竜ヶ坂（〜天童山）〜山国（〜宮）〜井戸峠〜上中〜合併記念の森〜熊田〜黒尾山（〜周山城址〜周山）〜魚ヶ淵〜細野

◎参考図書
『京都北山から―自然・文化・人―』京都府山岳連盟　2008年　ナカニシヤ出版

（竹内康之）

東山三十六峰《ひがしやまさんじゅうろっぽう》

京都盆地の東側を区切る標高二〇〇m前後の山々は、「東山三十六峰」と呼ばれる。

江戸時代の俳人＝服部嵐雪（一六五四〜一七〇七年）が、「ふとんきて寝たる姿やひがし山」と詠んだ山なみは、今も多くの人々の心を捉えて離さない。だが、三十六峰の具体的な山名が確定しているわけではなく、異称も数多く見られる。

江戸時代の『再撰花洛名勝圖會』（元治元年）では、「北（かみ）は志賀の山越え如意ヶ嶽の辺（ほとり）より、南（しも）は稲荷三ヶ峰、深草に至る間の諸山をいうか」と表現しており、明治時代までは数多い峰々として使われていた。

その後、昭和になって郷土史家らが山名を決めたとされている（山名は以下のとおり）。現在ではそれが一般化しているものの、異論があるのも事実である。

比叡山・御生山・赤山・修学院山・葉山・一乗寺山・茶山・瓜生山・北白川山・月待山・如意ヶ岳・吉田山・紫雲山・善気山・椿ヶ峰・若王子山・南禅寺山・大日山・神明山・粟田山・華頂山・円山・長楽寺山・双林寺山・東大谷山・高台寺山・霊山・鳥辺山・清水山・清閑寺山・阿弥陀ヶ峰・今熊野山・泉山・惠日山・光明峰・稲荷山

◎地図　五万図「京都東北部」「京都東南部」／二・五万図「京都東北部」「京都東南部」

◎参考図書

『東山三十六峰を歩く　面白の花の都や』京都新聞社編　三浦隆夫　京都新聞社　一九九五年

（竹内康之）

265 吉田山《よしだやま》 標高一二一m(三角点＝一〇五・〇m)

別称　神楽岡　神楽ヶ岡

京都市左京区の南部に位置し、「東山三十六峰」の一峰として数えられる。

大文字山の山群とは花折断層によって分離し、間を白川が流れる。志賀越に沿う北白川はその扇状地であり、浄土寺周辺は氾濫原であった。現在は、いずれも住宅地に変貌している。西麓に京都大学があり、山頂近くに旧制第三高等学校寮歌の碑が立つ。

山麓の吉田神社が山名の由来で、古くは神域であった。南東につづく丘陵は紫雲山と称し、同じく三十六峰のひとつに数えられる。真正極楽寺（真如堂）や金戒光明寺（「黒谷さん」）があり、洛東の散策道として市民や観光客に親しまれている。会津藩殉難者墓地がその頂嶺にある。両山の間を、かつては「中山」と呼んだ。行基が定めたといわれる葬場があり、「御坊（おんぼう）」の坂道がある。

登路　周囲を取り巻く北白川・浄土寺・岡崎・吉田の住宅地から、多くの道が通じている。それぞれ、一〇分〜二〇分で山頂へ立てる。

地図　五万図「京都東北部」
二・五万図「京都東北部」

266 大文字山《だいもんじやま》 標高四六五・三m
267 如意ヶ岳《にょいがだけ》 標高四七二m

京都市左京区浄土寺・鹿ヶ谷・粟田口にまたがる。比叡山系の最南部にあって、東西にピークが連なる。

西側の大文字山は、「東山三十六峰」のひとつとして京都市民や観光客に親しまれ、年間を通じて人の姿が絶えない。とくに、送り火（八月一六日）の「大」の字の火床は、京都市街の展望に優れる。山名もこれに因む。

いっぽう、この山群の主峰である如意ヶ岳は、長等山（三井寺の山号、大津市）へつづく稜線にあり、かつて周辺一帯にあった如意寺に因む山名である。本堂跡が山頂南側の山腹に残る。

吉田山からの大文字（正面は火床）

京都市内から望む大文字山の前山を善気山といい、山麓は法然院をはじめ銀閣寺や霊鑑寺など有名な寺社が点在している。「哲学の道」と呼ぶ琵琶湖疏水（支流）沿いの散策コースは、「日本の道一〇〇選」に選ばれた。

山中は、丹波帯（中生代）と新生代の花崗岩に覆われており、その接触地帯で熱変成による珍しい鉱物を産出する。石切丁場だった太閤岩は、日本で最初に褐簾石が発見され、現在もその露頭を見ることができる。

歴史的には、山岳寺院や山城の跡が各所に残り、土地の権利関係を反映して京都と滋賀の府県境は入り組んでいる。中尾城趾や楼門ノ滝（桜谷）・灰山庭園跡など、見どころも多い。

登路　銀閣寺の門前から千人塚を経て火床へ。その「大」の字の上部から東へ尾根を辿れば、大文字山の山頂へ約一時間一〇分。三等三角点と並んで、全国に一六箇所しかない菱形基線測点（京都菱形基線場）がある。如意ヶ岳へは、さらに東へ約三〇分だが、山頂は大津航空無線標識所があり立ち入ることは不可能。そのほか、蹴上から日向大神宮のある神明山と大日山を経て達する道（約二時間）は、大文字山の四ツ辻まで京都一周トレイル東山コースになっており、ツツジの多い尾根として知られている。また、鹿ヶ谷から千人塚へ登るコースや、山科の毘沙門堂から大文字山四ツ辻へ。法然院から善気山へ達する道など、各地から登ることができる。

地図　五万図「京都東北部」
二・五万図「京都東北部」

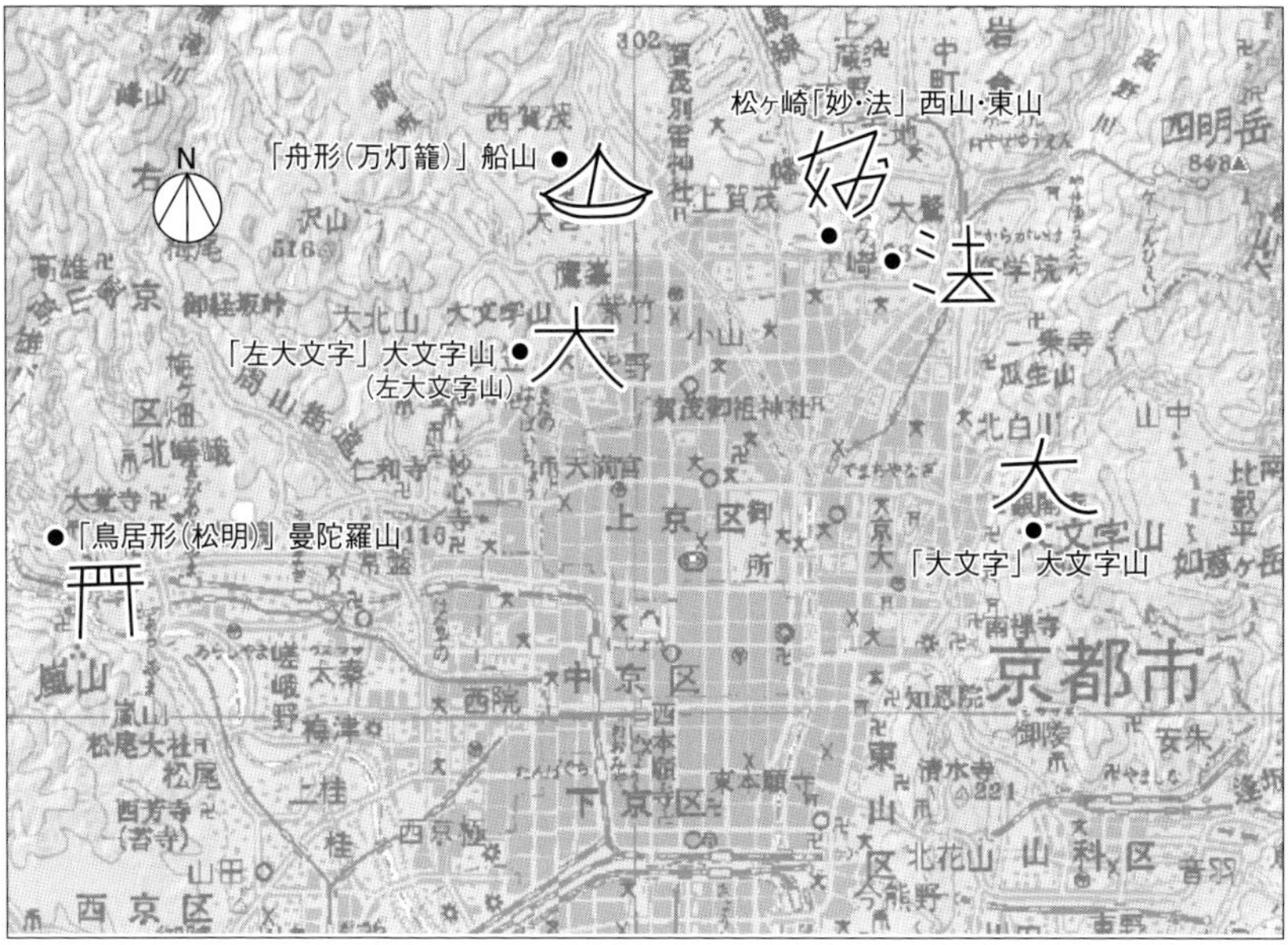

㉖⑧ 釈迦谷山 しゃかだにやま　標高二九〇・九m

京都市北区大宮の北西部にあたり、京見峠から堂ノ庭を経て鷹峯へ下る尾根の末端に位置する。この尾根には、杉坂へ通じる府道西陣杉坂線が通り、旧道にあたる長坂越は千束《せんぞく》から登る。

南東山麓は畑や水田が広がり、尺八池や新池など灌漑用の池も点在する。西側のピークは元の愛宕山で、愛宕神社の旧社地である。北面は釈迦谷から若狭川（賀茂川水系）へ、南西は紙屋川（天神川水系）へ流出する分水界でもある。

登路　鷹峯の光悦寺から府道を登り約三〇分。

地図　五万図「京都西北部」
二・五万図「京都西北部」

㉖⑨ 沢山 さわやま　標高五一五・六m

京都市右京区鳴滝《なるたき》の北部にあって、ひときわ目立つ

山である。京見峠・上ノ水峠から南西へつづく尾根に位置し、西側に周囲一・五kmの沢ノ池がある。この池は江戸時代に造

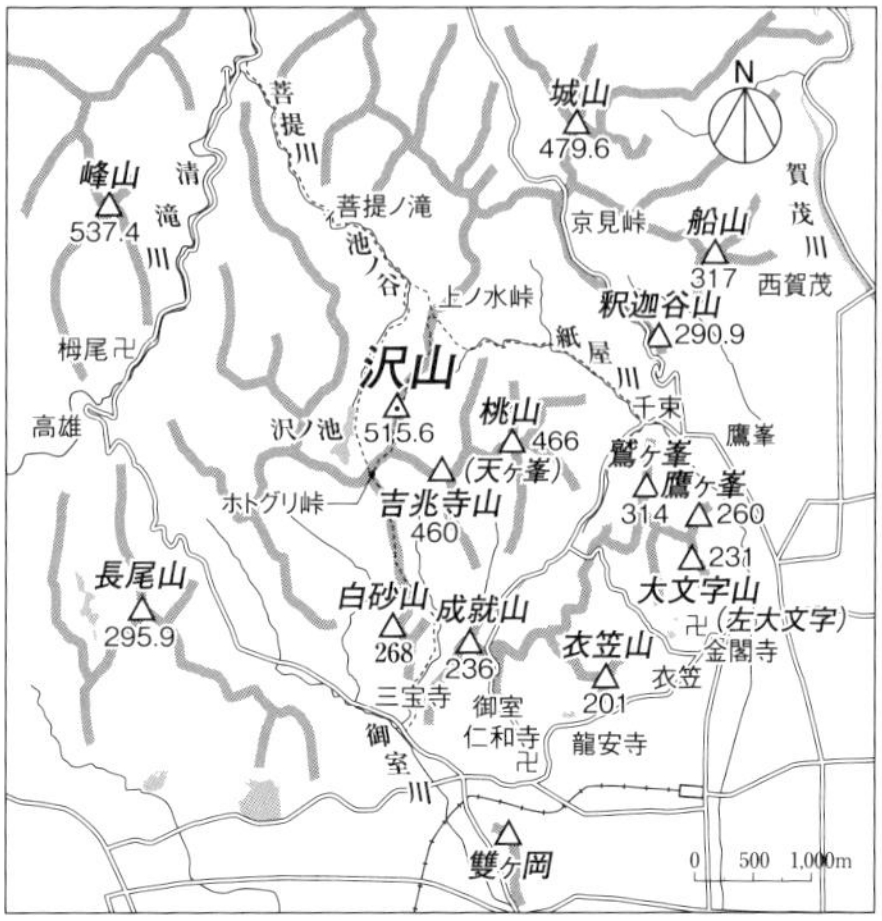

られた灌漑用で、水は南東側の取水口からトンネルで鳴滝や宇多野方面へ流される。東面は紙屋川（天神川）、西面は菩提川（池ノ谷）へ流れ出る。

標高の低いエリアは「北山杉」の植林が多いものの、山頂や沢ノ池周辺には自然林も見られる。人工的なものが少なく、都市部からのアプローチが容易なため、沢ノ池付近は家族連れやグループの姿が多い。

登路　鷹峯から千束を経て上ノ水峠に達し、主稜線を辿って山頂へ約一時間四〇分。国道162号の菩提道バス停から、沢ノ池・ホトグリ峠を経て約一時間三〇分。ホトグリ峠へは、栂尾から福ヶ谷林道を通る京都一周トレイル北山西部コース（約一時間三〇分）や、三宝寺から三宝寺川（井出口川）を遡り、尾根に取り付いて達することもできる（約二時間、途中で谷道とユリ道の二つに分かれる）。

地図　五万図「京都西北部」
二・五万図「京都西北部」

270 桃山《ももやま》　標高四六六m
別称　天ヶ峯

271 吉兆寺山《きっちょうじやま》　標高四六〇m
別称　吉兆山　吉兆谷山

京都市北区大北山（原谷）および鷹峯と右京区鳴滝（宇多野谷）にまたがり、紙屋川と三宝寺川を分ける。鷹峯（光悦寺）から望む桃山を天ヶ峯と称す。

西側に並ぶ峰を吉兆寺山といい、吉兆谷の源頭を経て沢山の主稜につながる。

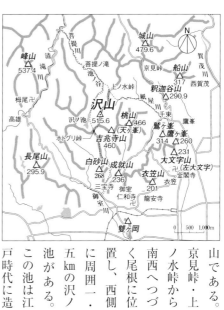

登路　原谷乾町から尾根伝いに約五〇分。吉兆寺山へは約一五分。ホトグリ峠へは、さらに約四五分。
地図　五万図「京都西北部」
　二・五万図「京都西北部」

鷹峯三山《たかがみねさんざん》

㉗②鷹ヶ峯　標高二六〇m
㉗③鷲ヶ峯　標高三一四m
㉗⓪天ヶ峯　標高四六六m

紙屋川（天神川）の上流、左岸台地に開けた集落が鷹峯である。本阿弥光悦が徳川幕府よりこの地を得て草庵を営み、のち太虚庵光悦寺と称した。当時は富裕な商人らが日蓮宗を盛りたて、境内には多くの茶席がある。その庭園からは、のびやかな鷹ヶ峯と鷲ヶ峯が間近に望まれ、西端の天ヶ峯（桃山）とともに三山を形成している。かつては、天皇や雲上人の遊猟の地であった。

地域的には、大北山鷲峯町・長谷町・鏡石町・蓮ヶ谷町・天神岡町・鷹峯仏谷・鷹峯桃山などにまたがり、東端のピークは兀山とされるものの出典は不明（鏡石町）。
登路　氷室道の衣笠氷室町から、鹿苑寺（金閣寺）背後の山へ取り付き、鷹ヶ峯・鷲ヶ峯へそれぞれ約四〇分。両山の間は約二〇分。天ヶ峯へは、原谷乾町から尾根伝いに約五〇分。
地図　五万図「京都西北部」
　二・五万図「京都西北部」

㉗④大文字山《だいもんじやま》

標高二三一m
別称　左大文字山

京都市北区大北山にあって、鹿苑寺（金閣寺）の背後に位置する。沢山や桃山の前衛をなし、中腹には五山送り火の「左大文字」の火床がある。市街地に面しているため、市民や観光客に親しまれている。全山が花崗岩で覆われ、京都市内の眺望もよい。
登路　金閣寺前から火床への道があるものの、入山は制限されている（許可を得ての入山は可能）。

地図　五万図「京都西北部」
二・五万図「京都西北部」

275 成就山《じょうじゅさん》　標高二三六m

別称　御室八十八ヶ所霊場

京都市右京区御室（大内）にあり、仁和寺の背後にあたる。成就山の東側は大内山（二四一m）。御室山とも呼ばれ、宇多天皇大内山陵がある。西の村上山（一五〇m）は村上天皇村上陵があり、南へ延びる尾根を長尾と称している。

沢山から桃山へつづく尾根の前衛をなし、衣笠山や大文字山（「左大文字」）とは尾根でつながる。山中や山麓には陵墓や寺院が点在し、京都を代表する観光スポットのひとつである。

成就山は、所願成就を願って付けられた。文政一〇（一八二七）年に、仁和寺二十九世済仁法親王が、弘法大師ゆかりの霊場を真似て造らせたもので、御室の八十八ヶ所巡りとして広く親しまれている。最高地点は、第四十八番西林寺付近。

登路　仁和寺西門の南西から取り付き、第一番札所霊山寺から第八十八番札所大窪寺まで、右廻りの順路に沿って小さな御堂が建ち並ぶ（約二時間三〇分）。

地図　五万図「京都西北部」
二・五万図「京都西北部」

276 白砂山《しらすなやま》　標高二六八m

京都市右京区鳴滝の北部にあって、御室川の支流である三宝寺川（井出口川）と高鼻川に挟まれている。

沢山からホトグリ峠を経て南下する尾根の先端にあり、岩稜と松林が特徴で、山名の雰囲気を今もとどめている。「ホト」は女性のシンボルを表わす古い言葉で、「クリ」は刳るに通じる。往時の人々の思いが伝わる地名として、沢ノ池とともにその切実さが迫ってくる。

登路　国道162号（周山街道）の三宝寺から三宝寺川（井出口川）を遡り、尾根に取り付いて約一時間。

地図　五万図「京都西北部」

二・五万図「京都西北部」

㉗㉗ 長尾山《ながおやま》　標高二九五・九m

京都市右京区梅ヶ畑と北嵯峨にまたがり、国道162号が越える御経坂峠で沢山の山稜とつながる。長刀坂から遍照寺山（「嵯峨富士」）につづく支稜は、鳴滝・太秦方面へ徐々に高度を下げる。梅ヶ畑に属する清滝川下流の左岸山稜の中心にあって、最高峰は長尾山の北西にある独標三一四mピーク（蓮華谷）。東面は奥殿川（御室川）、南面は有栖川の支流が流れ出る。

西側の標高一八〇m付近に菖蒲谷池（梅ヶ畑菖蒲谷）があり、寛永年間に角倉了以の子（光長・光由）によって築かれた隧道で北嵯峨の田を灌漑した。『平家物語』（巻十二）によれば、「菖蒲谷」は六代御前が隠れ住んだ場所として語られている。

また、池畔の遺跡から後期旧石器、縄文時代の石器・土器が出土し、古くから人の住んだ痕跡が残る。京見峠は長刀坂とともに、地域を支えてきた歴史ある道で、今もよく歩かれている。

周辺には、上質の砥石（「鳴滝砥石」）を産出する場所が点在し、砥石山としてもよく知られている。付近は本阿弥家とのかかわりが深い土地である（江戸時代）。

登路　北嵯峨の嵯峨天皇陵から京見峠の鞍部を経て約一時間一〇分。後宇多天皇陵から長刀坂を経て約一時間一五分。ほかに、直指庵や御所ノ口からも登れる。

地図　五万図「京都西北部」
二・五万図「京都西北部」

㉗㉘ 船岡山《ふなおかやま》　標高一一一・六m

京都市北区紫野にあり、独立した丘陵地。大徳寺の西南にあたり、全域が公園になっている。東西約二〇〇m、南北約一〇〇mで、松林に覆われる。地質は硬いチャートである。東山腹に、織田信長・信忠を祭神とする建勲神社がある。また、丹波をにらむ戦略拠点として、山頂近くには応仁の乱以降に築かれた城跡が残る。

山名は、船（舟）の形に似ることからとされるが（『都名所圖會』『山州名跡志』など）、伏舟とするものもある（『扶桑京華志』）。平安京造営の基準点（玄武＝北）にあたり、都の中軸線である朱雀大路が真南に向かってつくられた。山の東端に梶井宮御所の苑地が開け、そこにある大池に岬のように突き出した「唐鋤鼻」が山名の由来だという説もある。清少納言は、「岡は船岡」と讃嘆したとされる。現在は宅地になっているものの、昭和の初めまで名残りの「六兵衛池」があったようだ。

登路　四囲はすべて住宅地で、船岡南通り・船岡北通り・船岡東通り・船岡西通りの各所から手軽に登ることができる（それぞれ一〇分から一五分程度）。

地図　五万図「京都西北部」
二・五万図「京都西北部」

279 衣笠山《きぬがさやま》　標高二〇〇・六m（二〇一m）

別称　絹笠山　絹蓋山

京都市北区衣笠と右京区龍安寺（朱山）にまたがり、桃山から派生する支尾根の一峰。古くより和歌によく詠まれ、王朝時代は行楽地であった。南東には立命館大学や等持院が山麓に広がる。周辺は葬送の地で、山名は遺骸を覆った布帛に因むとされる。異体字も多く、絹笠山・絹蓋山・衣掛山・絹掛山などと表記される。また、寛平法皇が夏季に雪見をしたいとして、山に白絹を掛けさせたという伝説も残る（絹掛）。

登路　南麓の衣笠中学校や衣笠幼稚園から尾根に取り付き、山頂へ約二〇分。宇多天皇陵や堀川天皇陵、立命館大学衣笠キャンパス、衣笠赤阪町からも登れる。

地図　五万図「京都西北部」
二・五万図「京都西北部」

280 雙ヶ岡《ならびがおか》　標高一一五・八m

京都市右京区御室（双岡町・岡ノ裾町）にある丘陵。北から南へ一ノ丘・二ノ丘（一〇二m）・三ノ丘（七八m）が並び、それぞれに古墳が確認されている。

仁和寺の南側に位置し、岡ノ裾川と西ノ川にはさまれ、いずれも御室川から天神川へ流出する。天皇の遊猟の地であり、平安京の北西の隅に隣接し古くより親しまれている。全域が国の名勝に指定。

登路　一ノ丘・二ノ丘・三ノ丘へ、宇多野・御室・花園から道が整備され、それぞれ一五分ほどで丘の上へ立つことができる。一ノ丘から三ノ丘への縦走は約二〇分。

地図　五万図「京都西北部」

二・五万図「京都西北部」

281 小倉山《おぐらやま》　標高二九六m

京都市右京区嵯峨（小倉山町）にあり、西から南を保津川（大堰川）の峡谷（保津峡）が京都盆地へ流れ下る。南東部には、小倉池もある。

山麓一帯は貴人たちの隠棲の地で、「小倉の里」と呼ばれた。古来、紅葉の名所として知られる。二尊院や常寂光寺・祇王寺・落柿舎など、嵯峨野を代表する寺社と竹林が広がり、一年を通して多くの人々が訪れる。南東部の尾根（亀山・亀ノ尾山）は、亀山公園（嵐山公園亀山地区）として整備されており、周恩来が詠んだ「雨中嵐山」碑や角倉了以像・村岡局（津崎矩子）像が立っている。

登路　嵐山渡月橋から亀山公園に入り、そのエリアを通り越して尾根伝いに約四〇分。

地図　五万図「京都西北部」

二・五万図「京都西北部」

282 山上ヶ峰《さんじょうがみね》　標高四八二・二m

別称　北松尾山

京都市西京区松尾にあり、鷗谷を隔てて亀岡市に接する。保津川（大堰川）と国道9号が通る老ノ坂の間に連なる山域では最高峰。保津川右岸に沿ってこの山と嵐山をむすぶ尾根が走り、鷗谷と西芳寺川の南側には唐櫃越の通る尾根がつづく。かつて、周辺は松林が多かったが、植林地の拡大や二次林が目立つようになってきた。

登路　嵐山にある法輪寺の南東から松尾山への道に

取り付き（京都一周トレイル西山コース）、嵐山（城跡）から烏ヶ岳へつづく山稜を北西へ。山頂へは伐採・植林地を登って約二時間四〇分。苔寺の門前から西芳寺川を遡る林道を、終点まで歩いても登ることができる（約二時間）。

地図　五万図「京都西北部」
二・五万図「京都西北部」

㉘③ 嵐山《あらしやま》　標高三八二m
㉘④ 烏ヶ岳《からすがだけ》　標高三九八m

京都市西京区嵐山にあり、保津川（大堰川）右岸の一峰。付近は標高三〇〇m前後の山なみがつづき、北西には松室に属す烏ヶ岳がある。南東は松尾山への山稜で、松室・松尾と接する。嵐山の山上には、香西又六元長（一五〇四～一五二一年）が築いた城跡があり、曲輪跡や土塁・堀切が残っている。

渡月橋や法輪寺・千光寺（大悲閣）のある川沿いは景勝地として知られ、平安期より舟遊びや桜・紅葉の名所として、多くの和歌に詠まれている。左岸の天龍寺には、嵐山と亀山を借景とした庭園がある。

登路　阪急嵐山駅から京都一周トレイル西山コースを使い、松尾山分岐から山上ヶ峰へつづく尾根を辿って嵐山へ約一時間一〇分。烏ヶ岳はさらに約二〇分。両ピークとも、尾根道は直下をトラバースしており、山頂へは現在地を見極める必要がある。

地図　五万図「京都西北部」
二・五万図「京都西北部」

㉘⑤ 松尾山《まつおやま》　標高二七五・六m

別称　まつおさん

京都市西京区松尾谷（松尾山町）にあり、北面は嵐山元録山町に接する。渡来系氏族（秦氏）にまつわる伝承が残り、松尾大社の神体山である。大杉谷には磐座があり、中世より酒の神として知られる。霊泉「亀の井」の水が有名。山頂や尾根から谷筋にかけて、四〇基以上の古墳が確認されている。

山上ヶ峰から松尾へつづく尾根に位置し、北側の中腹に野生ザルで有名な岩田山がある。周辺も含め国有林になっており、市街地に近いものの自然環境に恵まれている。

山頂から松尾と松室を分ける尾根は南へつづき、途中には図根点標石のあるピークがある。図根点は、三角測量の後に行なわれる細部の測量で使用される。一般に標石は設置されないという。

登路 嵐山にある松尾山登山口から京都一周トレイル西山コースを登り、尾根に出る地点で岩田山への道を右に分ける。山頂の東側にある十字路では、西へ向かう南北どちらのルートでも登ることができる（一周約四〇分）。なお、磐座へは松尾大社境内の登拝受付所で、許可を得て入山することができる。

地図 五万図「京都西北部」
二・五万図「京都西北部」

㉘⑥ 沓掛山 くつかけやま　標高四一四・七m

京都市西京区大枝と松尾の境に位置する。保津川（大堰川）と国道9号が通る老ノ坂の間で東西に走る山稜の中央にあり、山田（京都市西京区）と篠（亀岡市）を結ぶ唐櫃越がこの尾根に開かれている。明智光秀が本能寺へ向かうときに、丹波亀山（亀岡）からこの間道を通ったとされ、歴史的にも興味深い。保津川左岸の明智越にも同様の伝承がある。

沓掛は、老ノ坂に履を懸け置く駅亭があったことに因む地名で、北側の山名にもなった。また、唐櫃越が通じる地蔵院背後の地蔵寺山（山田・下山田）と、西芳寺川左岸の西芳寺山（松尾谷・松室）を合わせて「衣笠山」と呼ばれる（『雍州府志』）。

登路 山田岐れから、山田・下山田を通って尾根に上がり、北西へ高度を上げて約一時間三〇分。桂坂野鳥遊園から唐櫃越へ散策路が数本あり、約五〇分で登ることができる。

地図 五万図「京都西南部」

二・五万図「京都西南部」

㉘⑦大枝山《おおえやま》　標高五六七・六m

別称　大暑山《おおしょやま》

㉘⑧老ノ坂《おいのさか》　標高（旧峠＝二五〇m）

老ノ坂は山城と丹波の国境にあり、古くより山陰道の要衝として認められていた。旧道と新道がトンネルで越え、京都縦貫自動車道も通過する。旧峠の近くには酒呑童子の首を埋めたとされる首塚と「従是東山城國」の境界標石がある。

京都市西京区（大枝）と亀岡市篠にまたがる大枝山は、一連の山なみの総称であり、小塩山との間にある三角点峰は大暑山《おおしょやま》と呼ばれている。大枝山の表記は、丹波と丹後の国境にある大江山との混同を防ぐためともいわれ、老ノ坂は大江ノ坂でもあった。

登路　大暑山へは、西山団地の南端から尾根伝いに約三〇分。三角点は、小塩山へつづく尾根から西へ外れた地点に埋設されている。

地図　五万図「京都西南部」
二・五万図「京都西南部」

㉘⑨小塩山《おしおやま》　標高六四二m

別称　大原山

京都市西京区大原野にあり、古くはポンポン山を中心とした山稜の総称として小塩山が使われていた。現在は、淳和天皇陵のある「大原山」（『雍州府志』）を指している。また、清塚山（「京都府地誌」）の名もある。

山名は、小入（おじお）に由来する説や十輪寺に伝わる在原業平の塩焼きの故事に関連する説（『乙訓郡誌』）などがある。いずれにせよ、旧乙訓郡一帯は海だった地域で、各地で石灰岩を見ることができる。そのため、植生も独特のものがある。

山麓には「花の寺」として

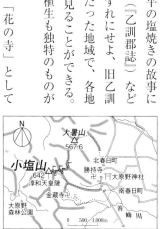

名高い勝持寺や、狛鹿と千眼桜の美しい大原野神社、紅葉の金蔵寺など、洛西の見どころが点在する。

登路　南春日町から金蔵寺山門を経て天皇陵道に出合い、山頂へ約一時間三〇分。最高地点は陵墓があるため立ち入ることができない。

地図　五万図「京都西南部」
二・五万図「京都西南部」

290 ポンポン山　標高六七八・八m

別称　加茂勢山・賀茂勢山・鴨背山

京都市西京区大原野と大阪府高槻市にまたがり、擬音語を使った山名としてユニークである。小塩山からこの山を経て神峰山寺へ下る尾根のほか、釈迦岳より天王山や若山へつづく尾根が目立つ。

京都盆地の西にある山域を西山といい、その最高峰である。東山に対する総称だが、保津川の左岸や愛宕山を含む場合もあり、情緒的な地名である。東面は小畑川が桂川へ注ぎ、西面は芥川が摂津峡となって高槻の平野へ下る。南は水無瀬川で、いずれも淀川へ流れる。

ポンポン山を中心とした西山の山稜（荒神峰から）

『日本山嶽志』には加茂背嶽と記され、点名も加茂勢山となっていることから、少なくとも明治時代には「ポンポン山」の呼称はなかったと思われる。「山頂を踏むとポンポンと音がする」とか、足音が響くので山名になったようだ。また、一説には明智光秀らの死体の埋葬に因むというものや、石灰岩質による洞窟説などもある。

植生は、都市近郊の山にしては豊かで、なかでもフクジュソウやカタクリの群落は、行政や地元のボランティア活動で大切に守られている。山深い丹波とつながっているせいか、ときおりツキノワグマの出没も話題に上る。

山の中腹や山麓は寺院が多く、善峯寺・三鈷寺・金蔵寺のほか、大阪府側にも本山寺や神峰山寺などが点在する。いずれも名刹として知られ、善峯寺は西国三十三所観音巡礼の第二十番札所になっている。第二十一番の穴太寺へは、小塩山との鞍部にある逢坂を経て外畑《とのはた》から亀岡へ向かうのが順道である。山中には、巡礼道の標石が残されている。

登路　東海自然歩道が南北に縦走し、そのコースに接続する道が多方面から集中する。いちばん手軽な道は、善峯寺から杉谷を通って釈迦岳との間で尾根に登る。山頂まで約一時間二〇分。外畑の大原野森林公園からは約二時間二〇分。

地図　五万図「京都西南部」
二・五万図「京都西南部」

㉑291 釈迦岳 しゃかだけ　標高六三〇・八m

別称　釈迦ヶ岳

京都市西京区大原野と大阪府島本町にまたがる（東の尾根の先は長岡京市）。ポンポン山から天王山へつづく尾根にあり、この山域では二番目の標高である。そのスカイラインの大半は、大阪府との府界にあたる。中腹に善峯寺があり、山名は山中にあった釈迦坐像を同寺に安置したことに因む。西国三十三所観音巡礼の第二十番札所として多くの人で賑わっており、桂昌院のお手植えとされる遊龍松（ゴヨウマツ）は天然記念物である。

登路　善峯寺の入口から杉谷方面に向かい、同寺の上の駐車場へ入るカーブで谷を右岸に渡る。山腹を東へトラバースし、支尾根から府境の尾根に出て山頂へ（約一時間一〇分）。ポンポン山からは、東へ尾根伝いに約三〇分。大阪府側からは、川久保大沢から明瞭な道がつづいている。

地図　五万図「京都西南部」
二・五万図「京都西南部」

㉒㉒ 小倉山《おぐらやま》

標高三〇五m

京都府大山崎町にあり、天王山から派生する丘陵の最高峰。山麓に式内名神大社小倉神社があり、円明寺の集落と結びつきが強い。九条家文書には山荘(別業)の名があり、後の時代に寺院として整えられた。桂川の支流である小泉川（円明寺川）流域は、特産のタケノコを栽培する竹林が広がる。

登路　小倉神社の奥から、尾根に取り付いて約三〇分。大山崎から天王山を経て約一時間二〇分。浄土谷からも登ることができる（約三〇分）。

地図　五万図「京都西南部」　二・五万図「淀」

293 天王山《てんのうざん》

標高二七〇m

294 十方山《じっぽうざん》

標高三〇四・三m

別称　八方山

京都府大山崎町にあり、南西に大阪府島本町が接する。西山の山域と男山（八幡市）の間には、京都盆地から大阪平野へ淀川が流れ、天王山は「山崎の合戦」で知られる戦略上の重要地点の背後にあたる。

大山崎は、東海道新幹線・東海道本線・阪急京都本線・名神高速道路・国道171号（西国街道）などが通過しており、現在も交通の要衝に変わりがない。山麓には、宝積寺（宝寺）や山崎聖天などがあり、春や秋には季節の風光を楽しめる。また、山中には史跡の説明板が各所にあり、桂川・宇治川・木津川の三川合流を見下ろすこともできる。

山名は、「山崎山」「八王子山」を経て現在の山名に定着したとされるが、天正一〇（一五八二）年に羽柴秀吉と明智光秀の「天王山の戦い」が、後世の社会に大きく影響を残すこととなった。山頂には、秀吉がしばらく居城した山崎城跡があり、礎石や土塁が残っている。

付近の最高峰は、天王山の北西にある十方山(八方山)で、尾根伝いによく踏まれた道がつづいている。

登路　JR山崎駅もしくは

阪急大山崎駅から十七烈士の墓や酒解神社を経て約五〇分。小倉神社や浄土谷からの道もある（それぞれ約一時間）。天王山から十方山へは約三〇分。

地図　五万図「京都西南部」　二・五万図「淀」

㉙⑤ 花山《かざん・かさん》　標高二二〇・九m

京都市山科区北花山にあって、頂上は京都大学花山天文台（昭和四年設置）が占めている。稚児川を挟んで西側に清水山があり、高台寺山と尾根がつながっている。施設の敷地内に二等三角点と菱形基線測点（京都菱形基線場）がある。

登路　東山ドライブウェイから車道が通じる。

地図　五万図「京都東南部」　二・五万図「京都東南部」

296 清水山《きよみずやま》　標高二四二・二m

別称　音羽山

京都市東山区清閑寺に属し（清閑寺霊仙町）、「歌の中山」として知られる清閑寺の寺領だった。山名は西麓にある音羽山清水寺による。旧京都市街のすぐ東側にある「東山」は、鴨川の左岸（鴨東）一帯をいう地域名でもあり、東山区がほぼこれに該当する。北端の粟田山から南の稲荷山まで、「東山三十六峰」の山なみの最高峰でもある。

清水寺をめざす参詣道が、粟田口や日ノ岡などから山中を通る。古い標識が各所でその面影を伝えている。西流する河川は小規模なものばかりで、菊谷川・清水音羽川などが鴨川へ流出する。それらは、市街地ではすべて暗渠になっている。東面は稚児川が山科盆地へ流れ、旧安祥寺川に合流する。

現在、山頂は植林地だが、周辺には照葉樹林もあって、市街地に隣接する場所とは思えない静けさと景観を呈している。また、山麓の社寺や公園を取り巻く風

京都市内の五条通から見る清水山

景林として、歴史的風土が守られており、京都らしい景観が随所で認められる。

登路　粟田口から、東山山頂公園を経て菊谷川上流へいったん下り、登り返して山頂へ約一時間二〇分。渋谷街道の清閑寺分岐からは、約三〇分で達せられる（京都一周トレイル東山コース）。そのほか、知恩院や円山公園からも登れる。東山山頂公園には展望台があり、京都市内や愛宕山をはじめとする西方の山々の眺望が広がる。

地図　五万図「京都東南部」
二・五万図「京都東南部」

297 六条山　ろくじょうやま　標高二〇一m

京都市東山区今熊野と山科区上花山にまたがる。山頂付近には六条山古墳がある。山中には、東本願寺の東山浄苑と京都市の中央斎場がある（上花山旭山町）。すぐ西側の山腹を京都一周トレイル東山コースが通る。周辺の山中と山麓は、古くより陵・葬送の地になっており、鳥戸野《とりべの》陵をはじめ泉山の月輪《つきのわ》御陵には四条天皇など二十五陵五灰塚九墓がある。その北側につづく鳥辺野（鳥部野）は庶民の墓標が集まる。

登路　東山浄苑納骨堂の南西側に山頂があり、東山浄苑入口から約五分。

地図　五万図「京都東南部」
二・五万図「京都東南部」

298 阿弥陀ヶ峰 あみだがみね　標高一九六m

別称　鳥部山　豊国山

京都市東山区にあり、「東山三十六峰」のひとつ。清閑寺山と今熊野山の間にあり、豊臣秀吉を祀る豊国廟がある。頂上には大きな五輪塔が建っている。西麓には、関連ある社寺として豊国神社と方廣寺が現存する。

南側の尾根には、今熊野から山腹を搦んで続く道（京都一周トレイル東山コース）があり、一部に照葉樹や落葉広葉樹の林が広がっている。

登路　東山七条から智積院北側の坂道（「女坂」）を東へ登る。太閤坦《たいこうだいら》からは、石段の急登で山頂に達する（約三五分、有料）。

地図　五万図「京都東南部」
二・五万図「京都東南部」

299 二石山 にこくやま　標高二三九・〇m

別称　稲荷山　二谷山　西野山

京都市山科区西野山にあり、稲荷山とは峰続きで稲荷山とされる場合も多い。本来の二石山（二谷山）は、伏見区深草にある宝塔寺から石峰寺の丘陵を表わす名称だったが、現在ではより広い山域に対して使われている。

江戸時代から明治にかけて、大坂（大阪）堂島から近江へ米相場を知らせた「旗振山」のひとつである。

登路　稲荷山（一ノ峰）から東側の鞍部へ下り、登り返して約二〇分。西野山の大石神社近くから山へ取り付くと約三〇分で達する。ほかに、三角（みつかど）から谷に沿って前述の鞍部へ行くこともできる（約二五分）。

地図　五万図「京都東南部」
二・五万図「京都東南部」

300 稲荷山《いなりやま》　標高二三三m

京都市伏見区稲荷山（官有地）にあり、「東山三十六峰」の南端にあたる。最高峰は一ノ峰（末広社）。北へ順に、二ノ峰（青木社）・間ノ峰（荷田社）・三ノ峰（白菊社）・荒神峰（田中社）が並ぶ。

古代から、神の降臨する山として尊崇され、西麓に稲荷神社の総本宮として稲荷大社の境内が広がる（二〇一一年は鎮座一三〇〇年）。山中には神蹟が数多く点在し、それらを巡拝する「お山巡り」が盛んで、一年を通じて人の姿が絶えない。また、「お塚」と呼ばれる個別の信仰神も多く、いたるところで自然石と鳥居を目にすることができる。

『山城国風土記逸文』に伊奈利があって、秦氏にかかわる稲成りが山名の由来とされる。

登路　JR奈良線の稲荷駅、あるいは京阪本線の伏見稲荷駅より伏見稲荷大社の境内に入り、本社から千本鳥居をくぐって奥社へ。三ツ辻・四ツ辻を経て山頂（一ノ峰）まで約一時間。四ツ辻から御膳谷奉拝所・御剱社に向かう左廻りと、三ノ峰から一ノ峰へ達する右廻りがある。

地図　五万図「京都東南部」
二・五万図「京都東南部」

301 大岩山《おおいわやま》　標高一八二m（一八四m）

山頂は京都市山科区勧修寺南大日にあり、北を大日川が流れる。西側は伏見区深草（向ヶ原町）で、丘陵地に畑と竹藪が広がる。東山の南部を通過する名神高速道路を挟んで、再び盛り上がる桃山丘陵の最高峰。

山頂直下の樹間に岩が点在し、大岩神社が祀られている。参道と境内に堂本印象の鳥居が建つ。江戸時代には、将軍の上洛に伴う馬の飼料として、「深草山」と呼ばれたこの山域から草を調達した。

登路　主要地方道大津淀線の深草谷口町もしくは深草大亀谷の仏国寺から約五〇分。

地図　五万図「京都東南部」
二・五万図「京都東南部」

京都の山の巨人たち④

今西錦司『山岳省察』

北山・一つの登山發達史（一部を抜粋）

それにしても、この私こそは北山から巣立つたものである。私と北山とこそは切つても切り離すことができない。遠征の夢にも私の魂は北山をさまよふであらう。そして實際、ハイキングは盛んになつたが、そのコースが限られてゐるため、私は幸ひにしてまだ北山の枝谷や枝尾根に、いくつかの心の安息所を持ってゐる。それも時の問題で、いつかはハイカーに明け渡さねばならぬことを覺悟してゐる。そのときが來たら、私も遂に山を眺める者となつて、自ら満足しなければならぬであらう。けれども眺めるだけの山になつてしまつても、私の北山には變りはあるまい。夕日が射して濃い陰影のついた北山を、加茂川のほとりに立つて眺めるとき、その北山は中學生であつた私を、はじめて山に誘ひ入れたときと、同じ迫力をもつて、今も私の心に迫つてくるのである。すると私はやはり心の奥に何かしら不安に似たものを感じ、それが次第に広がつて行くと、もうすべてのことがつまらなく、ただただ遠い彼方の見知らぬ國々に渡つて、人知らぬ自然の中へ分け入ってみたいといふ願望に閉ざされてしまふのである。北山は罪なるかな。

今西錦司（いまにし・きんじ）1902～1992

京都市に生まれる。京都一中・三高・京大卒。京都大学教授、岐阜大学学長。一九七九年文化勲章授章。京都北山の登山を、西洋のアルピニズムを意識した行為として初めて行う。「山城三十山」を選定。山友達に西堀栄三郎、桑原武夫氏。日本山岳会のマナスル登頂をはじめ、常に京都大学学士山岳会の海外登山立案の中心的役割を担う。著書に『初登山』『山岳省察』『生物の世界』『私の進化論』ほか多数。編集に『大興安嶺探検』『ポナペ島』など。

京都府339山

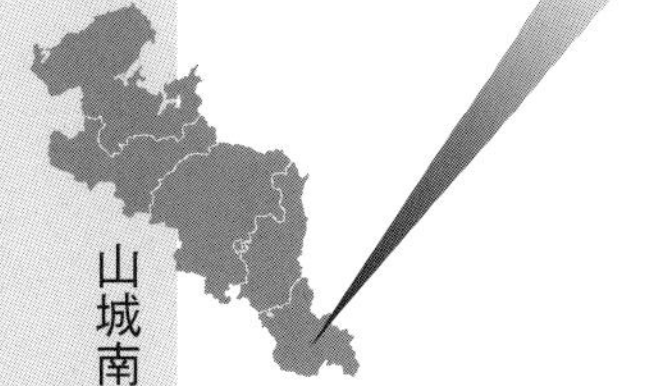

山城南部38山

山城南部38山

302 音羽山
303 千頭岳
304 行者ヶ森
305 高塚山
306 岩間山
307 経塚山
308 本宮の峰
309 天下峰
310 大吉山
311 喜撰山
312 大峰山
313 志賀良山
314 牛塚山
315 三国塚
316 一本木
317 茶布施
318 三ヶ岳
319 クノスケ
320 国見岳
321 御林山
322 鷲峰山
323 奥岸谷山
324 艮山
325 高雄山
326 大焼山
327 飯盛山
328 三上山
329 湯谷山
330 妙見山
331 鳶ヶ城
332 笠置山
333 経塚山
334 灯明寺山
335 大野山
336 鳩ヶ峰
337 甘南備山
338 鴻の巣山
339 天山

③02 音羽山 おとわやま　標高五九三・一m

京都市山科区と滋賀県大津市の府県境。JR東海道本線山科駅の東南東四km。

山科側の麓からは優美な山姿で、この山頂の真下を新幹線が通っていて山腹に牛尾山法厳寺（牛尾観音）があり、牛尾山ハイキングコースとしても人気がある。

音羽山の由来については、約一三〇〇年前大国不遅《おおくにのふち》が夢の中でこの山頂に立っていると、大きな鳥が白衣姿の老人を背に乗せて羽音高く飛来し、「この山は霊山なれば、観音浄土にせよ」とお告げを残して去った。翌朝、夢から覚めた大国不遅がこの山に登ってみたところ、夢に出てきた老人の木履が残されていたのでこの山を開山し、音羽山と名づけたという。

音羽山は都に近いこともあって、古くから歌にも詠まれている。

音羽山　けさ越え来れば　ほととぎす
梢遥かに　今ぞ鳴くなる　　紀友則

秋風の　吹きにし日より　音羽山
峰の梢も　色つきにけり　　紀貫之

また、音羽川にある大蛇塚については、音羽の滝の上流の深い淵に大蛇が棲んでいて音羽観音に参拝する人を襲い、村人達を苦しめていた。花園天皇の正和二（一三一三）年七月三〇日、観音様のお告げにより内海浪之介影忠が弓矢でその大蛇を退治したところ、大蛇の血が音羽川を赤く染め、清水寺の音羽の滝も血に染まったという。山麓では毎年二月九日に新しい藁で大蛇を編み「山の神」として祀る行事「ニノコウ」が行われている。

登路　京阪追分駅から名神高速道路を潜って小山町に入り音羽川沿いに登り、桜の馬場から牛尾観音経由で稜線に出て山頂へ（約二時間三〇分）。京阪大谷駅から東へ、逢坂の関所跡、国道1号を渡って民家の横から登る。階段の急登がNTT音羽山中継所まで続き山頂へ（約二時間三〇分）。この登路は

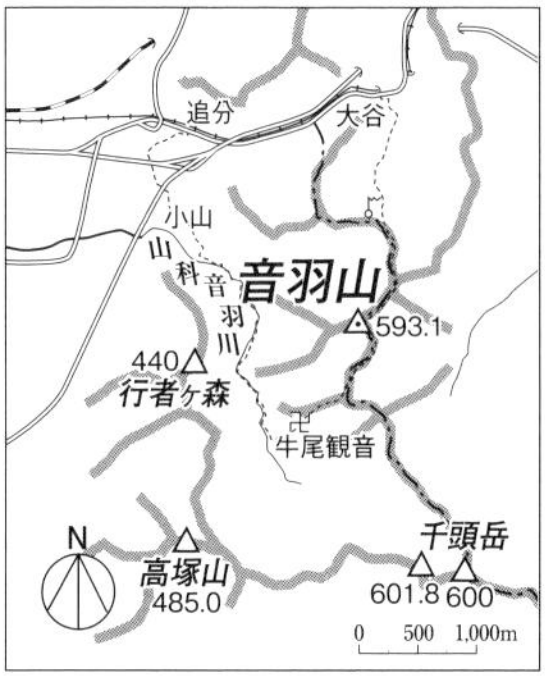

東海自然歩道になっている。
地図　五万図「京都東南部」
二・五万図「京都東南部」

303 千頭岳　せんずだけ　（東峰）標高六〇〇m

京都市伏見区と滋賀県大津市の府県境。ＪＲ東海道本線山科駅の東南東五・五㎞。東峰の西三〇〇mに千頭岳西峰（六〇一・八m）があり双耳峰になっていて音羽山と同じ稜線上にある。
登路　京阪追分駅から名神高速道路を潜って小山町に入り音羽川沿いに登り、桜の馬場から牛尾観音経由で稜線に出る。南へ稜線を辿って山頂へ約三時間。西峰へは千頭岳東峰から約二〇分。
地図　五万図「京都東南部」
二・五万図「京都東南部」

304 行者ケ森　ぎょうじゃがもり　標高四四〇m

京都市山科区大塚大岩。新幹線の音羽山トンネル西入口の東南一㎞。高塚山から北に延びる尾根の端に位置し、音羽山と対峙している。山頂付近は平坦で樹林に覆われて展望はない。この山の北面から西面にかけて石英斑岩石切場跡がある。伏見城石垣石等を切り出した採石場跡といわれている。
登路　〈支援学校コース〉　地下鉄東野駅から五条通を東に向かい、大塚の信号で右の舗装路を山手へ、名神高速道路の陸橋（高岩橋）を渡り右へ約一〇〇m地点に山手に入る道がある。そこが登山口で、京都市立東総合支援学校南側のフェンス沿いに登ることになる。落葉を踏みしめて登るようになると、右の沢の対岸に七、八mの滝が現われ、ジグザグの急坂が始まり、やがて緩くなって「よつつじ」に着く。十字路で左は石切丁場に続く。山頂へは上に急坂が続き山頂に着く（約一時間三〇分）。
〈京都橘大学コース〉　地下鉄椥辻《なぎつじ》駅から東に向かい

名神高速道路を潜り京都橘大学へ。その先の川崎大師別院笠原寺《りゅうげんじ》を過ぎ、右に岩屋陰陽岩奥之院参道の道標を過ぎて、民家の資材置き場の横を通り抜けると沢筋の山道へと続く。一m幅の山道が沢筋を離れ左の支尾根に登ると鉄塔が出てくる。ここからの展望がよく、愛宕山から桟敷ヶ岳が望める。やがて鞍部に出て、左へ緩い登りで山頂に着く（約一時間三〇分）。

地図　五万図『京都東南部』
二・五万図『京都東南部』

305 高塚山　たかつかやま　標高四八五・〇m

京都市山科区。JR東海道本線山科駅の南南東四km。千頭岳西約四km。山名は山頂がドーム状のような形をしていることから名付けられた。

登路　醍醐寺境内の女人堂から横嶺峠に登り、ゴルフ場への舗装路を行き、左への尾根に入り山頂へ（約二時間弱）。京都橘大学正門前から笠原寺を過ぎて山道に入り、稜線に抜けて南への稜線を辿ると山頂に着く（約二時間）。

地図　五万図「京都東南部」
二・五万図「京都東南部」

306 岩間山　いわまやま　標高四四三m

京都府宇治市と滋賀県大津市石山の府県境、宇治市東笠取別所《べっしょ》出《で》の東一kmに位置する。山名は山頂近くにある西国第十二番札所「岩間山正法寺《しょうほうじ》」の山号からきている。養老年間（七一七〜七二三年）に加賀白山を開山した泰澄《たいちょう》大師が、この山で十二年間修行した末に本院を建立し、千手観音を刻んで安置した。このご本尊は「雷除観音」とも呼ばれている。本堂と不動堂の間にある池は「蛙池」と呼ばれ、松尾芭蕉の名句、

古池や　蛙とびこむ　水の音

はここで詠まれたと伝えられている。

登路　東海自然歩道が西国第十一番札所「上醍醐寺」から東笠取別所出に入ると、左に上る道（舗装路）の

出合に「岩間寺」の案内板がある。この舗装路は上部の集落までで、後は未舗装の道を辿ると奥宮神社に着く。右へ尾根道を行くと岩間寺（約五〇分）。東海自然歩道は先の案内板より川下一五〇ｍの地点に「岩間寺」と案内板があり、波多郷川を渡ると「釈尼貞相」と刻まれたお地蔵さんがある。ここが登り口で、昔は参道だった。登り出すと二町、三町、五町と刻まれた石が残っている。三町で左に折れ、七町で岩間寺に着く（四〇分）。山頂へは岩間寺駐車場から山頂ＮＴＴ岩間中継所への車道を一〇分ほど登れば着く。公共交通機関がないので、車だと「釈尼貞相」地蔵の登り口に二、三台は止められる。

地図　五万図「京都東南部」
二・五万図「京都東南部」「瀬田」

307 経塚山《きょうづかやま》　標高四九〇ｍ

京都府宇治市相月《あいつき》。醍醐寺の東三・五㎞。山名については「かつて近国に疫病が流行したとき、西笠取の人々がそれに感染しないようにと僧を招いて祈願したところと伝えている。おそらく、その時に経巻または経石を埋納して経塚が営まれたという伝承にもとづいて呼びはじめられた山名であろう」（『宇治市史』）とある。

登路　相月の奥のムネの峠から送電線巡視路を辿って登る（約四〇分）。

地図　五万図「京都東南部」
二・五万図「京都東南部」

308 本宮の峰《ほんぐうのみね》　標高四七六・〇ｍ

別称　奥醍醐山

京都市伏見区。醍醐寺の東南二・五㎞。本宮の峰は醍醐回峰道の一つの峰で、近くに東の覗き行場、西の覗き行場がある。醍醐寺境内の一番奥にある山であることから奥醍醐山とも呼ばれている。

登路　三宝院から奥に進み、西国第十一番霊場登山口から女人堂へ。慶長三（一五九八）年三月、余命いくばくもない秀吉は、天下の権が無事幼い秀頼に渡ることを願いながら、花見をしたといわれる花見跡経由で上醍醐寺へ登る。開山堂から下って平坦になった地点から奥之院行場への山道に入って山頂へ（約二時間三〇分）。

地図　五万図「京都東南部」
二・五万図「京都東南部」

㉚⑨ 天下峰《てんかほう》

標高三四八m

京都市伏見区。伏見桃山城の東四・五km。豊臣秀吉が天下を治めていたことと関係がある名前だと思われる。

登路　府道二尾・木幡線の長坂峠からコンクリートの階段を登って灌木帯の中を登ると送電線の鉄塔に出て、次のピークが山頂（約三〇分）。日野から京都市日野野外活動施設、方丈石を見て供水《こうずい》峠、山頂へのコースがある（約一時間三〇分）。

地図　五万図「京都東南部」
二・五万図「京都東南部」

310 大吉山《だいきちやま》

標高一三一・六m

別称　仏徳山

京都府宇治市。平等院の北東八〇〇m。宇治川に架かる宇治橋から眺めると亀の背のようなこんもりとした山で、地元の人たちの散策路があって愛されている。山頂近くの展望台からは、眼下に宇治川、塔の島、平等院が望める。

登路　世界遺産の宇治上神社の左の道を行くと大吉山遊歩道の登り口で、地道を登り稜線に抜けると展望台があり、階段を上ると山頂（約三〇分）。興聖寺の南側からも遊歩道がある（約三〇分）。

地図　五万図「京都東南部」　二・五万図「宇治」

311 喜撰山《きせんやま》

標高四一五・九m

別称　仙郷山　宇治山

京都府宇治市。喜撰山ダムの西岸の山。山名は喜撰法師が山頂から雲に乗って飛び去ったという伝承に由来する。

わが庵《いほ》は　都のたつみ　しかぞすむ
世をうじ山と　人はいふなり　　喜撰法師《きせんほうし》

百人一首でも知られる喜撰法師の庵が山麓にあったのであろう。この山の西面山腹の洞穴に喜撰法師像がある。東側は喜撰山貯水池で喜撰山地下発電所がある。

登路　喜撰山貯水池から山道が山頂へと続き、喜撰法師像のある洞穴へは途中から右下へ（約二〇分）。

地図　五万図「京都東南部」　二・五万図「宇治」

㉛②大峰山　おおみねさん　標高五〇六・三m

京都府綴喜郡宇治田原町。宇治田原町役場北二㎞。

この山の稜線近くにある高尾《こおの》は、「昔、近江源氏佐々木氏が織田信長に追われて、人里離れたこの山上に住んだのが始まりといわれる」（『郷土資料事典』人文社）と出ている。また、山頂近くの平坦地に施基《しき》皇子の御邸があり、馬の調教の場所として「大院の馬場」「小院の馬場」があった。「施基皇子は天智天皇の第七子で、持統太上天皇崩御の翌年の頃、邸宅を高尾から清流を下って荒木の里に移されたという」（『宇治田原町史』）。この清流を天皇川谷と名付けられた。

登路　大宮神社の横にある田原天皇社旧跡から、「天皇・宮の上散策路」の天皇川谷から稜線の林道を辿ると林道大峰線に合流して山頂へ（約二時間）。また、郷の口から車道で高尾へ。そのまま林道大峰線を辿って山頂へ（約二時間三〇分）。

地図　五万図「京都東南部」　二・五万図「宇治」

㉛③志賀良山　しがらやま　標高五〇九・九m

別称　黒山　宮尻山

京都府綴喜郡宇治田原町と滋賀県大津市の府県境。宇治田原町奥山田の北東四㎞。平治物語に「少納言信西、宇治路にかかり、田原の大道寺という所領にぞ行きにける。石堂山の後、信楽の峰を過ぎ、遥かに分け入る」。また、『百練抄』に「信西、志加良木山に於て自害す」とある。信楽の峰、志加良木山から転じた山名である。『宇治田原町史』ではこの辺りの山を黒山山地として、五一〇・一mを黒山と記している。
登路　裏白峠にある茶畑の作業道から山道に入り、稜線を行くと山頂に着く（約一時間）。
地図　五万図「京都東南部」二・五万図「朝宮」

314 牛塚山《うしづかやま》　標高六四六・九m
別称　京門山

京都府相楽郡南山城村と滋賀県甲賀市信楽町の府県境。JR関西本線大河原駅の北北東五㎞。この山の麓の集落九番は牛場とも呼ばれていたから、牛の屠殺と関係がある山名である。また、多羅尾から都への峠であることから京門山とも呼ばれている。
登路　童仙房《どうせんぼう》高原の九番から多羅尾側に牛場越を少し下った地点の谷から少し薮漕ぎをして稜線に抜けると山頂への踏み跡がある（約三〇分）。
地図　五万図「上野」二・五万図「島ヶ原」

315 三国塚《みくにづか》　標高六二八m
別称　三国境

京都府相楽郡南山城村と滋賀県甲賀市・三重県伊賀市の境。JR関西本線大河原駅北東四㎞。山名は山城、近江、伊賀の三つの国の境界にある山からきている。山頂は塚のように少し盛り上がった形である。
登路　童仙房高原の野殿から伊賀市島ヶ原へ越える三国越より山道がある（約二〇分）。
地図　五万図「上野」二・五万図「島ヶ原」

316 一本木《いっぽんぎ》　標高五〇〇・四m
別称　栃谷山

京都府相楽郡和束町。和束町湯船の東北東二㎞。昔、山頂に一本だけ目立つ木があったので一本木と言うようになった。
登路　都合殿《つごぃで》から東に入っている谷（平竹）を進み、

左の尾根に取り付いて山頂へと登ればよいが、踏み跡程度の道しかない。(約二時間)。

地図 五万図「奈良」 二・五万図「笠置山」

317 茶布施《だぶせ》 標高五五七・三m

別称 中切

京都府相楽郡和束町。和束町湯船の東南一・五km。山名の由来は不明。

登路 和束最奥の集落である小杉にある大智禅寺横の宮の谷から踏み跡があるが、途中で左の尾根に取り付いて杣道を見つけて辿るとよい。尾根に出て登ると山頂に着く(約一時間三〇分)。

地図 五万図「奈良」 二・五万図「笠置山」

318 三ケ岳《みつがだけ》 標高六一七・八m

京都府相楽郡和束町と京都府南山城村童仙房の境。JR関西本線大河原駅北西五km。童仙房高原の西端に、山頂が三つ並んでいることから名づけられた。鷲峰山原山ルートから眺めると三つのピークが南北に並んでいるのがよく分かる。

登路 童仙房二番から茶畑の作業道に入り、植林の杣道を辿って山頂へ(約三〇分)。

地図 五万図「奈良」 二・五万図「笠置山」

319 クノスケ 標高五八五・七m

別称 大河原山

京都府相楽郡南山城村。JR関西本線大河原駅の北一・五km。山名はこの辺りの山の管理者または所有者の名前からといわれている。

登路 野殿の南にある野口の弁天池から林道を登り、茶畑を経て山道を登って山頂(約四〇分)。

地図 五万図「奈良」 二・五万図「笠置山」

column 9

童仙房《どうせんぼう》

木津川を遡ると木津川市で東へ直角に曲り笠置町辺りから右岸の山々が迫ってくる。この北側に広がる標高四五〇～六〇〇mのなだらかな台地が南山城村の童仙房である。古くは「堂千坊」「堂仙坊」と表記されていたようで、夏は涼しいが、冬は寒さの厳しいところだ。「山城の軽井沢」と呼ぶ人もあるが、通称は「童仙房高原」という。しかし、「童仙房」の字が当てられたのは明治維新後といわれている。

明治維新で職を失った武士を救うために、京都府は明治初年にこの童仙房を開墾して、水田や畑など百四十町歩を開き、農業を営むよう士族にすすめた。しかし武士達は、明治政府から秩禄公債（退職金）をもらったので農業を望まなかった。そこで京都府は、土地などの無償提供を条件に近隣の府県から一般の開拓者を募り、明治二年から入植がはじまった。入植者は約百五十戸。約五百人で、開墾初期は安定した収入が得られないために、信楽から重さ八十kgもの焼き物を担いで、笠置町まで歩いて運ぶ仕事をしたそうである。また、真冬の寒い夜には炭俵に足を突っ込んで寝たという。

明治五年になると府支庁、警察署、郵便局、小学校もできてようやく町らしくなってきた。ところが明治一一年頃、府支庁、警察署、郵便局が木津町に移転したのを期に、開拓農民も四分の一に減って童仙房は急速に寂れていった。しかし第二次大戦後に京都府が百四十町歩を買い上げて再び開拓者を募り、二七戸が入植する。昭和二三年には電灯もつき、昭和五六年には南山城横断林道の開通によって大型トラックも入れるようになり、現在は稲作、茶の他に抑制栽培のトマト、キュウリに力を入れている。

開拓時の名残の地名としては、童仙房一帯に二番、三番……九番という、番号を冠とした集落が点在している。「一番」は文字どおりいちばん最初に入植した集落であるが、地図にはみあたらない。一番の人々はすでに離村してしまったために、行政地名としての一番は消滅してしまった。

また清助田、権兵衛山、国友山、喜助山などは入植者の名を冠した地名だという。

（内田嘉弘）

column 10

デ・レーケの堰堤

元禄一五年（一七〇二）五月に綺田《かばた》村と平尾村が奉行所に出した文書によると、七分はげ山三分草山で、毎年土砂留普請をやってきたが「山城第一ノ禿山ニテ御座候土砂溜リ不申《もうさず》候」だった。

明治になっても「淀河を遡れば木津川の水源に山城国棚倉村に崩禿山あり、大約里四方を望めば崩禿の山々皓々と白く雪の降りたる如く、又白布を以て包みたるが如し」（市川義方著『水理真宝』）であった。また、三上山（四七三・一m）も「上狛三上は悲又惨なり」（大正五年棚倉砂防工営所報告）にある。このように木津川右岸の山々は禿山になったのは平城京に造営の資材のために切り出された結果だと思われる。

江戸時代には土砂留普請（松・雑木植え込み、筋芝、築留、新鎧留の工法）、鎌留（鎌を使って伐採禁止）が行なわれた。明治時代になって民部省土木司が置かれ、その後内務省土木局が「砂防法五箇条」の通達を出し、復旧工事を施工することを明確にした。

明治元年の大洪水で、淀川から木津川流域まで被害が及んでいて、明治政府は明治三年、水工技術に優れたオランダより技術者を招聘し、民部省土木司の官吏として雇い入れを決め、明治五年、長工師ファン・ドールンが来日。明治六年、4等工師ヨハネス・デ・レーケ等六人が来日。デ・レーケは大阪を中心に西日本を担当した。

そして、明治八年に三上山の麓の相谷を中心に一六種の工法で施工した。

一六工法は、1石堰堤工、2土堰堤工、3石工付属土堰堤、4石工床固、5柴工床固、6柴工付属堰堤、7石工護岸、8柴工護岸、9連束藁網工、10柵止連束網工、11柵止連束柴工堰堤、12土俵止、13柵止石工護岸、14積石工、15苗木植付、16種実蒔付である。相谷周辺では四五ヶ所で工事が行われていて、現在は公園になっておりデ・レーケの銅像もある。

滋賀・金勝アルプス上桐生のデ・レーケ像

（内田嘉弘）

⑳ 国見岳《くにみだけ》　標高五一三m

京都府相楽郡南山城村と笠置町の境界。JR関西本線大河原駅の北西一km。山頂から伊賀街道（国道163号）を見下ろせ、物見台的役割を果たしていた大岩がある。伊賀街道から望むこの山は三角錐の整った姿をしている。

登路　童仙房六番の茶畑から尾根上の踏み跡を辿れば山頂には大きな岩がある（一時間弱）。

地図　五万図「奈良」　二・五万図「笠置山」

321 御林山《ごりんやま》　標高四〇一・八m

京都府綴喜郡宇治田原町。宇治田原町役場の南東三・二km。鷲峰山山塊の西端の山で、山名は皇室御料林に由来する。寛永一二（一六六二）年この地に設定され、山林は皇室直轄地とされた。近くの村々は入会林として冥加銀《みょうが》（雑税）を納めていたが、明治二〇年に立木の払い下げが認可され、同年秋には山の区分競売が実現した。落札額は全部で二十八円十五銭五厘であった。

登路　贄田《ねだ》から御林山林道がこの山の北側を巡っていて、山頂直下に広場がある。ここから山道で約二〇分。

地図　五万図「奈良」　二・五万図「笠置山」

322 鷲峰山《じゅうぶせん》　空鉢峰　標高六八二m　釈迦岳　標高六八一・〇m

別称　北山上　北大峰

京都府綴喜郡宇治田原町と相楽郡和束《わづか》町の境。宇治田原町役場の南東六km。南山城地域の最高峰。山名は『山州名勝志』に「和束庄ノ原山ノ上、山勢南面ヲ鷲峰山ト称ス、天竺ノ霊鷲山ニ類シテ、嶺廻立テ、蓮華ノ如クナル謂也」と出ている。和束側から眺めると鷲が羽を広げたように見えることから霊鷲山に模して鷲峰山と名づけられ、八つの峰（釈迦嶽、虚空蔵嶽、阿弥陀嶽、弥勒嶽、宝生嶽、不空嶽、妓楽嶽、阿閦嶽）があるが、釈迦嶽以外は特定しづらい。

最高峰は空鉢峰《くうはちのみね》で、昔、泰澄が修行中、からっぽの鉢を空に向かって投げると施物が入って戻ってきたことからこの名がついたという。山頂付近には、天武天皇四（六七五）年に役小角が創建したと伝える真言宗醍醐派金胎寺とその行場がある。養老六（七二二）年、泰澄が中興。平城京の鬼門守護により聖武天皇の勅願寺となる。この折に、泰澄が北山上と名づけた。

元弘元年八月二六日、鎌倉幕府倒幕をめざした後醍醐天皇は幕府軍と戦うため奈良より鷲峰山に籠ろうとしたが、大軍を集めるのに適さず、翌日要害の笠置山に向かった。鷲峰山の犬打峠、犬打川の名称の由来について、『宇治田原町史』に「当町に残る伝承として、後醍醐天皇は笠置から伊賀街道を通り、和束越えで田原の南までさまよった一行は、乱髪で小袖一枚帷子一枚、寝所も食料もないという疲労困憊の怪しい姿であった。それを見た付近の野犬が激しく吠えたので、おのが身を守るためこれを打ち殺したという。ゆえにこの辺りを源とする川を犬打川と称し、いまに伝える」とある。なお、一等三角点がある六八一・〇m峰は釈迦岳である。

登路 〈大道寺コース〉維中前から大道寺集落、信西塚、大道神社、「鷲峰山金胎寺」「北山元行者」と刻まれた石柱を過ぎると左側に登山口がある。広い山道を登り林道鷲峰山線に出て金胎寺へ。ここから一〇分程で山頂（空鉢峰）に着く（約二時間三〇分）。

〈湯屋谷コース〉湯屋谷の奥にある茶宗明神が登山口で、尾根に取り付き、林道鷲峰山線に抜けて山頂へ（約二時間三〇分）。

撰《えり》原から望む鷲峰山

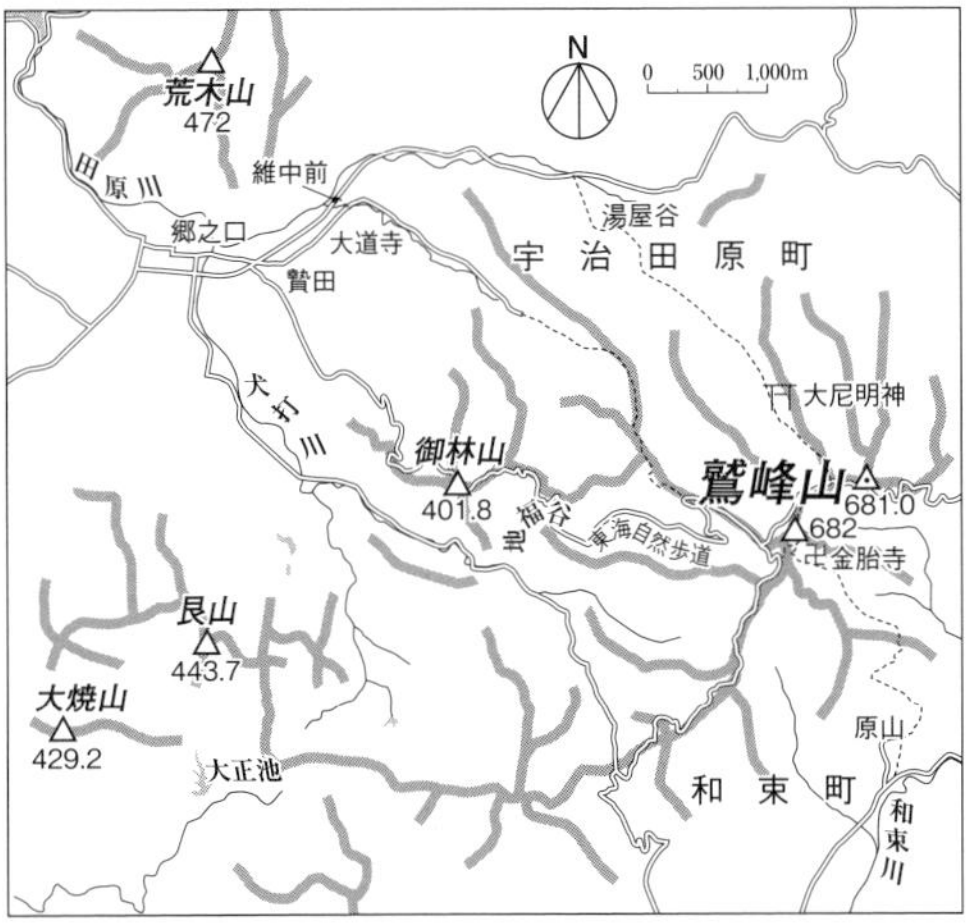

〈原山コース〉原山から茶畑の中の急坂を抜けると尾根の腹を縫うように山道が続き金胎寺に着く。昔の表参道である（約二時間）。

〈東海自然歩道コース〉郷ノ口から地福谷経由で大道寺コースに合流して金胎寺へ（約二時間四〇分）。

〈金胎寺行場巡り〉金胎寺の裏に行場がある。滝、岩場がある（約一時間）。

地図「五万図」奈良　二・五万図「笠置山」

㉓ 奥岸谷山 おくがんたにやま　標高五二一・八m

別称　オハラ

京都府綴喜郡和束町。和束町役場の北西三km。鷲峰山山塊の西南の端にある山、山腹は茶畑が広がる。
登路　綴喜郡井出町から和束町白栖《しらす》に越える峠、腰越から北への林道を登り、茶畑から山道を登って山頂へ（約一時間弱）。腰越については、元弘の変で後醍醐天皇が笠置山から逃れて鷲峰山系の鞍部を越え、井出町へ抜けたからといわれている。そこを「輿越《こし》え」といわれるようになり、これが「腰越」に転訛したのではといわれている。
地図　五万図「奈良」　二・五万図「笠置山」

㉔ 艮山 うしとらやま　標高四四三・七m

京都府綴喜郡井出町と綴喜郡宇治田原町の境。JR奈良線山城多賀駅の東四・五km。井出町中心地から丑寅の方向にある山という意で名付けられた。
登路　多賀駅から南谷川を遡って艮谷を登り、手の平から尾根を行き山頂（約二時間三〇分）。
地図　五万図「奈良」　二・五万図「田辺」

㉕ 高雄山 たかおさん　標高四四三m

京都府綴喜郡井出町。JR奈良線山城多賀駅の東三・二km。大焼山の北八〇〇mにある。山名の由来は不明。
登路　多賀駅から南谷川を遡って尾根上の道（牛道）

を使って山頂直下へ向かい、少し藪漕ぎをして山頂へ（約二時間）。

地図　五万図「奈良」　二・五万図「田辺」

㉖326 大焼山　おおやけやま　標高四二九・二m

京都府綴喜郡井出町。ＪＲ奈良線山城多賀駅の東三・五km。大焼山西麓の竜王の滝には、明治中頃まで祈雨神社があった。日照りが続くと雨乞いの儀式が行なわれていた。御神酒を供えて灯明を灯し、灯明の火をたいまつに移し、大焼山の西にある灯呂山までたいまつ行列をして山頂付近を焼いたという。大焼山もそれに関係した山と考えられる。

登路　多賀駅から南谷川を遡って灯呂山への車道（舗装路）を登り、さらに林道を行くと二俣の地点で左の林道に入る。終点から踏み跡を辿って山頂へ登れるが、読図を要する（約二時間）。

地図　五万図「奈良」　二・五万図「田辺」

327 飯盛山　いいもりやま　標高四七四・六m

京都府綴喜郡井出町。ＪＲ奈良線玉水駅の東五・三km。山名の由来は飯を盛ったような山姿から名付けられた。

登路　玉水駅から玉川沿いの車道（舗装路）を有王《ありおう》山《ざん》の麓まで行き、ここから谷を登って踏み跡を見つけるか、藪漕ぎで登って山頂へ（約二時間三〇分）。

地図　五万図「奈良」　二・五万図「田辺」

328 三上山　さんじょうさん　標高四七三・一m

京都府木津川市山城町。ＪＲ奈良線棚倉駅の東北東四・二km。山城町区分図にこの辺りは三上（高麗三上）という地名が記され、これから三上山と名付けられたと思われる。また、〈久邇《くに》の新京を讃《ほ》むる歌〉田辺福麻呂《さきまろ》の反歌五首の中の一首に

　布当山《ふたぎやま》山並見れば百代にも　君はるまじき

大宮所の「布当山山並」は恭仁京の北のある山並で、

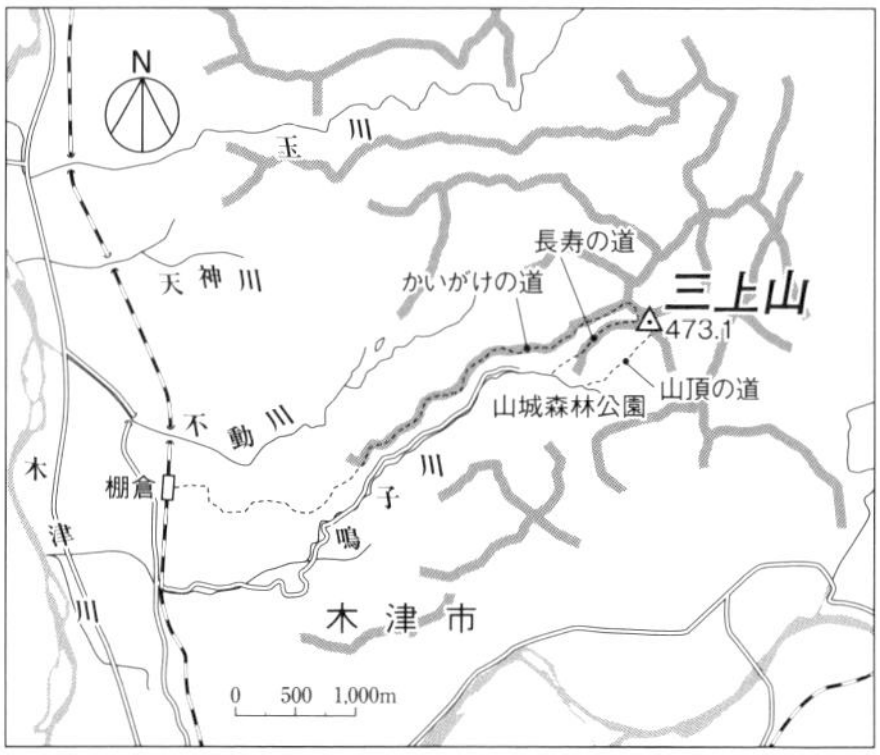

この山は位置的に三上山一帯を指す。

三上山の麓の鳴子川にコテージ、キャンプ場の設備が整う木津川市山城森林公園があり、よく登られる山である。

登路 棚倉駅前の湧出宮から集落を抜け、竹林作業道の尾根道から峠（木津川市山城森林公園からの）に抜け、〈かいがけの道〉を登って山頂へ（約三時間）。

木津川市山城森林公園から〈かいがけの道〉〈長寿の道〉〈山頂への道〉のコースがある（いずれのコースも約一時間二〇分）。

地図 五万図「奈良」 二・五万図「田辺」

㉙ 湯谷山 ゆやのやま・ゆやさん　標高三八一・四m

別称 杣山

京都府綴喜郡宇治田原町。宇治田原町役場の南南西一・五km。昔、湯が出たという言い伝えがあるが定かではない。三角おにぎりのような形の山である。

登路 撰原の中心にある十字路の南から左へ山道へ。峠から北への尾根を辿ると山頂に着く（約一時間三〇分）。

地図 五万図「奈良」 二・五万図「笠置山」

330 妙見山 みょうけんさん　標高二六二・八m

京都府木津川市と綴喜郡和束町の境。銭司《ぜず》聖天の北北東八〇〇m。登り口の聖法院（銭司聖天）は日本最初の貨幣、「和銅開珎」を鋳造した銭司の遺跡がある。

登路 銭司聖天の左から集落に入り、右に折れ茶畑を横に進み上へ。お墓を左に見て茶畑の上から踏み跡を辿り山頂へ（約四〇分）。

地図　五万図「奈良」　二・五万図「笠置山」

331 鳶ヶ城《とびがじょう》　標高三一八・二m

別称　西山

木津川市山城町。ＪＲ奈良線棚倉駅の東三km。三上山から南西に延びる尾根上にある。

山頂には鳶ヶ城跡があって、北、東、南には堀切が見られる。『山城名勝志（巻二十）』に「上狛村山上ニ城跡有リ。異本応仁記云文明二年大内介ハ上山城ノ狛ト云フ所ヲ城郭ニ拵エテ究竟ノ者共ヲ入レ置キ山崎ノ敵淀へ働カバ押シ留メント支度也」とあり、また『京都府地誌』（山城国相楽郡誌）に鳶ヶ城の登路について「登路一条、神童子村ヨリ上ル。登リ二十丁険ナリ」とある。明治三〇（一八九七）年に国道163号が開通するまでは、桜峠は山城と伊賀を結ぶ重要な路線で、鳶ヶ城はこの桜峠を押さえる重要な位置にあった。

登路　神童子から旧送電線巡視路を辿って山頂に着く（約一時間）。

地図　五万図「奈良」　二・五万図「田辺」

332 笠置山《かさぎやま》　標高二八八m

京都府相楽郡笠置町。ＪＲ関西本線笠置駅東南東八〇〇ｍ。

笠置山の山名の由来は、天智天皇の皇子が駿馬に乗ってこの山で鹿を追ったが、鹿は高き崖より落ちてしまった。追って来た皇子の馬は崖の上で立ち往生した。馬と共に死を覚悟した皇子は歎いて曰く、「もし、ここに座せむ山神等、我が命を助け給え、然らば、此の喬に弥勒像を刻み奉らむ」と祈願すると、馬は退いて広い地に立った。皇子は馬より下りて泣き伏して拝み、後の目印として着ていた藺笠《きがさ》を脱いで置いたという古事が『今昔物語』にある。

また、笠を伏せたような山という意味であるという言い伝えや、

「鹿鷺」と表記されたという説もある。他に、笠置寺創建の伝承に結びついたカサキは、淅岐《かすき》、浸道《かさき》と書き、どちらも洪水の時に水に浸かり道が消えるという意味である。

山上には、弥勒信仰の真言宗笠置寺があり、境内の修行場には高さ二〇mの弥勒石、虚空蔵石、蟻の戸渡りなどがある。「元弘の変」の折、笠置山には、後醍醐天皇の行在所があった。木津川流域の狭隘な所で、笠置山は急峻で要害に適していた。

登路　JR笠置駅から追手橋を渡り、柳生街道を右へ。新登山道（舗装路）を登り、東海自然歩道と合流して笠置寺に着く。山頂は笠置寺の境内にある（約一時間）。

地図　五万図「奈良」
二・五万図「笠置山」

㉝③ 経塚山　きょうづかやま　標高三二四・五m

京都府相楽郡笠置町と奈良市の境。JR関西本線笠置駅の南西四km。山名の由来は、元弘の変の折、護良《もりよし》親王の大塔宮軍がこの山に立てこもり、ここに経巻を埋納したことによる。『名城名鑑』（人物往来社）によれば「……そして笠置山の西方二キロの経塚山に支城を築いた」と出ている。

登路　JR笠置駅から白砂川の車道に入り、林道阿蘇線から送電線巡視路を辿る（約一時間三〇分）。

地図　五万図「奈良」　二・五万図「柳生」

334 灯明寺山　とうみょうじさん　標高二二四・〇m

京都府木津川市加茂町。JR関西本線加茂駅の東一・五km。この山頂付近に燈明寺があった、室町時代の寺院建築の様式を残すものとして国の重要文化財に指定されたが、昭和二三（一九四八）年の暴風雨により大破。昭和五七（一九八二）年横浜市の三渓園《さんけいえん》に移築された。

登路　兎並《うなみ》と美浪《みなみ》から山道がある（どちらからも約四〇分）。

地図　五万図「奈良」　二・五万図「柳生」

335 大野山　おおのやま　標高二〇三・八m

京都府木津川市加茂町。JR関西本線加茂駅の西一・五km。山名は麓の大野村からきている。また地元では、標高から二〇三高地と呼ぶ人もいる。

久邇の新京を讃むる歌、田辺福麻呂歌集の反歌五首の中に、

鹿背《かせ》山の山　木立繁み　朝さらず
来鳴記とよもす　うぐいすの声（一〇五七）

と歌われる鹿背の山は、この大野山一帯の山だと思われる。

登路　大野からの山道を登る（約四〇分）。観音寺から観音寺峠に登り北への稜線を辿る（約一時間）

地図　五万図「奈良」二・五万図「奈良」

336 鳩ヶ峰　はとがみね　標高一四二・四m

八幡市に位置する。京阪八幡市駅南西七〇〇m。同じ山塊にある石清水八幡宮は平安時代の貞観元（八五九）年に、南都大安寺の僧・行教律師が豊前国宇佐宮で八幡大師の「吾れ都近き男山の峰に移座して国家を鎮護せん」との御託宣を蒙り、同年男山の峰に御神霊を奉安したのが起源である。男山八幡宮と呼ばれていたが、現在は石清水八幡宮と呼ばれ京都の裏鬼門を守護する。山頂には「鳩ヶ峰国分寺跡」と刻まれた石碑があり、八幡市の最高峰である。

登路　男山散策路が、八幡市駅から一ノ鳥居、二ノ鳥居、三ノ鳥居の表参道で石清水八幡宮、男山レクリエーションセンター、鳩ヶ峰山頂、神応寺、八幡市駅と巡るコースになっている。一ノ鳥居経由鳩ヶ峰（約五〇分）。神応寺経由鳩ヶ峰（約四〇分）。

地図　五万図「京都西南部」二・五万図「淀」

337 甘南備山　かんなびやま　標高二二一m

京都府京田辺市。JR学研都市線京田辺駅南西三km。独標二二一mピークを雄山、三角点がある二〇一・六

mピークを雌山という。

『今昔物語』巻十四に「今は昔、山城の国、綴喜（つづき）の郡《こほり》に飯《いひ》の岳といふ所あり。その戌亥の方の山の上に神奈比寺という山寺あり」とある。甘南備山は神奈比山、神南備山とも書かれ、神の降臨するところとして崇敬された。甘南備寺は天平年間（七二九～七四八）に行基が創建したと伝えられ、七堂伽藍を有し女人禁制の山であったともいわれる。延暦一三（七九四）年に桓武天皇が平安京へ遷都された際、都の北に地を祀る場として船岡山を玄武とし、南には天を祀る地として甘南備山を朱雀とし、この線上に朱雀大路と皇居を造営した（千田稔説）。中世になって甘南備寺は衰退荒廃したため、元禄二（一六一九）年に住人吉川政信等によって麓へ移転された。

現在、山頂には甘南備神社があり、全山遊歩道が整備されていて、展望台、東屋、ベンチ、トイレ等がある。

登路　登山口（駐車場）から舗装路を登って山頂へ（約四〇分）。西の谷の散策路から尾根に出て三角点二〇一・六mピークから大津越を経て山頂へ（約一時間）。

地図　五万図「大阪東北部」　二・五万図「枚方」

338 鴻の巣山　こうのすやま　標高一一八m

城陽市に位置する。JR城陽駅の東一・五km。山頂から京都西山、六甲山が望め、毎日登る人が多い。

登路　水渡《みと》神社より散策路がある（約一五分）。

地図　五万図「京都東南部」　二・五万図「宇治」

339 天山　てんやま　標高一〇四m

城陽市に位置する。JR青谷駅の東一km。麓の青谷小学校の校歌に歌われている。

登路　麓から散策路がある（約二〇分）。

地図　五万図「奈良」　二・五万図「田辺」

京都府570山　一覧

京都府 570 山　一覧

標高100m以上の1等～3等の三角点

冠島

山名	標高	等級	点名	備考	頁
	313.63	三等	畑谷		
蝙蝠岳	311.40	二等	大原		17
	283.56	三等	津母		
	168.75	二等	雄島	冠島にある山	
	134.89	三等	寺山		

網野

山名	標高	等級	点名	備考	頁
太鼓山	683.17	一等	太鼓山		18
金時山	616.55	三等	犬頭		22
権現山	600.87	二等	野村		17
船津山	548	独標			16
依遅ケ尾山	540.16	二等	一ケ尾		19
笠山	496.01	三等	笠山		18
	468.84	三等	久保		
	446.73	三等	大石		
	437.41	三等	鎌谷		
小金山	416	独標			20
	400.99	三等	猿ケ尾		
	368.07	三等	森上		
	358.05	三等	滝ノ山		
	306.06	三等	二松		
高天山	285.38	二等	下岡		31
	279.72	三等	平		
尾坂山	258.16	三等	大谷		22
	235.12	三等	道奥		
徳楽山	220			直下に四等あり	21
	212.77	三等	大平		
経ヶ岬	201	独標			16
	189.53	三等	石谷		
	101.39	三等	小濱		

城崎

山名	標高	等級	点名	備考	頁
高竜寺ヶ岳	696.65	二等	資母村		37
法沢山	643.44	三等	法沢		38
青地岳	445.71	三等	市野々		36
高尾山	426.39	二等	三谷		35
	370.23	三等	須田		
女布権現山	348.41	二等	女布		34
大山	334.39	二等	湊		35
	333.09	三等	馬路		
得良山	316	独標			36
	296.55	三等	神谷		
	288.04	三等	木津		
	256.61	三等	栃谷		
	249.90	三等	月波		
	247.60	三等	二俣		
	206.77	三等	佐野		
	193.77	三等	浦明		
兜山	191.74	三等	甲山		34
	173.46	三等	大向		
	145.27	三等	久美		
	103.43	三等	野中		

京都の一等三角点

京都府内には一等三角点が七点設置されている。
本点＝多禰寺山・磯砂山・鳥ヶ岳・鷲峰山
補点＝太鼓山・長老ヶ岳・地蔵山
また、比叡山には府県境（大比叡）に補点が置かれている（所在地＝大津市坂本本町）。

宮津

山名	標高	等級	点名	備考	頁
高山	702	独標			27
柳平	679.23	三等	柳平		28
磯砂山	660.87	一等	磯砂山		32
汐霧山	647	独標		南に四等がある	24
嶽山	637.49	三等	嶽		24
角突山	629.07	三等	角月		23
高尾山	620.33	三等	高尾		26
金剛童子山	613.57	三等	金剛山		25
鼓ケ岳	569.13	二等	皷ケ岳		28
久次岳	541.40	三等	比自山		32
権現山	514.59	二等	石川村		41
	482.38	三等	奥山		
	416.55	三等	加谷		
西山	407.76	三等	西山		31
	399.84	三等	金割谷		
	399.51	三等	屏風山		
	395.49	三等	岩屋		
小原山	371.78	二等	吉沢		29
笹ヶ尾山	371	独標			23
妙見山	370.67	三等	吉津		40
	344.38	三等	西谷		
	343.72	三等	貝谷嶽		
	331.83	三等	脇		
	329.51	二等	三重村		
	314.29	三等	荒井		
千石山	312.45	三等	千石山		23
	287	三等	道谷		
木積山	269.53	三等	木積山		30
	267.96	三等	焼通		
題目山	264.32	四等	題目山		40
	247.93	三等	背戸山		
	221.62	三等	三阪山		

宮津

山名	標高	等級	点名	備考	頁
	210.33	三等	洞ケ谷		
	184.54	三等	弥助		
	176.07	三等	大ケ谷		
	133.54	三等	赤坂		
	129.03	三等	相目		
滝上山	119.68	四等	滝上公園		40
	114.76	三等	浅後		
	114.15	三等	峰山		
	112.92	三等	南谷		
妙見山	30	独標		京都府最低山	29

丹後由良

山名	標高	等級	点名	備考	頁
青葉山	692	独標		東峰 693m	41
由良ケ岳	639.95	二等	由良ケ岳	東峰に四等ピーク	39
多禰寺山	556.25	一等	多祢寺山		43
空山	549.57	三等	観音寺		42
	488.48	二等	大山		
槙山	483	独標			46
	437.54	三等	杉山		
	395.75	三等	河辺原		
	327.05	三等	浦入日向		
	299.53	三等	後山		
	262.36	三等	野原		
	221.27	三等	鷲ケ岬		
	213.36	三等	黒地		
	204.91	二等	黒崎		
	180.82	三等	袋谷		

舞鶴

山名	標高	等級	点名	備考	頁
中津灰	746.12	三等	睦寄		62
681.4m 峰	681.37	三等	大栗		63
養老山	665.35	二等	養老ケ岳		44
弥仙山	664	独標			63
三国岳	616.38	三等	三国山		44
	599.39	三等	弥仙山	弥山山の肩	
596.3m 峰	596.26	二等	東八田村		64
君尾山	581.76	二等	睦寄		62
579.3m 峰	579.27	三等	小中村		62
	574.26	三等	川上		
蓮ヶ峰	544	独標			65
525.7m 峰	525.74	三等	五泉		45
	492.83	三等	女子		
	482.8	三等	老富		
	480.10	三等	深夕尾		
	419.18	三等	蟻ケ峰		
	403.17	三等	奥山		
	401.71	三等	天台		
	394.88	三等	上杉		
	382.40	三等	深山		
	368.59	二等	久田美		
	341.25	三等	六路		
千石山	334.25	三等	千石山		48
	327.44	三等	鹿原		
	318.87	三等	黒谷		
建部山	315.49	四等	舞鶴富士		47
	311.51	三等	睦寄		
	308.14	三等	吉坂		
五老岳	300.63	二等	餘内村		46
	300.52	三等	七百石		
	296.37	三等	中滝谷		
	295.88	二等	星原		

舞鶴

山名	標高	等級	点名	備考	頁
	294.89	二等	泉源寺		
愛宕山	282	独標			44
	265.73	三等	牛谷		
	244.41	三等	青路		
	228.44	三等	暮谷		
	219.07	三等	志賀郷		
愛宕山	212.97	三等	高畑	東峰に愛宕神社	47
	205.54	三等	尾ノ内		

小浜

山名	標高	等級	点名	備考	頁
頭巾山	870.98	二等	納田終村		96
天狗畑	848.24	三等	河端		97
高庵	801.21	三等	高庵		97
八ヶ峰	800.19	二等	八ケ峰		87
中山谷山	791.83	三等	田歌		86
タケガタン	743	独標			89
オバタケダン	729.08	三等	盛郷		88
三ヶ谷山	701.05	三等	知井		89
西谷	675.16	三等	西谷		92
福居	618.84	三等	福居		93
	572.88	三等	横谷		
	505.84	三等	故屋岡		

大江山

山名	標高	等級	点名	備考	頁
三岳山	839.10	三等	三岳山	公表停止	68
大江山千丈ヶ嶽	832.41	二等	千丈ケ岳		55
鍋塚	762.88	三等	大江山		53
鳩ヶ峰	746	独標			54
大笠山	740	独標			52
赤石ヶ岳	736.13	三等	赤石岳		57
江笠山	727.50	三等	江笠山		58
伏見山	709.97	三等	畑		69
杉山	697	独標			49
赤岩山	669	独標			48
龍ヶ城	645.48	三等	辰ケ城		70
	633.22	二等	登尾峠		
天ヶ峰	632.40	三等	天ケ峰		68
572.9m 峰	572.87	三等	忠田		52
	571.86	三等	荒神谷		
三国山	557.01	四等	三国山	山頂は最高点 570m	68
鬼ヶ城	544				66
権現山	526.52	二等	加悦奥		58
	520.45	三等	堀切		
	486.37	三等	一ノ宮		
普甲山	471.06	三等	不孝峠		50
毛原空山	469.83	三等	空山		
城山	427.25	三等	日浦ケ岳		54
砥石岳	407.71	三等	砥石ケ岳		50
	395.75	三等	笠谷		
	374.87	三等	下天津		
	368.88	三等	嶽		
湯舟山	368.27	三等	湯船		51
	357.64	三等	有熊		
	352.36	三等	筈巻		
空山	351.93	三等	空山		66
	332.04	三等	別所		

大江山

山名	標高	等級	点名	備考	頁
	309.52	二等	八部ケ岳		
	308.18	二等	上川口村		
	295.97	三等	古地		
	258.85	三等	常津		
	247.28	三等	段ノ坂		
	241.40	三等	西方寺		
	236.63	三等	大谷		
	234.46	三等	狭迫		
	232.13	三等	長尾		
	228.37	三等	物部		
	216.08	三等	十倉		
	215.14	三等	中地		
	205.67	二等	岡田中村		
	201.46	三等	地主		
	183.13	三等	河守		
	168.68	三等	小田村		
	149.77	三等	三河村		
	101.87	三等	神名瀬		

山頂と三角点

三角点は測量のための基点であり、見通しのよい場所が選ばれる。山頂でなく山の肩に設置される場合があり、市街地や平野・海岸でも見られる。大半は花崗岩だが、なかには金属製もある。

地形図の作成には三角測量が必要である。最初に測定する基線を設け、その両端ともう一点を結んだ三角形を繋ぐことで全国が網羅される。三角点には一等から四等まであり、地形図には△で表わされる。明治時代に一等三角点が設置され、三等三角点の整備で5万分の1地形図、四等三角点の整備で2万5千分の1地形図が全国的に刊行された。

三角網の目安は、一等三角点（本点）が約 45㎞（補点は約 25㎞）、二等三角点が8～10㎞、三等三角点が3～4㎞、四等三角点は 1.5 ～2㎞の間隔で標石が埋設してある。

出石

山名	標高	等級	点名	備考	頁
深山	780	独標			72
鉄鈷山	775	独標			73
栗尾山	760.00	三等	栗尾		72
岸山	736.38	三等	内海		73
居母山	730.46	三等	永峅		70
	718.06	三等	西谷		
富岡山	707.20	二等	直見		72
三谷山	679.06	三等	虫ケ壷		73
堂本山	565.27	三等	綾杉		71
	416.64	三等	大山		
宝山	349.66	三等	倒鞍山		74

但馬竹田

山名	標高	等級	点名	備考	頁
小風呂	597.48	三等	夫婦岩	東峰 580m	77
小倉富士	495	独標			78
	314.10	三等	矢原		
	287.53	三等	鉢ケ谷		
	226.64	三等	岡野山		

「点の記」とは

各三角点の名称（点名）と基本情報が簡便に記載されたもので、国土地理院には初期のものから保管されている。基準点コード、地形図図幅名、所在地、所有者、選点・設置（造標・埋標）年月日と担当者、測量履歴、標石と周辺の状況などが、図面とともに示してある。

国土地理院のウェブサイト（http://www.gsi.go.jp/）に「基準点成果等閲覧サービス」があり、登録すれば閲覧できる。

福知山

山名	標高	等級	点名	備考	頁
市寺山	604.48	三等	親不知		79
鹿倉山	547.65	三等	四村山		80
烏ヶ岳	536.54	一等	烏ケ岳		67
烏帽子山	512.40	三等	烏帽子山		77
和久山	471.51	二等	小田		76
	469.83	三等	田野谷		
	427.35	三等	川合		
高岳	416.14	三等	高嶽		75
神奈備山	416	独標			78
姫髪山	406.07	三等	姫神		76
	375.82	三等	小牧		
	351.25	三等	梅谷		
	343.99	三等	榎峠		
	333.11	三等	千草山		
	321.40	三等	岩崎		
天突	320				75
	313.03	二等	下竹田		
	293.26	三等	芦渕		
	291.98	三等	中出		
	287.26	三等	本宮		
	282.97	二等	細谷		
	243.90	三等	今安		
	243.78	三等	榎原		
	198.59	三等	田和		
	194.80	三等	高林寺		
	171.20	三等	岩間		
	143.22	三等	長山		
	141.53	三等	堀山		
	115.92	三等	私市		
	102.38	三等	置山		

綾部

山名	標高	等級	点名	備考	頁
長老ヶ岳	916.81	一等	長老ケ岳		100
仏岩	730				101
和知富士	675.00	三等	大迫		102
向山	695.44	三等	向山		116
三峠山	667.73	二等	三峠山		118
萱山	648	独標			116
恐入道	628.70	三等	篠原		103
鉢伏山	626	独標			65
空山	594.92	三等	下山		116
権現山	588.73	三等	奥山		66
畑ヶ岳	587.85	二等	胡麻郷村		115
五条山	568.42	三等	水原		120
雲石嶽	566.86	三等	質志		119
タカノス	560.44	三等	粟野		102
小淵	546.79	三等	小淵		100
鳥ヶ岳	542	独標			115
といし山	535.89	三等	質美		117
笹尾谷山	511.91	三等	水呑		119
坂原山	511.42	三等	坂原		103
三郡山	497.92	三等	三郡山		74
	480.31	三等	菟原		
上滝ノ尾	459.38	二等	釜ノ輪		65
上殿	452.91	二等	上川合		75
	445.57	三等	立田		
	423.61	三等	高原２		
	419.38	三等	質美		
	413.40	三等	舛谷		
	408.47	三等	上川合		
	405.08	三等	下和知		
	365.30	三等	遠方		
	356.20	三等	高原１		
	343.11	三等	大身		

綾部

山名	標高	等級	点名	備考	頁
	330.04	三等	中村山		
	326.95	三等	井尻		
	323.15	三等	保野田		
	320.83	三等	一番谷		
	313.85	三等	檜山		
	256.85	三等	小呂		
	253.08	三等	須知山		
	226.34	三等	水原		
	212.15	三等	高城		
	197.05	三等	須知		
	146.94	三等	何鹿		

熊川

山名	標高	等級	点名	備考	頁
三国峠	776.06	三等	三国峠		84

「独標」とは

地形図を読みやすくするため、標高が確定した地点を表わす。明治時代の独立標高点で、略語の「独標」は固有名詞にもなり、「西穂独標」などと今でもよく使われる。

現在は標高点という。地形図では直径 0.3 ミリの・で示され、メートル以下小数点第一位までのものは現地測量による特別標高点、メートル単位のものは写真測量による標高点に分かれる。

北小松

山名	標高	等級	点名	備考	頁
皆子山	971.33	三等	葛川		158
峰床山	969.92	二等	久多村二		154
三国岳	959.1	二等	久多村一		150
鎌倉山	950.45	三等	鎌倉岳		153
傘峠	935	独標			84
小野村割岳	931.72	三等	広河原	東に独標951m(光砥山)	152
天狗峠	928	独標			85
桑谷山	924.88	三等	長戸	東峰は930	155
雲取山	910.98	三等	川上		123
イチゴ谷山	892.12	三等	久多	最高点は南の909	152
経ヶ岳	889	独標			151
滝谷山	876.03	二等	別所村		159
鍋谷山	859	独標		東の840は井ノ口山	156
フカンド山	853.49	三等	奥ノ谷		153
	779.02	三等	西丁子		
湯槽山	763.06	三等	大布施		157
チセロ谷山	715.57	三等	知世路谷		156

四ツ谷

山名	標高	等級	点名	備考	頁
ブナノ木峠	939.21	三等	芦生		85
地蔵杉	898.84	三等	地蔵杉		98
品谷山	880.73	二等	佐々里村		105
オークラノ尾	826.32	三等	田歌		107
奥ノ谷山	811.04	三等	芦生		86
ソトバ山	806.00	三等	祖母谷		106
大段谷山	795.07	三等	芦生		104
鉢ヶ峰	778.62	三等	下村		90
鴨瀬芦谷山	778.00	三等	鴨瀬		109
掛橋谷山	765.54	三等	掛橋谷		108
大岩山	758.24	三等	四ツ谷		114
奥八丁山	752	独標			108

四ツ谷

山名	標高	等級	点名	備考	頁
ホサビ山	750.18	二等	河内谷村		111
白尾山	748.55	三等	北村		90
灰屋山	732.83	三等	宮		124
念仏	726.78	二等	鶴ケ岡村		98
ハナノ木段山	703.87	三等	佐々里		107
奥ヶ追谷山	702.29	三等	知見		87
ババダン	676.80	三等	馬場		106
トチワラ	674.53	三等	中山		91
ジョウラク	671.30	三等	長子		124
ムシンボ	665.24	三等	深見		112
千谷山	644.70	二等	上弓削村		109
滝ノ上	635.51	三等	脇谷		111
倉ノ谷山	626.11	三等	島		113
鶴ヶ岡	611.96	三等	鶴ケ岡		93
奥東山	584	独標			110
釜糠	588.29	二等	板橋村		113
高モッコ	572.09	三等	四ツ谷		114
平屋富士	570				111
黒尾山	555.71	三等	宇野		125
高野	550.31	三等	高野		99
滝ノ高	548.84	三等	室谷		112
磯木山	545.00	三等	磯木山		110
	499.18	三等	水船谷		
	486.80	三等	生畑		
	476.55	三等	吹ケ谷		
	473.35	三等	明日谷		
	429.25	三等	姑棄山		
	428.41	三等	井崎		
	403.68	三等	静原		
	330.80	三等	田原		
	303.20	三等	迫谷		

園部

山名	標高	等級	点名	備考	頁
深山	790.55	三等	天王		138
横尾山	784.81	二等	土ケ畑		141
半国山	774.18	三等	半国山		140
掃雲峰	723	独標			139
金山	692.24	三等	大河内		139
毘沙門山	630	独標			
雨石山	611	独標			121
櫃ケ岳	582.02	二等	櫃ケ岳		122
西谷山	559.59	三等	八田		121
高山	509.82	三等	西野々	山頂は南の 520	137
	507.88	三等	三国ケ岳		
	482.15	二等	美女山		
	468.61	三等	八田		
八ツ尾山	465.79	二等	大内		137
三角塔	458.18	二等	鷲尾深山		120
	436.62	三等	竹井		
	429.59	三等	殿田		
兜山	429	独標			120
胎金寺山	423.42	四等	胎金寺山		137
	414.88	三等	本郷		
	421.66	三等	天引		
	379.50	三等	観音峠		
高山	372.10	三等	宍戸		136
	320.24	三等	朝倉		
	276.35	三等	宮川		
	268.08	三等	木原		
	253.53	三等	殿谷		

広根

山名	標高	等級	点名	備考	頁
小和田山	611.61	三等	倉垣２		142
高岳	555.65	三等	峯		145

京都東北部

山名	標高	等級	点名	備考	頁
比叡山大比叡	848.10	一等	比叡山		162
比叡山四明ヶ岳	838	独標			162
天狗杉	836.99	三等	三輪谷		159
ナッチョ	812.47	三等	見谷		165
水井山	793.90	三等	釈迦岳		161
天ヶ岳	788	独標			165
横高山	767	独標			161
焼杉山	717.39	三等	岩谷		166
貴船山	699.40	二等	二ノ瀬	716 最高点 722	169
梶山	681.13	二等	大原村		160
小野山	670	独標			160
鞍馬山	584	独標			168
翠黛山	577	独標			166
金毘羅山	572.45	三等	根王		166
宮メズラ	560				160
魚ノ子山	552.16	三等	小出石		160
瓢箪崩山	532.03	三等	大谷		167
戸谷峰	524.79	三等	戸谷		168
竜王岳	500	独標			169
如意ヶ岳	472	独標			187
大文字山	465.31	三等	鹿ケ谷		187
てんこ山	442.16	三等	掛橋		164
箕ノ裏ヶ岳	432.29	三等	藤ケ森		170
向山	426	独標			170
神山	301.21	三等	神山		171
瓜生山	301	独標			184
吉田山	105.02	三等	吉田山	最高点 121	187

京都西北部

山名	標高	等級	点名	備考	頁
地蔵山	947.30	一等	地蔵山		183
龍ヶ岳	921	独標			130
桟敷ヶ岳	895.68	二等	桟敷岳		172
愛宕山	889.82	三等	愛宕	山頂 924	181
魚谷山	815.97	三等	柳谷		171
飯森山	791	独標			176
天童山	775	独標			176
三頭山	727.97	三等	細野		129
朝日峯	688.11	三等	梅畑		180
半国高山	669.75	三等	小野		177
東俣山	670.36	三等	余野		125
岩屋山	648.88	三等	岩谷	西方最高点 722	176
鷹ノ巣山	653.79	三等	滝谷		179
惣谷山	632.89	三等	惣谷		177
牛松山	629.03	三等	金比羅	山頂は独標 636	133
鎌ヶ岳	623	独標			130
千歳山	622.10	三等	神吉	最高点独標 627	131
三郎ヶ岳	613.35	三等	寺山	最高点独標 616	132
黒尾山	569	独標			127
白木谷山	565.39	三等	白木谷		178
嶽山	557.74	二等	中世木村		127
白岩山	540	独標			126
尾山	538.52	三等	尾山		128
峰山	537.37	三等	峰山		180
碁石	528.67	三等	永野		129
沢山	515.55	二等	鷹峰		189
西ノ谷	512.10	三等	西谷		128
黒尾山	509.26	三等	周山		125
竜王ヶ岳	498.46	三等	鎌谷		131
諸木山	496.76	三等	諸畑		131
十三石山	495.32	三等	十三石山		178
山上ヶ峰	482.15	三等	上山田		195

京都西北部

山名	標高	等級	点名	備考	頁
城山	479.56	三等	城山		179
桃山	466	独標		鷹ヶ峯三山(天ヶ峯)	190
吉兆寺山	460				190
朝日山	460				136
	441.71	三等	車谷	朝日山の西峰	
	434.87	三等	船枝		
行者山	430.75	二等	行者山		135
みすぎ山	430.09	二等	篠村		135
	428.35	三等	高尾		
	427.13	三等	長谷		
烏ヶ岳	398	独標			196
嵐山	382	独標			196
	378.21	三等	朝倉		
	340.37	三等	地極谷		
	338.99	三等	小道津		
鷲ヶ峯	314	独標		鷹ヶ峯三山	191
小倉山	296	独標			195
長尾山	295.85	三等	嵯峨		193
筏森山	294.92	三等	新庄		132
釈迦谷山	290.88	三等	釈迦谷山		189
	279.6	三等	神田		
松尾山	275.57	三等	松尾		196
白砂山	268	独標			192
鷹ヶ峯	260			鷹ヶ峯三山	191
成就山	236				192
大文字山	231	独標			191
衣笠山	201	独標			194
	197.17	三等	川関		
	167.27	三等	穴太		
雙ヶ岡	115.8	三等	御室		194
船岡山	111.55	三等	船岡山		193
	104.15	三等	塚上		

京都西南部

山名	標高	等級	点名	備考	頁
ポンポン山	678.83	二等	加茂勢山		199
鴻応山	678.72	三等	鴻応		146
小塩山	642	独標			198
釈迦岳	630.82	三等	善峰		200
湯谷ヶ岳	622.11	三等	湯谷		147
大枝山	567.57	三等	大原野		198
霊仙ヶ岳	536.22	三等	犬飼		143
黒柄岳	526.65	三等	渋谷		145
明神ヶ岳	523.37	三等	明神原		144
	484.49	三等	犬間野		
烏ヶ岳	438.87	二等	烏ヶ岳		144
	431.20	三等	鎌倉		
	419.76	三等	東掛		
沓掛山	414.71	三等	下山田		197
	412.37	三等	矢田		
	398.57	三等	笑路		
十方山	304.30	三等	天王		201
小倉山	305	独標			201
天王山	270	独標			201
老ノ坂	250				198
	230.08	三等	粟生1		
	186.78	三等	御陵		
鳩ヶ峰	142.35	二等	八幡		225

上野

山名	標高	等級	点名	備考	頁
牛塚山	646.90	三等	牛塚		214
三国塚	628	独標			214
	322.08	三等	高尾		
	300.18	三等	長引		
	290.94	二等	田山村		
	274.71	三等	相楽		

京都東南部

山名	標高	等級	点名	備考	頁
千頭岳	601.76	二等	醍醐	東峰 600	209
音羽山	593.11	三等	小山		208
志賀良山	509.89	三等	宮尻		213
大峰山	506.31	二等	禅定寺		213
経塚山	490	独標			211
高塚山	484.98	三等	高塚		210
本宮の峰	476.03	三等	堂ヶ背		211
岩間山	443	独標			210
行者ヶ森	440	独標			209
喜撰山	415.86	三等	喜撰山		212
	366.25	三等	末山		
天下峰	348	独標			212
	341.67	三等	菟道		
	297.11	三等	奥山田		
	267.52	三等	下西谷		
	265.63	三等	老蘇嶽		
清水山	242.21	三等	清水山		202
二石山	239.03	三等	西野山		204
稲荷山	233	独標			205
花山	220.86	二等	花山		202
六条山	201	独標			203
阿弥陀ヶ峰	196	独標			204
大岩山	182	独標			205
	158.41	三等	奥山		
	154.20	三等	贅田	公表停止	
大吉山	131.57	三等	旭山		212
鴻の巣山	118	独標			226

水口

山名	標高	等級	点名	備考	頁
	449.63	三等	滝ヶ谷		

奈良

山名	標高	等級	点名	備考	頁
鷲峰山	681.00	一等	鷲峰山	山頂は西峰の682	218
三ヶ岳	617.75	三等	童仙房		215
クノスケ	585.69	二等	野殿村		215
茶布施	557.32	四等	中切		215
奥岸谷山	521.84	三等	腰越谷		220
国見岳	513	独標			218
一本木	500.40	三等	湯船		214
飯盛山	474.60	四等	駒留		221
三上山	473.14	三等	三上山		221
	451.64	三等	俵ケ原		
	446.89	三等	戸屋塚		
艮山	443.66	三等	弥谷原		220
高雄山	443	独標			220
大焼山	429.24	二等	多賀		221
御林山	401.78	三等	御林山		218
湯谷山	381.40	四等	湯谷山		222
	348.78	三等	八條敷		
経塚山	324.47	三等	経松塚		224
	323.89	三等	笠置山		
	320.96	三等	岩舟		
鳶ヶ城	318.15	二等	神童子		223
笠置山	288	独標			223
妙見山	260				222
灯明寺山	223.95	三等	燈明寺山		224
	216.65	三等	梅谷		
	215.96	三等	石切山		
大野山	203.78	三等	大野		225
	201.81	三等	車谷		
	183.08	二等	東畑		
	144.60	三等	水取		
	121.34	三等	鹿背山		
	107.89	三等	樋ノ谷		
天山	104	独標			226

大阪東北部

山名	標高	等級	点名	備考	頁
	305.55	三等	天王		
甘南備山	221	独標		雄山	225
	201.61	二等	甘南備山	雌山	225

京都府の五万部分の一図幅

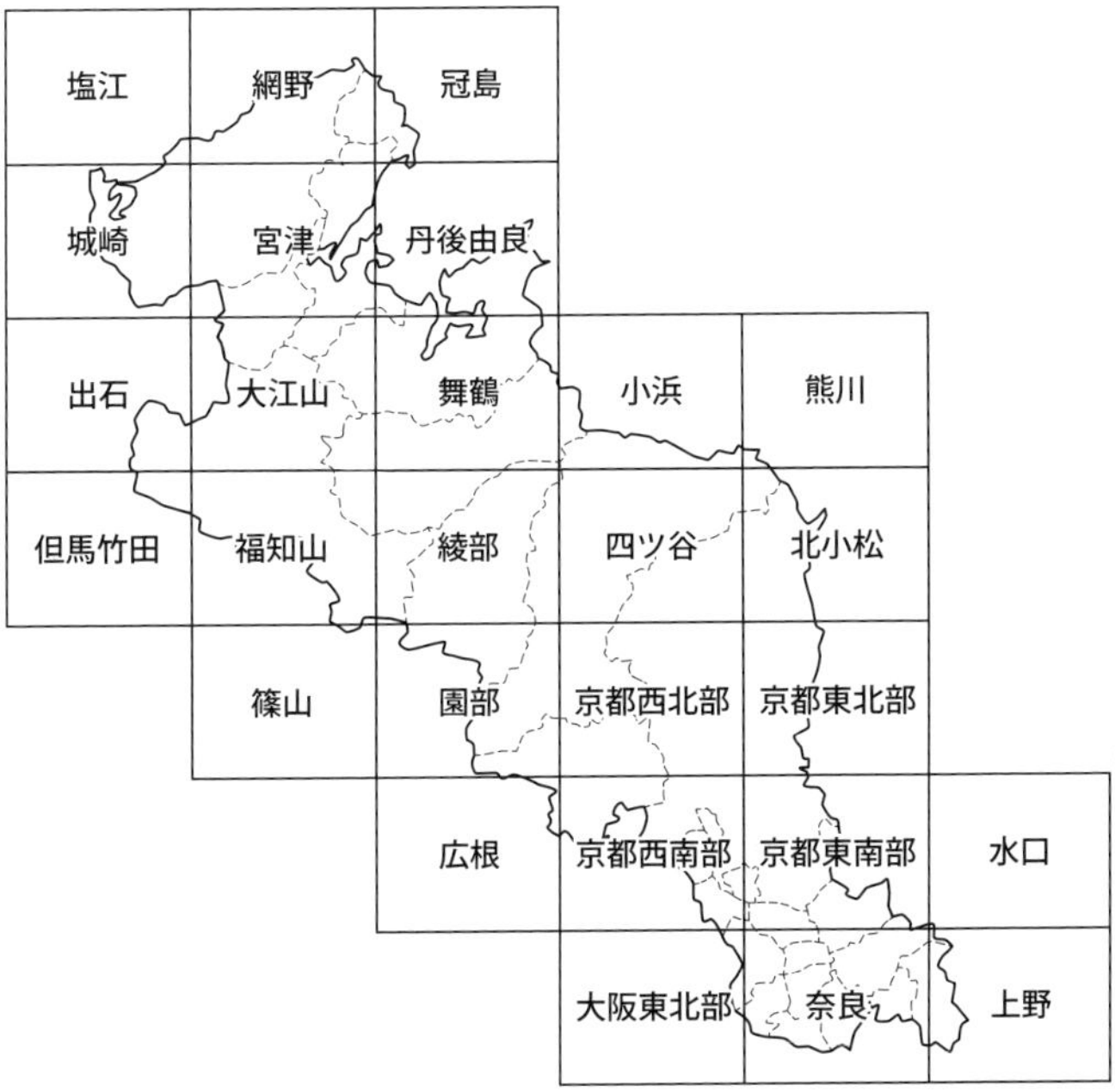

あとがき

愛宕山と比叡山の間にある山並みを登山の山として認めたのは今西錦司でした。家から京都一中への通学途上、荒神橋から北に広がる山々を眺めたのが「北山の発見」です。一九一八年のことでした。

その頃、図書館で『京都名所図絵』に栈敷岳が載っているのを見つけて、二万分の一地形図「栈敷岳」を購入し、荒神橋から確認して登りに行っています。当時はバスの便はなく、片道二四・五㎞もあったので、登って帰ってくると日が暮れていたそうです。その後、荒神橋で足を止めては、二万分の一地形図を手にして水源の山々を同定し、標高の高い順に「山城三〇山」を選定して登っています。

三高、京大に進むと出町橋で北山を眺め、北山の彼方の山々、見知らぬ国々の山へと思いを馳せ、北山から北アルプスへ、ヒマラヤへ、あるいは探検へと繋がっていきました。しかし、心は北山から離れず「北山は罪なるかな」という言葉を残しています。山頂で三角点を囲んで杖を前方に突き上げて、「えっほー」と叫んだ掛け声が印象に残っています。

京都の山の最初の案内書『京都北山と丹波高原』（朋文堂　昭和一三年発行）の著者森本次男は、三条大橋から北山を眺め、山々の重なりあった奥には、どんな自然や人間生活があるのか興味を持ち、美しい森林、渓谷、鄙びた山村を好んで歩いていました。京都北山と丹波高原の山々は、静かな山旅を好む人、数多き小径を迷って楽しみたい人、週末の一日、静かな山旅を送りたい人に向いている、と述べています。

『北山の峠（上）（中）（下）』（ナカニシヤ出版　昭和五三～五五年発行）の著者金久昌業は、「北山のよさ」について、「北山は合理主義者にはわからない。アルピニズムというのは主義であり、つまり合理である。主義というものがそもそも理で以て定型したもの、形造ったものである。価値観を設定したり、計画登山者には、北山はわからない。京友禅や清水焼とおなじことである。友禅の色を出すのはどの色を何グラムと計ってやるのではない。全くカンでやる。北山がわかるのはこれとおなじ。」（『北山に入る日』北山クラブ　平成二六年発行）と述べ、北山に入るには主義はいらないといっています。

私も先人に倣って五條大橋から北山を眺めました。眺めれば眺めるほど北山の奥へ、丹波、丹後への想いが募っていきました。山登りを始めたころ、北山へは金久昌業さんとよくご一緒していました。「北山へ登る」のではなくして「北山歩き」とそのころの私は呼んでおり、北山の徘徊でした。これは氏の影響だと思っています。

先頃出版された『改訂 新日本山岳誌』（ナカニシヤ出版）では、執筆にかかわってきましたが、同書では京都の山は四〇山しか選定できませんでした。しかし本書ではもっと多くの京都の山々を紹介することができました。

本書で紹介する約三四〇山は、その地元山域の山々に詳しく、京都府の山々をこよなく愛している人達が執筆しています。私も京都南部に住むようになってからは、山城南部が地元の山となりました。本書では、比叡山の麓の人、南丹波の人、丹後の人と、それぞれの地元の山々に愛着を持ち登り続けてきたからこそ、この本を纏めることができたのだと思います。

内田 嘉弘

二〇一六年五月

執筆者紹介

（五十音順）

内田嘉弘（うちだ　よしひろ）
1937年生まれ。立命館大、奈良大卒。日本山岳文化学会会員。1972年韓国智異山韓新渓谷冬季初遡行、1975年プリアンサール（6293m）初登頂、コムニズム（7495m）登頂、1987年メキシコ・ポポカテペトル（5452m）直登など。著書『京都丹波の山（上）（下）』『京都滋賀南部の山』（ナカニシヤ出版）他。

亀井義充（かめい　よしみつ）
1950年生まれ。日本勤労者山岳連盟、京都府勤労者山岳連盟、舞鶴勤労者山岳会に所属。20歳の時、鳥取県の大山に登り、山登りに目覚める。25歳の時、舞鶴へ転勤し、以後、地元山岳会の仲間と舞鶴を中心に丹後地域の山登りを楽しんでいる。

木之下繁（きのした　しげる）
1947年生まれ。京都府山岳連盟理事、京都趣味登山会に所属、事務所を担当。日本山岳協会C級スポーツ指導員（山岳）。共著に『京都　滋賀　近郊の山を歩く』（京都新聞社）など。

竹内康之（たけうち　やすゆき）
1952年生まれ。知られざる山域や沢登りを好み、地域研究的な登山を指向。著書に『比叡山1000年の道を歩く』（ナカニシヤ出版）、『「琵琶湖」の絶景を望む近江の山歩き16選』（淡交社）、共著に『滋賀県の山』（山と溪谷社）などがある。現在、京都府山岳連盟とNHK文化センター京都教室で、登山の魅力を広く伝えている。

檀上俊雄（だんじょう　としお）
1951年広島県尾道市生まれ。立命館大学地理学科入学とともに京都北山歩きを始める。山と高原地図デスク等を経て、2001年に山と自然研究会青山舎代表となる。北山、湖西、湖北の中央分水嶺を主なフィールドとして活動し、山村都市交流の森・北山分水嶺クラブのリーダーも務める。日本旅のペンクラブ会員。

湯浅誠二（ゆあさ　せいじ）
1948年生まれ。京都府亀岡市在住。高校1年の秋から登山をはじめ、現在まで国内及び海外の山を登り続けている。京都府山岳連盟理事長、京都・亀岡山の会所属（公財）日体協公認山岳上級指導員、元消防本部山岳救助隊総隊長。
執筆にあたっては「京都・亀岡山の会」の梅垣延男、山本時夫氏に絶大な協力を得ました。

吉岡　徹（よしおか　とおる）
1946年生まれ。自動車部品メーカーを定年退職後、百名山登山を開始（現在76座）。弥栄町「金剛童子山を守る会」、年金者組合「丹後の野山を歩こう会」の活動に参加。丹後の山のガイドも実施中。
執筆にあたっては「丹後の野山を歩こう会」の皆さま、山麓にお住まいの皆さまには大変お世話になりました。

口絵写真

（五十音順）

草川《くさがわ》 啓三《けいぞう》

竹内《たけうち》 康之《やすゆき》

檀上《だんじょう》 俊雄《としお》

横田《よこた》 和雄《かずお》

京都府山岳総覧

京都府339山案内

2016年9月10日　初版第1刷発行　定価はカバーに表示してあります

編著者　内　田　嘉　弘
　　　　竹　内　康　之
発行者　中　西　健　夫
発行所　株式会社ナカニシヤ出版

〒606-8161　京都市左京区一乗寺木ノ本町15番地
電　話　075－723－0111
FAX　075－723－0095
振替口座　01030－0－13128
URL　http://www.nakanishiya.co.jp/
E-mail　iihon-ippai@nakanishiya.co.jp

落丁・乱丁本はお取り替えします。ISBN978-4-7795-1090-8 C0025

印刷・製本　宮川印刷株式会社
組版・装丁　草川啓三
地図制作　　竹内康之